KB237593

마음을 비운 사람들

초판 1쇄 인쇄 2012년 4월 2일
초판 1쇄 발행 2012년 4월 7일

지은이 김동한
발행인 이명수
편   집 구본일
디자인 이순옥 이다영
발행처 도서출판 세줄(등록번호 2-4000)
　　　 서울시 중구 인현동 1가 115-1
　　　 ☎ 02)2265-3748~9

값 15,000 원

ISBN 978-89-92211-64-2   03230

세 번 째 설 교 집

마음을 비운 사람들

| 김동한 지음 |

도서출판 세줄

　사람이 나이가 들면 철이 드는 것처럼 목회를 하면서 이 길을 걸어
온 세월이 어언 40여 년이 지나고 길신교회에서 사역한 지가 만 30년
의 세월 보내고 나니, 그 3, 40년 지나온 자취를 더듬어 보아도 손에
잡히는 것이 없어서 그 허탈감과 아까운 긴 날을 놓쳐 버린 바보 같은
목사가 하는 것이 설교이기에 그나마 모아서 글로 엮어서 책으로 남
겨보려는 발버둥을 치면서 나온 세 번째 설교집 "마음을 비운 사람
들"이란 제목으로 세상에 나오게 되는데 설교는 그 말이 그 말 같아서
부끄럽지만 그래도 용기를 내었습니다.

　요즘 세대가 책을 선호하기 보다는 스마트 폰으로 검색하여 세상
사를 마음대로 섭렵하는 시대가 되어서 출판사도 서점도 거의 손을
놓고 있는 과도기이도 합니다.

　더욱이 설교집은 그 자리를 잃어가고 웬만한 출판사에서 설교집 내
는 것은 사양을 하고 있는 추세입니다.

　지난 한해(2011년)동안 주일 낮 예배 시간에 성도들과 은혜 받은 말
씀을 고스란히 이 책에 담았습니다. 그러나 설교는 동일한 본문에 같
은 설교자가 외쳐도, 들은 것을 또 듣는 것 같지만 사람에 따라 환경
과 시간 따라 은혜가 되는 것을 체험을 했기에 긍지를 가지고 출간을
합니다.

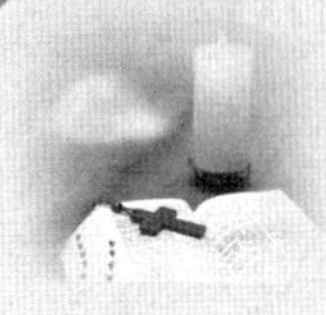

언제나 30여년을 한결 같은 마음으로 경청하여 주시고 아멘으로 화답하여 주신 길신교회 교우 여러분들에게 심심한 감사를 드립니다.

본 설교의 매 서두마다 필자가 평소에 즐겨 찍은 사진을 한 컷씩 수줍게 넣어서 설교집의 진부함을 덜고자 했습니다.

특별히 말없이 뒤에서 내조하여 준 아내와 가족들에게 고마움을 잊을 수 없으며, 무엇보다도 이 설교가 나오도록 교정을 하여 주신 분과 후원하여 주신 분들에게 진심으로 감사를 드립니다.

특별하고 튀는 것은 없지만 그러나 성실과 정성이 묻어 있는 책이라는 사실을 기억하여 주시면서 읽는 분들에게 은혜가 되고 도움이 되는 글이 되었으면 하는 작은 바람을 가지고 힘겹게 세상에 내어 놓습니다.

감사합니다.

2012. 3.

머무른 곳 서재에서

장운(掌雲) 김동한 목사

차 례

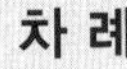

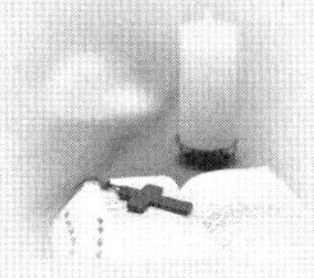

1부

시온의 대로가 있는 자

행함과 진실함이 있는 교회

요일 3:13-24

하나님이 준비하신 2011년도의 축복이 새해를 맞이하는 여러분들에게 충만하시기를 간절히 기원합니다.

행함이 없는 믿음은 죽은 믿음이며 진실하지 못하다면 위선자가 될 가능성이 너무나 농후합니다.

하나님 앞에서 우리인생의 삶은 진실의 잣대와 믿음의 추로서 검증을 받게 될 것입니다. 우리들이 성도의 삶이란 믿음을 근거로 한 행함 즉 실천력과 행하는 것의 진실성이 그 사람의 인격과 삶을 좌우하게 될 것입니다.

오늘의 본문에서 말하는 요한 일서의 기자가 의도하고 주장하는 바는 진실한 행동으로 그리스도인의 사랑을 너희가 너희 삶 가운데 담아 낼 수 있느냐 하는 것이 우리들의 생의 과제라고 할 수 있습니다.

"행함과 진실함이 있는 교회" 2011년도 우리 교회 표어입니다.

주제 성구는

우리 기독교는 사랑의 종교라는 대표 용어를 기독교에서 말하라면 아마 사랑이라고 주저 없이 말할 수 있을 것입니다. 물론 말은 하지 말고 실천만 하여야 된다는 그러한 의미는 아니라고 봅니다.

우리가 말로 사랑을 건내고, 사랑을 고백하고 사랑의 말로 그 문을 열어야 하지만, 앞서가는 말, 사랑의 용어는 홍수(洪水)처럼 넘치는데 그러한 용어들이 부도난 수표처럼 내용이 없다는 것입니다.

우리들은 받은 사랑도 구한 사랑도 작지 않지만 베푸는 사랑에 인색하여 우리들의 말이 부끄럽고 살아온 자취가 챙피할 정도로 베푸는 사랑에는 내어 놓을 것이 없습니다.

우리들 가운데 모든 이들이 하나 같이 말과 기도에 미치지 못하고 행하지 못한 것 때문에 언제나 마음을 조이면서 고민한 적이 많을 것입니다.

그래서 2011년도를 맞이하면서 그리고 준비하면서 **"행함과 진실함이 있는 교회"** 즉 행함과 진실함이 있는 성도, 행함과 진실함이 있는 우리 길신교회, 그리고 나 자신이 되기를 원하면서 이 표어를 정하고 기도하였습니다.

이 표어를 정한 것은 지난 8월에 휴가를 보내면서 고심하다 이 말씀이 소절이 제 마음에 각인이 되어서 믿음으로 확신을 하고 기도로 다져온 용어입니다. 그리고 먼저 내 자신부터 소급 적용하여야 겠다는 마음으로 시도를 하고 혼자서 리허설을 해보기도 하였습니다.

어디에서 행함이 요구 되고 무엇이 진실함이 있어야 하는지 자신을 두고 생각하고 돌이켜 보고 기도하면서 객관적으로 물어보는 것입니다. 여러분들도 자기의 자신을 두고 한번 생각해 보시기를 바랍니다.

나에게는 말과 혀로 하는 것은 이것인데 실천이, 생활이, 삶이, 따르고 있는지 아니면 그렇지 못한지? 아예 엄두도 안 나서 생각도 못하는지? 우리는 나를 정확히 보고 판단을 하는 성숙한 자기 의식이 필요한 것입니다.

첫째 : 진실한 사랑을 실천하자.

중상모략하고, 테러하고, 납치하고, 폭파를 하고 심지어 자살 테러를 하는 것은 인간으로서 할 수 있는 짓이 못 되는 것입니다.

우리가 사랑을 하여야 하는데 진정으로 진실한 사랑을 하여야 하는 것입니다. 계산된 사랑, 정책적 사랑, 정략적 사랑, 위선된 사랑, 책임지지 못하는 사랑, 윤리 도덕에서 빗나간 사랑 등이 복잡한 구조들이 진을 치고 있습니다.

오늘 본문에서의 행함이라는 것은 우리 신앙인들에게 사랑을 지칭하는 것만으로 국한 할 수가 없고, 행함이 없는 믿음, 즉 행함이 없는 기도, 변화가 없는 신앙인의 생활, 자기의 개혁이 없는 회개 등은 오늘 신앙인들의 안고 있는 난제들입니다.

우리는 말로, 기도로, 고백으로, 간증으로, 글로서, 표현을 하고 행함에는 신속하지 못하여 경건의 모양을 갖추어도 경건의 능력을 잃어버리듯이 외형은 갖추고, 구호는 요란하여도, 선포는 크게 하고도, 삶에서 변화를 가져오지 못하면 우리는 할 말이 없는 것입니다.

행함이 없는 회개가 나의 영력을 상실케 하고, 행함이 없는 기도가 무력하게 되고, 실천이 없는 고백이 많은 사람들을 식상하게 합니다.

우리는 신년도를 맞이하여서 2011년도는 이 부분을 보완 그리고 실천을 하여서 지난날에 하지 못했던 부분을 행동으로 옮기면 우리 하나님께서 전에 없던 하나님의 은혜와 축복을 허락하여 주실 줄 믿습니다.

말은 누구나 같습니다. 기도도 우리 모두는 함께 그리고 누구나 원하는 사람은 할 수 있습니다. 보다 더 중요한 것은 언행이 일치가 될 때 많은 이들이 동감을 하게 되고, 기도의 후속 조치가 있을 때 하늘 보좌를 움직이는 능력 있는 기도가 될 줄로 믿습니다.

분명한 것은 우리가 살아온 자취를 뒤 돌아보아도, 내가 무엇을 하여서 이룬 것보다도 하나님께서 내가 노력을 하고 힘쓰는 것에 축복해 주셔야 무엇이든지 이룰 수가 있었고 능력 있게 큰 일 감당 할 수 있었던 것을 기억합니다.

거기에 대해 사도 요한을 통해 주의 말씀이 오늘 본문에서 사랑은 말과 입으로 하는 것이 아니라 행함이 있어야 하고, 실천력이 있어야 하고 진실함이 보장이 되어야 할 것을 여기 말씀하시는 내용입니다.

둘째 : 신행이 일치하는 삶이어야 한다.

세상 사람들은 언행의 일치를 강조하고 그것을 중요하게 여긴다면 우리 성도들은 신행의 일치를 자기 믿음의 생활의 근간을 이루어야 함을 뜻하는 것입니다.

아무리 기도를 감동 되게 하여도, 호소력이 있어 보여도, 그 사람의 생활이 뒷받침이 안 되면 이는 설득력이 없고 하나의 공염불에 불가한 것입니다.

그렇습니다. 말을 앞서 하지 않아도 우리들의 실천력이 있는 삶을 살아갈 때, 그 같은 사실을 바로 알게 될 때, 신선한 감동을 받게 되는 것을 우리는 볼 수 있습니다.

신행이 일치하게 산다는 것은 결코 작은 일도 아니지만 또 한 아무렇게나 누구나 그렇게 살아가는 것도 못 되는 것입니다.

마음으로 그렇게 살아야 된다고 동의를 하고, 작심을 하지만 그것이 쉽지 않고 기도는 눈물을 흘리면서 그렇게 하지만 막상 현실적으로 접하여 보면 어떤 상황을 살펴보면 그렇지 못하는 경우가 참으로 많습니다.

그러므로 지금까지 지난해까지 못한 것 중에 내가 참으로 실천에 못 옮긴 것을 금년에 실천 가능한 것이 어떤 것인가를 집중적으로 타진하여 보고 구체적인 방안을 마련하여 보는 것입니다.

그렇다면 그러한 틈새 공략은 대단한 결단력이고 우리 하나님이 관심이 집중이 되는 중요한 기점이 될 것입니다.

문제는 우리의 마음의 자세가 중요합니다. 내가 할 수 있겠다고 생각을 한다면 그것은 실천을 가능한 것이지만 아예 포기를 하고 할 수 없다고 생각을 하게 되면 결코 실천하기가 어려울 것입니다.

우리가 기도는 하였는데 그 기도에 걸맞은 실천이 없었다면 그 부분에 대하여 내가 할 수 있는 것이 어느 부분까지 가능한 것인지 우리들의 자신을 실제적으로 접근시켜보는 것이 참으로 중요합니다.

우리가 할 수 없는 것을 가지고 억지를 쓰는 것보다는 내가 할 수 있는 것부터 한 가지씩 행동으로 이루어 나가는 작업 결코 작은 일이 아닙니다.

주일을 성수 하는 일, 기왕에 하는 십일조 생활 철저하게 하는 것,

예배 시간에 지각 하지 않는 것, 구역 예배 건너뛰지 않는 것 참으로 귀한 것입니다. 우리가 이 부분에 대하여서 어느 정도 가능한 것이며 마음만 먹으면 실천 가능한 것입니다.

저는 주일 낮 예배를 드릴적마다 마음 한 쪽에서는 아쉬운 부분을 늘 가지면서 예배를 인도하게 되는데 여러분들이 오늘 이 설교를 듣고 고치면 얼마든지 고칠 수 있는 것입니다.

예배 시작 전에 다 와서 준비 기도를 하고 시작하는 이 부분.

우리가 마음을 먹으면 할 수 있는 분야가 아니겠느냐? 하는 생각을 합니다. 그런데 예배를 시작하고 늦게 오시는 분들에 대하여서 우리 교역자들에게 두 가지의 마음이 교차를 합니다.

먼저는 예배를 시작하고 빈자리가 많으면 늦었지만 그래도 지금이라도 빨리 와서 자리를 채워 주시면 좋겠다는 마음과 다른 하나는 기왕에 예배를 드리려 오시는 것을 5-10분 정도 조금만 당겨 오면 얼마나 좋을까? 우리 하나님이 참으로 기뻐하실 것 같은 데 하는 마음입니다.

1)시간을 지켜서 5분 전 와서 준비 기도를 하고 예배를 시작하는 것.

2)그 주일에 설교의 제목을 기억하면서 기도하는 것,

3)교회 와서 만나는 분들 가운데 3사람 이상 좋은 점을 들어서 칭찬과 격려를 하고 감사하는 것.

4)예배를 마치고 나갈 때 은혜 받았습니다.

5)자신의 순서와 기도를 꼭 실천 하는 것.

6)인사도 먼저 하고 악수도 청하는 것.

7)교회, 교역자, 직분자 칭찬을 한 가지 이상 하는 습관을 기르자.

셋째 : 기도하면 주신다.

우리가 하나님의 계명을 지키고 하나님이 기뻐하시는 것을 행하면 구하는 것을 다 받게 되어 있는 것입니다.

기도하는 이들에게는 반드시 후속 조치가 따르게 되어 있고 그 같은 변화가 있을 때 하나님께서는 그런 이들을 들어서 쓰시는 것을 볼 수 있습니다.

이는 기도가 이방 종교와 같이 한갓 주술에 가까운 것이 아님을 반증하는 내용입니다.

믿고 구하는 것은 믿음에서 행함과 진실함을 내용으로 한 믿음이지 실천력이 없는 말뿐인 기도나 진정성과 진실성이 결여 된 기도는 그 어떤 능력도 발휘하지 못하게 되는 것을 볼 수 있습니다.

여러분, 우리 그리스도인들에게는 최소한의 기본이 있습니다.

즉 주일 성수, 십일조 생활, 각 기관에서의 봉사와 교회를 위하여 헌신하는 이러한 우리들의 가장 기본적인 생활을 전제로 하여서 지각을 피하고, 설교 제목 기억하고, 한 주일에 3사람 이상 칭찬하기, 나가 실 때 은혜 받았습니다.

자기의 책임 기도 안내, 봉사를 기쁜 마음으로 하고 인사 먼저 하고 교회 자랑, 교역자 자랑, 직분자 자랑을 하게 하는 것이 그렇게 어려운 일은 아니지 않습니까?

강요하여 강제적으로 할 것은 못 되지만 자원하여 하고 순종하는 마음으로 하면 하는 이들에게는 틀림없이 은혜가 될 줄로 믿습니다.

저는 그렇게 생각을 합니다.

오늘 이 자리에서 안 된다 불가능하다고 생각하고 회의적인 생각을 가지는 사람에게는 불가능할 수밖에 없고 회의적일 수 있지만 그러나 긍정적인 마음으로 할 수 있다는 믿음으로 하나님의 말씀에 순종하는 이들에게는 얼마든지 가능하고 분명히 그렇게 될 수 있을 것입니다.

하나님께서 2011년 신년 0시 축복 예배에 참석하여 축복 안수 기도를 받는 사람들에게 그 사람의 믿음대로 이루어질 줄로 확신합니다.

이것이 하나님께서 우리에게 말씀하시고 가르쳐 주신 믿음입니다.

저는 오늘 이렇게 믿고 싶습니다.

우리에게 2011년도를 주시는 것은 하나님께서 축복을 주시려고 허락한 소중한 새로운 한해를 주신 줄로 믿습니다.

그렇다면 하나님의 약속 된 축복은 어떤 누구에게 주시느냐?

오늘 본문의 중심 구절인

"자녀들아 우리가 말과 혀로만 사랑하지 말고 행함과 진실함으로 하자"(요일 3:18)

이 말씀이 우리가 받아야 할, 내가 지켜야 할, 중요한 교훈이며 2011년도의 우리 길신교회의 교우들의 삶의 좌우명입니다.

기도만 하고 실천하지 못했던 부분, 말로만 혀로만 했지만 실천하지 못한 부분을 과감히 실천을 하되 진실함으로 하게 될 때, 하나님께서 기어이 축복하여 주실 줄 믿습니다.

그리고 기도하고 계명을 지키고 하나님이 기뻐하시는 일을 하게 되면 하나님은 반드시 그 사람의 기도를 응답 받는다고 하셨으므로 우리는 이 말씀을 붙잡고 새해를 살아갈 수 있기를 간절히 주의 이름으로 축복합니다.

해를 바라보고 비는 것도 아니고, 달을 보고 절하는 것이 아니라,

말과 입이 아닌 진실하게 행함으로, 주님 앞에서 살고, 우리가 기도할 때, 기도만이 아니라 기도한 사람은 응답을 받을 사람은 하나님의 말씀을 지키고 하나님이 기뻐하시는 일을 행하는 이들에게는 분명히 응답하여 주시는 하나님을 확신 하시기를 바랍니다.

그리하여서 주의 계명(사랑)을 지키면 주 안에서 거하고 주님은 그의 안에 거 하신다고 하였습니다.

진실과 실천, 언행이 진실하고, 신행이 일치하고 기도에 후속 행동, 영육과 진실하게 사는 것 참으로 귀하고 아름다운 자취가 우리들의 생활 속에서 좋은 소문이 많이 나기를 간절히 기도합니다.

말씀에 진실하고, 영육이 일치가 되고, 교회 안과 밖이 부동 할 때 하나님의 역사는 일어나게 될 것입니다.

그리하여 주의 성령이 임하고 우리 성령 안에서 주님과 더불어 살아가는 아름다운 은혜와 축복의 충만하시기를 주님의 이름으로 축원합니다.

할렐루야, 아멘.

(2011. 1. 1)

새 일을 행하시는 하나님

사 43:18-21

할렐루야 대망의 새해 2011년도를 하나님께서 허락하시어 어제 축복 예배로 시작을 하시는 하나님은 일 년 52주를 허락하시면서 첫 주일을 지키게 하시고, 주님과 더불어 동행하게 하시니 참으로 감사합니다.

저는 2011년도 첫 주일의 설교를 하면서 하나님의 특별한 영권과 복권을 허락하여 주심을 감사하며 신년 첫 주일의 설교를 들으시고 은혜를 받으시는 성도 여러분들은 말씀을 통하여 교회를 말미암아 하나님이 베풀어 주실 축복을 받으시면서 주님께 영광을 돌리시기를 바랍니다.

우리는 2011년도 365일, 52주일, 12개월, 사계절 전후반기를 공평하게 우리 각자에게 허락 한 것으로 믿습니다.

우리는 시간에 쫓기면서 황급하게 도망가듯이 살아가는 사람도 있고 시간이라는 자원을 잘 분리를 하고, 분배를 하고, 아끼고 그리고 적정하게 효율적으로 사용하면서 시간이라는 생물을 잘 불러드려서 시간을 분배, 제작, 적용 효과적으로 자산을 운용하는 사람도 있습니다.

분명한 것은 시간이라는 것은 정지시키거나, 머물게 할 수는 없지만, 주어지는 시간을 금 쪽 같이 가장 효과적으로 사용 할 수 있지만 나태와 게으름, 무질서, 무계획, 무감각으로 기회를 놓치고 시간을 낭비하는 이들도 적지 않습니다.

그렇다면 2011년도를 하나님이 허락하셨고, 우리 각자가 그 대열에서 어떻게 하나님이 주신 새해를 살아가느냐 하는 것은 우리 몫이 되는 것입니다.

어떤 계획이나 마음의 보관을 가지고 계십니까?

새해의 세월만을 주신 것으로, 되는대로 바람이 부는 대로 물결이 치는 대로 보내자는 그러한 마음은 아니겠지요?

인생은 세월을 등에 엎고 자신의 뜻을 이루는 경우도 있지만, 어떤 경우에는 거친 세파를 떠밀려서 본의가 다르게 살아가기도 하고 때로는 세월을 거스르면서 힘에 겨운 것을 극복을 하여야하는 경우도 있기 때문입니다. 분명한 것은 우리들의 변화 된 자세가 필요한 것입니다. 옛날처럼, 지금껏 지나온 것처럼 할 것이 아니라, 무엇인가 새로운 변신과 도전이 필요한 것입니다.

사람은 자신의 갱신이 없으면 어떠한 위대한 것도 기대 할 수 없는 것입니다. 문제는 내가 변해야 하고, 우리가 변해야 하고, 성도가 변화하기 전에 목회자 자신이 변화해야 하고, 그리고 목회자나 상대방의 변화를 요구하기 전에 자기 자신이 먼저 변화해야 하는 것입니다.

서로가 상대방의 변화만을 요구한다면 변화는커녕, 불화와 분쟁의 원인이 되어 그 생활터전이 전운 감도는 전쟁터를 방불케 할 것입니다.

내가 변화가 되어야 하고 우리가 변화를 받아야 하는 것인데 그것이 그렇게 쉽진 않아서 자신이 진통을 겪는 경우가 많습니다.

그리고 자신이 변화가 되어야 한다고 타성에 젖은 현실에서 깨어나야 하고 새로워 져야 한다는 것을 동감을 하면서 이것이 쉽지 않는 것입니다. 저 역시도 수 없이 새로워져야 한다고 몸부림을 치면서 가진 노력을 다하면서 시도해 보지만 생각만큼이나 진척이 있는 것은 아닙니다. 그렇다면 어떡하면 내가 바꾸어지고 언제 자신이 변화를 스스로 실감을 할 수 있을까요?

첫째 : 변화 되는 방법

우리들의 노력이나 연습으로는 온전한 변화를 기대 할 수 없지만, 성경에서 우리의 신앙의 선진들이 제시한 방법을 가지고 겸허한 마음을 가지고 모색해 보아야 할 것입니다.

성경은 우리 그리스도인들을 가르쳐서 새로운 피조물이라고 분명히 말씀을 하고 있습니다. 우리는 예수를 믿고 새롭게 되어야 하고 가치관과 목적이 다르고 방향이 바꾸어져야 할 것을 의미하는 것입니다.

1)그리스도 안에 있으면 새로운 사람으로 살아갑니다.

예수 안에 변화를 받은 사람, 은혜를 받은 사람으로, 거듭나고 중생한 사람으로 살아가게 되는 것입니다.

"그런즉 누구든지 그리스도 안에 있으면 새로운 피조물이라 이전 것은 지나갔으니 보라 새것이 되었도다."(고후 5:17)

그리스도 안에서의 삶은 바로 주의 말씀에서 벗어나지 아니하고 예수 안에서 말씀 안에서 사는 것을 의미하는 것입니다.

우리가 그리스도 안에 있으면 새로운 피조물이 되는 것입니다.

이전의 것, 예수 믿기 전은 지나가고 이제는 새로운 피조물로서 거듭난 존재로서 이 땅에서 살아가고 있다는 것입니다.

그리스도 안에 있으면 삶의 목적과 가치관이 완전히 달라지는 것 차원이 다른 세계를 지향하고 있음을 의미하는 것입니다.

2)옛 사람(구습)을 벗어버릴 때 가능한 것입니다.

아무리 은혜를 받고 체험을 하여도, 구습을, 옛날 버릇을 바꾸지 못하면 다시 타락하게 되고 범죄와 음부의 세계에서 헤어나지 못하게 되는 것입니다.

"너희가 유혹의 욕심을 따라 썩어져 가는 구습을 따르는 옛 삶을 벗어버리고"
(엡 4:22)

즉 내 주변에서 유혹의 욕심이 따르는 옛 습관을 버리는 것이 가장 중요한 것입니다. 그래서 오늘 본문에서는 18절 **"너희는 이전 일을 기억하지 말며 옛날 일을 생각하지 말라"**라고 하였습니다.

옛 습관, 옛 생각에 얽매이게 되면 우리는 구습으로 회귀하게 되고, 그렇게 되어 지면 타락과 방종의 나락에 빠지게 되는 것입니다.

옛 습관, 옛 추억은 망각의 세계로 몰아야 합니다.

3)연령을 초월해서 새롭게 될 수 있습니다.

"그러므로 우리가 낙심하지 아니하노니 우리의 겉 사람은 낡아지나 우리의 속사람은 날로 새로워지도다."(고후 4:16)

비록 우리의 육신은 늙어지고, 기력이 쇠하여 질지라도, 우리의 속사람, 즉 영혼은 날로 새로워질 수 있다는 것을 의미하는 것입니다.

4)의와 진리 거룩함으로 새 사람이 될 수 있습니다.

"하나님을 따라 의와 진리의 거룩함으로 지으심을 받은 새 사람을 입으라."(엡 4:24)

오늘 본문에서 말하는 의는 믿음의 의를 의미하는 것이며, 진리는 예수 그리스도를 뜻하며, 거룩함은 도덕성보다도 더 우선하는 성스러움을 추구함으로 우리는 새 사람으로 살아 갈 수 있는 것입니다.
예수 그리스도를 의지하는 거룩한 믿음으로 세속을 벗어나고 구습을 타파하고 새 사람으로 살아갈 수 있다는 것입니다.

5)결국은 하나님이 새 일을 행하십니다.

"보라 내가 새 일을 행하리니 이제 나타낼 것이라 너희가 그것을 알지 못하겠느냐…"(사 43:19)

인간 세상의 모든 일은 사람이 하는 것 같지만 사실은 하나님께서 사람을 통하여 우리를 사용하시어 매사의 일을 이루게 하시는 것입니다.
2011년도에 다가오는 새 일들도 하나님은 우리들로 말미암아 이루어 나가신다는 사실을 기억하시기를 바랍니다.
천지창조에서부터 시작하여 종말의 심판에 이르기까지 모든 일을 이루시는 분은 오직 하나님이라는 사실을 말씀하시는 것입니다.

그러므로 솔로몬은 시 127:1 **"여호와께서 집을 세우지 아니하시면 세우는 자의 수고가 헛되며 여호와께서 성을 지키지 아니하시면 파수꾼의 깨어 있음이 허사로다."**라고 하였습니다.

우리의 노력, 사람이 감당하는 사역 위에 하나님이 세우시고 지켜주셔야 하지 아니하면 갖은 노력도 그 힘든 수고도 허사가 될 수밖에 없다는 것입니다.

> "… 만군의 여호와께서 말씀하시되 이는 힘으로 되지 아니하며 능력으로도 되지 아니하고 오직 나의 영으로 되느니라."(슥 4:6)

우리의 하는 모든 일에는 하나님의 성령이 함께 하시고 주님께서 함께 하여야 이루어 낼 수 있는 것임을 성경은 밝혀주시고 계십니다.

둘째 : 새 일은 언제 하여야 하는가?

본문 19절 **"보라 내가 새 일을 행하리니 이제 나타낼 것이라…"**라고 하였습니다.

우리는 운동장에서 높이뛰기를 하여도, 넓이 뛰기를 하여도 숨고르기가 필요 하고 뛰는 속도와 점프를 하는 거리와 호흡이 맞아야 합니다. 그렇다고 너무 재기만 하고 시도하지 못하면 그도 아무런 의미도 없는 것입니다.

2011년도 새로운 새 길을 가는 것은 아무도 예측은 할 수 없지만 우리 앞에는 열려진 길, 해야 할 일들이 산적해 있으므로 우리는 가야 할 길이 있고 해야 할 일이 있습니다. 그 길은 이미 출발은 하였고. 할 일은 내 앞에 쌓였습니다.

그러므로 미룰 수 있는 것이 아니고, 피할 수 있는 일이 못 되는 것입니다. 그 일은 지금 하여야 할 일들이고, 이제 가야 할 길이기에 오늘, 현재, 지금, 이제 바로 할 일들이고, 가야 할 길임이 분명합니다.

우리가 내가 2011년도의 주시는 새로운 길을 가야하고, 새 일을 하여야 한다면 우리 주저하지 말고 위축을 당하거나 겁먹지 말고, 가진 실력, 쌓은 경역으로 현실적인 난관을 극복하고 담대하게 감당하는 용기를 내십시오.

왜냐하면 하나님께서 그 일을 우리를 통하여 새 일을 하시고, 새 역사를 이루어 주신다고 하였으므로 확신을 하셔도 됩니다.

하나님께서는 지나간 과거에 매여서 오늘을 무력하게 사는 것을 기뻐하지 않습니다. 비록 지난 과거에는 그다지 괄목 할만 실적을 거두지 못하여도, 그래도 주님을 의지하면서 새롭게 도전하는 여러분들과 함께 하시고 힘을 주실 것입니다.

우리들이 이제 새 일을 행할 때 하나님이 함께 하시고 주의 의로운 오른 손으로 도와주실 줄 믿으시기 바랍니다.

우리가 새 일을 행하는 시기는 미루거나 연기하는 것이 아니라, 이제, 지금, 바로 시작하는 지금을 의미하는 것입니다.

이제, 현재, 지금은 시간적인 표현은 어렵지만 핑계나 빙자하지 않는 시간, 연기 하거나 미루지 않는 주저 없이 시작을 하고 일을 하는 시점을 의미 하는 것입니다.(봉사, 헌신, 사과, 회개, 배품, 감사, 선행, 격려, 칭찬 수고, 희생 등)

셋째 : 하나님께서 우리를 통하여 새 일을 하시면 어떤 결과가 오는가?

19절 "…내가 반드시 광야에 길을 사막에 강을 내리니."라고 하였습니다.

1)광야의 길을 내고

우리 앞에 2011년이라는 넓고 긴 광야가 펼쳐져 있습니다.

우리는 어떻게 가야 할지? 어디로 가야 할지? 앞이 막막하지만 우리가 기도 하고, 하나님이 함께 하시면 우리 가야 할 길, 나의 갈 길을 우리 하나님께서 제시하여 주실 줄 믿습니다.

출애굽한 백성들을 40여년 방황하던 이스라엘 백성들을 가나안으로 인도하시듯이 우리 하나님께서는 우리 갈 길을 열어 주실 줄 믿습니다.

광야를 지나는 사람은 길이 필요합니다. 길이 없으면 방황하게 되고, 목적지에 이르지 못하고, 길에서 쓸어 질 수 있습니다.

비록 좁은 길일지라도 이 믿음의 길을 굳게 잡고, 놓치지 말고 전진하시기를 바랍니다.

2)사막에 강을 내리니

사막이 사막 될 수밖에 없는 것은 물이 없기 때문입니다.

이스라엘을 가서 바란 광야를 거쳐서 엘림에 이르면 종려나무가 군락을 이루고 야자수와 각종 과일 나무와 우거진 숲을 보면 지상의 낙원 같이 보이는데 이는 그 곳에 물이 있기 때문입니다.

사막에 물이 흐르고 그 물이 강을 이루면 사막이 아니라 옥토가 되고 축복의 땅, 낙원이 되는 것입니다.

사막과 같은 직장, 광야 같은 사업장에 강을 내어서 낙원이 되는 축복이 믿음으로 사는, 기도하는 여러분들의 것이 될 줄로 믿으시기 바랍니다.

사랑이 고갈 된 가정(부부) 사막 같지만 그러나 그 사이에 사랑의 강이 흐르게 되면 지옥 같은 가정이 천국 가정으로 변화가 되고 아름다운 행복 꿀송이 같은 부부가 될 것입니다.

사랑은 사막의 강과 같은 것입니다.

3) 들짐승까지도 하나님을 공경하게 될 것입니다.

본문 20절 **"장차 들짐승 곧 승냥이와 타조도 나를 존경할 것은…"**

신행이 일치를 이루면 영육이 강건해지고 영육이 강건하면 신앙의 저력이 극대화가 되면 이 복음화의 결정적인 역할을 하게 될 것입니다. 우리가 하나님을 의지하고, 믿음으로 살 때 인가귀도 즉 가족이 복음화가 되고, 회사가 복음화가 되고, 만나는 사람마다 그리스도화가 되는 역사가 일어나게 될 것입니다.

4)결국 하나님께 영광 돌리게 됩니다.

21절 **"이 백성은 내가 나를 위하여 지었나니 나를 찬송하게 하려함이라."**라고 하였습니다.

우리가 이 땅에서 살아가는 목적은 하나님께 영광을 돌리고 그를 즐거워하며 살아가는 것이 우리들의 궁극적인 목적이라고 소요리 문답 제 1문에 정의한 내용과 같습니다.

그러므로 그 어떤 경우라도 하나님의 영광을 가리는 과오는 범하지 않도록 먹든지 마시든지 무엇을 하든지 하나님께 영광을 돌리는 삶으로 살아가는 은혜가 오늘 신년 1월 첫 주일에 예배를 드리는 길신교회 모든 교우 여러분들과 하나님을 믿은 모든 성도들에게 임하시기를 주님의 이름으로 간절히 축복을 합니다.

하나님과 동행, 새일을 하여 광야에 길을 사막에 강이 흐르는 축복, 가족의 주변의 복음화, 결국 하나님의 영광이 되는 2011년도가 되시기를 기원합니다.

(2011. 1. 2)

큰 믿음의 소유자

마15:21-28.

경제계에서 투신하는 사람은 어떻게 하면 재벌이 되며, 기업을 키워서 대 그룹을 형성하여서 재계의 영향력 있는 사람으로 부각 되느냐 하는 것은 모든 이들의 관심이 될 것입니다.

어디서든 자기의 분야에서 전문가가 되고, 일인자가 되는 것은 그 사람의 꿈이며, 목표이고, 그의 생애를 걸고, 점령할 고지로 생각을 하게 됩니다.

새해 둘째 주를 맞이하면서 제 마음에 간절한 바람을 말하라고 한다면 말할 것이 많지만 그 가운데 한 가지를 들라고 하면 여러분들이 우리 길신교회 교우들과 이 자리에서 예배를 드리는 여러분들과 함께 믿음의 부자가 되었으면 좋겠다는 생각을 말하고 싶습니다.

다른 것은 아직은 무엇이라고 말하기가 그렇게 쉽지 않지만 무엇보다도 자신의 믿음을 추슬러서 전에 없던 믿음의 집중력, 믿음의 생활화, 믿음의 구심점을 바로 잡아서 흔들리지 않는 자세로 새해를 살아간다면 전에 체험하지 못했던 은혜를 체험을 하고 새로운 힘을 얻고 하나님의 은혜로 살아가는 놀라운 역사가 일어 날 줄로 믿습니다.

우리들의 믿음 자체가 우리들의 미래를, 가까이는 내일을 좌우할 수 할 수 있는 바로미터가 되는 것이라고 생각을 합니다.

여러분! 큰 믿음의 소유자는 어떤 믿음을 의미할까요?

이는 저는 망원경의 원리를 큰 믿음에 대입을 시키고 싶습니다.

대형 망원경은 망원경 자체가 크고 거대한 것을 의미하기도 하지만 그 보다도 작은 망원경으로는 볼 수 없는 물체나 별자리를 대형 망원경으로 볼 수 있기 때문에 우리들의 육안으로 식별이 불가능한 것이 망원경으로 볼 수 있습니다.

그러므로 큰 믿음의 소유자, 큰 믿음, 믿음의 부자는 믿음의 외장의 규모나 경력이나 연륜이나 실적을 가지고도 말 할 수 있지만 그 보다는 사람에게 드러나지 않고 알아주지도 못하는 것 같은 것에도 영안이 열리고 한치의 소홀함이 없이 차질 없이 잘 감당을 하고 자신의 마음을 중심에 싣고 겸허하게 감당하는 것, 또는 갖가지의 방해와 장애 가운데서도 자신의 믿음의 자세가 흔들리지 않는 초지일관하는 모습을 의미할 수도 있습니다.

저는 오늘 본문에서 제시하여 주시는 말씀을 금번 부흥회를 위한 신년 축복성회 준비 새벽기도회 때, 이 말씀을 전하면서 제 마음에 은혜가 커서 다시 오늘 낮 예배 때 전하게 된 것입니다.

큰 믿음의 소유자는 누가 되며, 어떤 이가 큰 믿음의 소유자이며, 주님께서 큰 믿음의 소유자라고 극찬을 하시는 분은 도대체 어떤 분인가를 우리는 관심 있게 살펴보아야겠습니다.

우리 역시 기왕에 예수를 믿는 사람으로서 우리는 나는 그 같은 믿음의 사람은 될 수 없을까를 생각하면서 저는 여러분들에게 야심찬 기대를 하면서 이 말씀을 준비를 했습니다.

오늘 우리 가운데서도 마음을 먹고 실천만 한다면 우리 가운데 이 같은 큰 믿음의 소유자라고 인정을 받을 만한 사람들이 얼마든지 나올 수 있음을 믿습니다.

첫째 : 이런 사람이 큰 믿음의 소유자입니다.

우리 모두는 "네 믿음이 크도다."라고 하는 주님의 칭송을 받고 싶은 마음은 간절합니다.

그럼 어떡하면 그 같은 인정을 받으면서 믿음으로 바로 온전히 살아 갈 수 있을까요?

1) 자발적이며 겸손한 신앙.

누가 시켜서 하거나 명령에 의해 하는 것은 피동적이며 마지못하여 하는 것이기 때문에 자신의 가진 것이나 달란트를 남김없이 발휘할 수 없습니다.

"이에 더러운 귀신 들린 어린 딸을 둔 한 여자가 예수의 소문을 듣고 곧 와서 그 발아래 엎드리니"(막 7:25)

자기의 딸에게서 귀신을 쫓아내기를 간구하였습니다.

소문을 듣고 스스로 찾아가는 이 여인의 모습을 우리는 눈여겨보아야 합니다. 누가 귀 띔을 해주거나, 초청을 받았거나 권유함을 받은 것도 아닙니다.

"곧 와서 그 발아래 엎드리니"

지체하지 않았으며 머뭇거리지 않았습니다.

소문을 들은 즉시 찾아온 것입니다. 그리고 그 앞에 엎드리는 낮아지심을 볼 수 있고, 상대방을 높이는 겸손함을 우리는 볼 수 있습니다. 간절한 마음으로, 기도로 구하였다는 말씀입니다.

예수의 소문을 듣고 곧 와서 발아래 엎드리는 열심이 있고 자발적으로 예수를 찾은 사람입니다.

2)소리 질러 부르짖는 열심 있는 성도

본문 22절 **"가나안 여자 하나가 그 지경에서 나와서 소리 질러 이르되 주 다윗 자손이여 나를 불쌍히 여기소서 내 딸이 흉악하게 귀신이 들렸나이다 하되"**라고 하였습니다.

우리는 절박한 우리들의 사연들도 함부로 발설도 하지 않지만 큰 소리로 부르짖으며 간구하지 않습니다. 이는 큰 소리의 기도는 들으시고 묵상 기도는 응답이 늦다는 말은 아닙니다.

하나님께 기도하는 동일한 기도 일지라도 간절히 부르짖는 기도를 먼저 들어 주신다는 의미의 말씀입니다.

우리는 정말로 기도 할 것이 있고 기도로 주의 도움을 받아야 하는데 인간적으로 조금은 부끄럽거나 자존심 문제로 기도를 부탁하지 못하는 경우도 있습니다.

내용이 "내 딸이 귀신 들렸나이다." 나를 불쌍히 여겨 달라는 것입니다. 귀신 들린 딸자식을 위하여 큰 소리로 부르짖으면서 귀신을 쫓아 달라는 간구입니다.

헬라의 수로보니게 여인은 자신의 처한 처지 그대로를 소리쳐서 고하면서 주님께서 해결하여 주시기를 간절히 간구하는 것입니다.

우리는 이 부분에 솔직하지 못하고, 진실하지 아니하며, 사람을 의식하고, 자존심을 앞세우는 인간적인 생각으로만 생각하는 경우가 참으로 많습니다.

우리가 이 헬라의 수로보니게 족, 여인의 모습에서 자발적으로 찾아가는 믿음, 그 발아래 엎드리는 낮아지고 겸손한 자세, 소리쳐 부르짖는 간절성이 있는 간구를 볼 수 있고, 이방 여인이고, 전통적인 유대인도 아닌데 귀신 들린 것 예수님이 쫓아 주실 줄 믿는 믿음이 정말로 큰 믿음인 것입니다.

이방인이라도 하나님을 모르고 살다가 처음 믿는 사람일지라도 이런 믿음을 가질 수 있다는 것을 보시고 처음 믿는 사람도 성령님의 체험을 더 뜨겁게 할 수 있습니다.

믿음은 전통이나 연륜으로 성숙하여 지는 것이 아니라 하나님의 은혜를, 성령을 체험하게 되면 놀랍도록 성숙한 믿음, 뜨거운 신앙인이 될 수 있는 것입니다.

둘째 : 주님께서는 무엇이라고 하셨습니까?

다시 말씀을 드리면 예수님이 그 지역을 지나간다는 소문을 듣고 단숨에 찾아와서 그 발아래 자기의 딸이 귀신이 들렸으므로 쫓아내어 달라는 간청을 하는 것입니다.

제자들은 예수님께 말씀드리기를 23절 **"…그 여자가 우리 뒤에서 소리 지르오니 그를 보내소서"**라고 주님께 요청을 합니다.

다른 말로 표현을 하면 해괴망측한 이방 여인이 와서 소리 지르오니 소란스러우니 돌려 보내자는 것입니다.

그 때 예수님께서 24절 **"예수께서 대답하여 이르시되 나는 이스라엘 집의 잃어버린 양외에는 다른 데로 보내심을 받지 아니하였노라 하시니"**라고 하였습니다.

예수님의 말씀도 이스라엘 택한 백성 가운데 잃어버린 자를 찾으러 왔지 이방인들을 구하기 위하여 온 것이 아니라고 거절을 합니다.

보십시오 제자들은 뒤에서 소리 지르는 비정상적인 여인을 돌려보내자는 것이고, 주님은 내가 온 목적은 이방 여인 너를 구하러 온 것이 아니라 유대의 잃어버린 양을 구하러 왔다는 것입니다. 그뿐 아니라

"예수께서 이르시되 자녀로 먼저 배불리 먹게 할지니 자녀의 떡을 개들에게 던짐이 마땅치 아니하니라."(막 7:27)

이스라엘 백성은 자녀로 간주를 하고 이방인은 개들로 취급하는 한마디로 무시를 당하는 발언을 듣습니다. 이는 자존심을 상하게 하는 정도가 아니라, 완전히 사람을 멸시하여 동물 취급, 짐승으로 간주하는 이 같은 발언을 듣게 된 것입니다. 사람이 이성을 잃고 햇가닥 갈 정도로 모멸감을 느끼게 하는 것입니다.

지난 금요일(11. 1. 6) 라디오 방송에 거여동 쪽에서 65세의 남편이 60세 된 아내를 흉기로 찔러서 숨지게 한 사건이 나오더라구요. 사건의 원인은 남자분이 몸에 질환을 앓고 있는데 남자의 구실도 못하면서 무슨 잔소리가 그렇게 많으냐?는 아내의 말에 남편의 자존심을 상하게 하는 한 마디가 그 같은 비극을 가져왔다는 것입니다.

사람은 자존심을 상하게 하면 이성을 잃어버리는 경우도 더러는 있는 것 같습니다. 다른 데로 보내라는 냉대를 받고, 무시를 당하고, 거절을 당 할 때 어떻게 해야 할까요?

환대와 호의와 기쁨으로 나를 맞아주면 그 이상의 좋은 일이 없지만 그렇지 못한 경우에 우리는 아무런 준비도 대응도 하지 못하고 달아오르는 화를 짓누르거나 분을 삭이는 것으로 그쳐서는 아무래도 미흡한 것입니다.

셋째 : 거절과 냉담한 반응에 어떻게 처세 하였는가?

지지하고 환영하고 기쁨으로 영접을 하게 되면 그 이상 더 좋을 수 없지만 그러나 우리가 사는 세상에서 "나"라고 환영을 받고, 지지하고, 반갑게 대하여 주는 것만은 아닙니다.

거절을 당하고 홀대를 받고, 때로 서러움을 당하고, 핍박을 받는 경우도 있음을 우리는 유념하여야 합니다.

27절 **"여자가 이르되 주여 옳소이다마는 개들도 제 주인의 상에서 떨어지는 부스러기는 먹나이다 하니"**라고 하였습니다.

> "여자가 대답하여 이르되 주여 옳소이다마는 상 아래 개들도 아이들의 먹던 부스러기는 먹나이다."(막 7:28)

마 15:27에는 제 주인의 상에서 떨어지는 부스러기를 먹는다고 하였으며, 막 7:28 "아이들의 먹던 부스러기를 먹는다고 하였는데 어쩌든 주인의 상에서 떨어지는 부스러기임에는 틀림이 없습니다.

부스러기 같은 은혜, 남은 은혜, 다른 이들이 다 가지고 남은 것, 옷감으로 말하면 쓸모없는 짜투리고, 먹는 과자나 떡 같으면 부스러기 같은 것 그런 것이라도 달라는 간청입니다.

은혜를 사모하는 열심은 그 어떤 거절이나, 자존심을 상하게해도,

아량 곳하지 않고 부스러기라도 달라는 것이고 개가 주인의 상에서 함께 먹지는 못하지만 부스러기를 핥터 먹지 않습니까?

작은 부스러기라도 달라는 청원입니다.

이 같은 경우 아무리 넓은 마음을 소유한 자라도 이해를 잘하는 사람이라 할지라도 믿음의 차원에서 보지 않으면 수용 불가능한 것입니다.

오직 믿음으로 은혜를 받으려고 자신이 억만 죄악중에 빠져 죽을 수밖에 없는 죄인으로 시인을 하고 고백하는 자만이 이런 경우에도 은혜를 사모하게 될 것입니다.

주의 말씀을 자존심의 차원으로 접근을 하면 아주 곤란합니다.

성경에서는 자존심이나 인권적인 차원에서 접근을 하면 대단히 심각한 문제를 야기할 수 있을 것입니다.

여러분, 성경에서는 여자와 아이는 숫자에도 들어가지 않는가 하면(출 12:37) 유아 외에 보행하는 장정만 60만, 여자는 교회에서 말하지 말아야 한다고(고전 14:34) 하였습니다.

"…너희 장정만 가서 여호와를 섬기라."(출 10:11)

여성, 아이들 인권의 심각한 문제로 대두 될 것입니다.

인권이나 자존심 등의 것으로 다루거나, 접근하는 것이 성경이 아니고, 하나님 앞에서 우리들의 신앙인으로 살아가야 할 소중한 말씀이라는 사실을 언제나 잊지 말아야 합니다.

넷째 : 놀라우신 예수님의 대답

나의 딸이 귀신 들렸다고 귀신 쫓아 달라고 하였을 때는 나는 이스라엘의 잃은 양 외에 다른 데로 보냄을 받지 아니하였다면서 거절을 하셨고, 다시 여자가 절을 하면서 저를 도와 달라고 강청을 하였을 때 예수님은 자녀들에게 줄 떡을 개들에게 던지는 것은 마땅하지 않다고 하시면서 완강히 거절을 하였습니다.

그 때 이 여인은 개들도 주인의 상에서 떨어지는 부스러기는 먹나이다. 라고 하였을 때, 지금 이 본문의 말씀 28절 **"이에 예수께서 대답하여 이르시되 여자여 네 믿음이 크도다 네 소원대로 되리라 하시니 그 때로부터 그의 딸이 나으니라."**라고 하였습니다.

예수님은 이방인을 박대 한 것도 아니고, 이 여인을 청원을 무시 하는 것도 아닌 믿음의 분량을 달아본 것이라고 생각이 되어집니다.

이 여인에게는 어려운 시험이었고, 자신의 존재를 지워버리게 하는 혹독한 단련의 과정이라고 말할 수 있습니다.

"여자여 네 믿음이 크도다."하는 이 한 마디를 주님께 들어야 할 오늘 우리들입니다.

믿음의 크다고 주님이 인정하시는 기준은 믿음의 연륜도 믿음의 경역도 아닙니다.

받으신 직분도 아니고, 쌓은 공적으로 평가하는 것이 아닙니다.

목숨보다 중하게 여기는 자신의 자존심을 버리고, 하나님의 은혜를 택하는 사람, 온갖 거절과 무시를 당해도, 주님을 향한 믿음을 포기하지 않고, 끝까지 주의 도움을 요청하는 간절성 있는 간구와 주의 은혜를 사모하는 마음이라 할 수 있습니다.

자신의 자존심을 믿음과 바꿀 수 있는 그 사람이라면 믿음의 큰 사람이 될 가능성이 있습니다. 온갖 반대와 거절, 무시, 불행을 딛고도,

지치지 않고 포기하지 않고 주의 믿음의 줄을 놓치지 않는 사람입니다.

주님께서 "여자여 네 믿음이 크도다."라는 선언의 한 마디가 소원이 성취 되었습니다.

"그때로부터 그 딸이 나으니라."

소원이 성취가 되고 문제를 해결 받았습니다.

2011년도에, 짧게는 금번 성회에 "네 믿음이 크도다."라는 이 한마디를 주님께 듣는, 성도들에게, 주의 종들에게, 인정을 받으시는 축복의 해, 우리 한 사람 한 사람이 될 수 있기를 주님의 이름으로 축원합니다.

(2011. 1. 9.)

은혜를 받은 대로 섬기자

롬12:6-13

우리가 하나님을 믿으면서 예수 그리스도의 십자가의 보혈 공로로 속죄함을 받아서 믿음으로 살아가는 형제와 자매들이며, 주안에서 한 가족으로 살아가고 있으며, 앞으로도 그 같은 발걸음으로 살아가게 될 우리들입니다.

그러기에 우리는 육신의 혈육으로 맺어진 형제자매보다도 더 가깝게 지나며, 의지하며 살아가는 것입니다. 그러나 출신도, 경력도, 성격도, 학력도, 소유도, 선호도도, 가치관도 다양 할 수 있습니다.

그러므로 주 안에서 하나가 되는 것은 당연하고 하나가 되어야 하지만 그렇다고 기계적으로 하나가 되거나 강력한 억압적인 방법으로 하나가 되는 것은 아닙니다.

다양한 사람들이 모여서 유기적인 상호 소통을 이루면서 각자의 주어진 분야에서 최선을 다하여 이상적인 공동체를 이루어서 우리 하나님의 사역을 감당해 나가는 것이 바로 교회의 공동체입니다.

저는 금번(지난 주간) 부흥성회에 우리는 많은 은혜를 받았고 자신을 돌아보고 나의 신앙을 점검을 하고 요즘 말로 하면 업그레이드 시키는 기회가 되었다고 봅니다. 좀 아쉬움이 있었더라면 우리 성도들이 좀더 많은 이들이 참석하지 못하여서 안타까운 마음이 있었지만 그래도 참석하는 분들은 끝 시간 까지 빠지지 않고 참석하는 것을 보면 많은 은혜가 되었다고 생각이 듭니다.

명절이나 잔치 끝이 되어지면 주부들이 가족들의 식탁을 만들기가 어려운 것처럼, 부흥 강사님들이 자신들이 가지고 있는 특기들을 발휘하여서 한 없이 쏟아 놓은 입장에서 일반적인 메시지를 전하기가 쉽지 않는 것만은 사실입니다.

작년에는 부흥회를 마치고 제가 여러분들에게 설교한 제목이 "은혜를 받은 사람"이라는 제목으로 말씀을 드렸는데 금년에는 어떤 말씀으로 전할까 생각을 하다가

오늘의 롬 12:6-13 말씀에 의지하여서 "은혜를 받은 대로 섬기자"는 제목으로 함께 은혜를 나누는 시간이 되었으면 좋겠습니다.

우리들의 믿음의 생활은 바로 섬기는 삶인데 성도들이 교회에서 섬기는 것은 어떤 물리적인 압력이나 힘으로 강요하여 하는 것이 아니라 자발적으로 기쁨으로 섬기는 정신으로 살아가는 것이 곧 믿음의 생활인 것입니다. 그래서 우리가 부흥성회를 마치고 은혜를 받은 사람은 과연 어떻게 처세를 하여야 하는 가는 대단히 중요한 것입니다.

우리가 성회를 통하여 은혜를 받았지만 그러나 실족을 하거나, 시험이 들면 받은 은혜는 간 곳이 없고, 상처만 남거나, 아픔만이 남기 때문입니다. 그리고 자기를 제외한 모든 이들을 자기의 생각이나 주장대로 이끌어가는 것은 성경적이지 못합니다.

교회 안에서는 믿음의 차원에서는 내 주장이나 논리나 생각이 아니

라 하나님의 뜻과 마음에 합하냐? 가 가장 중요한 것입니다.

본문 6절 **"우리에게 주신 은혜대로 받은 은사가 각각 다르니 혹 예언이면 믿음의 분수대로"**라고 하였습니다.

하나님의 베풀어 주시는 은혜는 각각 다를 수 있다는 것입니다.

그러므로 자신이 기준이 되거나 표준이 되는 것이 아니라 하나님께서 기뻐하시는 일인지? 아니면 하나님이 싫어하시는 것인지 우리는 그것을 바로 알아야 합니다.

그렇다면 은혜를 받은 대로 섬기라 하심은 어떤 의미가 함축이 되어있을까요? 여러 가지 의미를 다 부여할 수가 있다고 생각 할 수 있지만 가장 중요한 핵심은 다른 사람을 보고 원망을 하거나 탓하지 말고 자신의 가진 달란트 마음에 임한 받은 은혜대로 하자는 것입니다.

사람을 보거나 분위기에 따라 동하지 말고, 하나님이 내게 주신 은혜를 소중하게 여기면서 마음의 기쁜 뜻대로 하였으면 좋겠다는 것입니다.

우리는 때로는 봉사를 하여도, 헌금을 하여도, 충성을 하여도, 사람을 의식하고 하는 경우가 적지 않지만, 그렇게 하지 말고 하나님께서 내게 주신 은혜가 크다면 그대로 하는 것이 아름다운의 은혜의 열매가 될 것입니다.

첫째 : 믿음의 분수대로 하라.

6절 **"우리에게 주신 은혜대로 받은 은사가 각각 다르니 혹 예언이면 믿음의 분수대로"**라고 하였습니다.

우리에게 주신 은혜, 받은 사랑이 사람에 따라 각각 다를 수 있다는 것입니다. 그러므로 은혜를 받은 대로 은사를 체험한 대로 그 믿음의 분수에 맞게 살아야 한다는 것을 의미하는 것입니다.

믿음의 걸맞게 행동을 하고, 은혜를 받은 대로의 준한 삶의 영향을 줄 수 있어야 한다는 것을 의미하는 것입니다.

"분수" 아날로기아 는 비율, 정도를 뜻하는 말로 '비율을 따라서' 이 말은 믿음의 내용을 가르키는 것으로서 하나님을 향한 신실함과 담대한 마음의 정도를 나타내는 것이라 할 수 있습니다.

하나님의 은혜를 받은 이들은 그 믿음의 분량, 받은 은혜, 쌓은 축복, 자신의 체험, 기도의 분량, 믿음의 경륜, 직임의 비중 등을 고려하여 비율이 맞고 정도에 지나치지 않아야 할 것을 의미하는 것입니다. 지나치게 과장 하거나 과대하지도 말아야 하지만 또한 과소평가 하거나, 축소하지 않고 있는 그대로 사실대로 살아야 할 것을 의미하는 것입니다.

만일에 분수에 맞지 않게 행동을 하거나, 처세를 하게 되면 건방지다는 말을 듣거나 시 건방지다거나, 주책없는 사람으로 보여 질 수 있는 것입니다. 믿음의 나이도 있고, 받은 직분도 있고, 쌓아온 경력도 있고. 우리들의 실생활처럼 살아온 노하우도 있는데, 격에 맞고, 분에 넘치지 않는 이 보배로운 은혜로운 생활을 어떻게 지속하느냐는 이는 참으로 자기를 살피는 일입니다.

은혜를 받은 것만큼 내가 말하고, 주장하는 것처럼 내가 나를 살피고 돌보고, 너무 외소하지도 않고, 또는 과대하지 않게 살아가는 방법이 무엇일까요?

사람이 자기의 분수(정도)에 따라 살 수 있는 지를 그 길과 방법을 신앙과 생활, 기도와 행함을 모색해 보아야 할 것입니다.

3절 믿음의 분량대로, 분량 "메트론" 척도, 기준, 규범, 크기, 양, 길이, 등으로 표시를 하는데 아날로기아(바른 관계, 조화 비례)와 그 맥을 같이 하고 있다.

민음과 비례에 균형 맞은 신자의 생활, 기도하여 신령한 세계를 접하는 것에 못지않는 행함이 있는 성도의 삶을 의미할 것입니다.

우리는 은혜를 받은 대로 하나님이 주시는 능력껏 섬기고, 순종해야 할 것을 의미하는 것을 말합니다.

1)섬기는 일 제사와 예배의 역할이 선행이 되고 그 다음 사람을 섬기는 것을 말 할 것입니다.

오늘 날 우리 교회의 직분으로 구분을 한다면 예배를 인도하는 목사와 장로 직에 가장 가까운 것으로 보아서도 무리가 아닐 줄 압니다.

교역자 장로 구역장 등의 직무를 감당하는 사람은 그 직분과 직임에 걸맞은 삶을 살아야 될 것을 뜻하는 것입니다.

2)가르치는 자면 가르치는 일로서의 분수를 지켜야 할 것을 의미하는 것입니다.

이는 교사를 먼저 의미 한다고 볼 수 있습니다. 교사는 가르치는 직분으로서 선생으로서의 분수에 맞은 생활 실천이 뒤 따라야 할 것을 의미하는 것입니다.

3)위로 하는 자는 위로한 일로 자기의 분수를 지켜야 합니다.

권하고, 위로 하고, 심방하는 것은 권사님들의 하는 사역으로 제일 가까운 것이라 생각이 됩니다.

위로해 주어야 할 직분과 직책이 위로를 받아야 하는 처지가 되지 않도록 우리는 기도하여야 합니다.

제가 신학생 때부터 기도하는 것 중의 하나는 주님 저는 남에게 도움을 줄지언정 도움을 받지 않게 하여 달라고 한 기도는 지금까지 이어지고 있습니다.

하나님께서 그 기도를 들어주시는 것을 확신을 하고 있습니다.

그 정도의 소극적인 기도가 아니라 세계를 움직 일 수 있는 목사가 되게 하여 달라고 기도하지 못한 것이 지금은 아쉬운 생각이 듭니다.

혹 여러분들 가운데 특별히 젊은이들이 꿈을 가지고 있는 이들은 현실에 안주하는 정도의 기도를 지양하고 좀더 시야를 넓혀서 사회적, 국가적, 범 세계를 향한 꿈과 도전이 기도의 제목으로 삼아 보시기를 바랍니다.

4)구제하는 자는 성실함으로 하여야 합니다.

구제를 성실함으로 하라는 말은 "성실함으로" '하플로 테티' 단순함, 순전함 섞이지 않음 이라는 의미를 가지고 있다.

성실함이란 말의 뜻은 감추어진 목적이나 뜻이 없는 순수한 마음을 의미하는 것입니다.

행 5:3 에 아나니아가 소유의 땅을 팔아서 얼마를 감추고 속이고 일부를 낼 때 마음과 다른, 순수하게 드린 옥합을 깨뜨려 드릴 때 성실함이고 순수함의 마음입니다.

5)다스리는 자는 부지런함으로 이는 지도자 통치자, 가장 등의 앞장 서서 이끄는 사람을 지칭하는데 부지런하여야 하고 게으르지 않아

야 책임 있는 지도자의 자리를 유지 할 수가 있는 것입니다.

6)긍휼을 베푸는 자는 즐거움으로 하여야 한다는 것을 강조하고 있다.

우리가 긍휼을 베푼다는 말은 불쌍히 여기고 자비를 베푸는 것을 말하는데 인색한 마음이나 어둡고 침울한 마음으로 하는 것이 아니라 밝고 기쁨으로 저들을 대하고 살펴 주어야 한다는 것입니다.

우리가 남을 섬길 때 성실함으로, 부지런함으로, 즐거움으로 받은 은사를 가지고 하나님을 섬기고 이웃을 섬겨야 할 것을 의미하는 것입니다.

둘째 : 은혜를 받은 이들의 증거

10절 **"형제를 사랑하여 서로 우애하고 존경하기를 서로 먼저하며"** 라고 하였습니다.

우리가 은혜를 받으면 형제간에 서로 사랑하며 싫고 밉던 것이 사라지고 서로가 사랑하며 동기간에 형제간에 사랑하게 되는 것입니다.

그리고 상대방을 존경하기를 서로 먼저 한다는 것인데 이는 참으로 놀라운 자기변신이며 자신의 자존심이나 위신 따위는 엄두도 내지 못하게 하면서 묵묵히 살아가면서 지켜보면서 언젠가는 은혜를 받은 증거들이 세심하게 나타나게 될 것입니다.

인사도 먼저 하는 것이 쉽지 않는데 상대를 존경한다는 것은 그렇게 간단 한 것만은 아닙니다.

11절 **"부지런하여 게으르지 말고 열심을 품고 주를 섬기라"** 라고 하였습니다.

우리의 받은 은혜가 섬김의 동력이 되어서 게으르던 사람이 부지런하여 지고, 나태한 사람이 열심을 품고, 주님을 섬기던 놀라운 역사가 일어나게 될 것입니다.

사람은 부지런하여도 깜짝 놀랄 정도의 큰일을 하게 되고 게으르게 되면 상상 못할 정도의 비참한 가운데 빠질 수 있는 것입니다.

그러므로 12, 13절 **"소망 중에 즐거워하며 환난 중에 참으며 기도에 항상 힘쓰며 성도들의 쓸 것을 공급하며 손 대접하기를 힘쓰라."**

다가오는 것을 바라보며 즐거워하며, 당하고 있는 환난이 있다면 참아야 하고, 기도의 고삐는 언제든 놓지 않아야 하고 항상 성도들의 쓸것을 공급하는 섬김의 마음이 준비가 되어야 하는 것입니다.

셋째 : 내게 주신 하나님의 은혜 받은 대로 살자.

우리는 각 사람에게는 하나님께서 남다르게 주신 은사가 분명히 있습니다. 섬김, 교사, 위로자, 구제, 지도자, 베푸는 자 등의 다양한 분야에 내게 주신 은사가 있다면 우리는 그 부분을 집중적으로 개발하여 자신의 달란트를 효율적으로 활용하는 것이 자기의 사역의 역량을 극대화 시키는 하나의 방법이 될 것입니다.

그리고 우리는 부흥 성회를 통하여 각자가 받은 은혜가 있다면 받은 은혜대로 주님께서 허락하신 역량 만큼 우리는 봉사와 섬김의 폭을 키워 나가야 할 것이 우리들의 과제입니다.

사람 누구와 비교 하거나 직분에 따라서 경역에 따라서 할려고 하는 마음 보다는 자신과 하나님과의 관계에서 충성을 다하고 헌신을 다짐하는 생활이 바람직한 삶으로 보여집니다.

사람을 의식하여 섬기거나 인기에 편승한 섬김은 오래가지 못하여 빛이 바래고 실족하기가 쉽습니다.

저는 금번 부흥 성회에 은혜를 받은 대로 주어진 여건에서 섬김의 삶으로 실천하는 믿음이 되었으면 하는 마음이 간절합니다.

사람들을 의식해서 하고자 하던 일도 포기하거나 주춤거림이 없는 은혜를 받은 성도로서 확신 있게 살아가는 아름다운 일들이 있어지기를 간절히 소원합니다.

은혜를 받지 못했거나 참여 하지 못한 이들을 탓하거나 아니면 불편한 마음을 가지고 원망하는 우(愚)는 범하지 말고, 내가 하나님 앞에서 어떻게 살 것인가를 곰곰이 생각을 하면서 행함으로 진실 되게 담아내는 은혜가 충만하기를 바랍니다.

금번에 성회에 참석하신 분들은 거의 은혜를 받았고 시간, 시간 주신 말씀이 우리들의 일상생활의 변화를 일으키는 도화선이 될 것입니다. 다른 이들은 어떻게 하든 자신의 믿음 생활을 꾸준히 하면서 주님께서 나에게 베푸신 은혜와 사랑을 내가 어떻게 받아 누리며 은혜를 받은 사람의 그 나름대로 충성과 헌신의 생활 가운데서 묻어나게 되어 있는 것입니다.

은혜를 받은 사람은 믿음의 분수(정도 비례)에 맞게 실천을 하며, 집사는 섬기는 일 즉 봉사로, 교사는 가르치는 일로, 권사는 위로 하는 일로, 구제하는 자는 성실함으로, 지도자는 부지런함으로, 긍휼을 베푸는 자는 즐거움으로 하면서 서로 우애하고 존경하기를 먼저 하고 부지런하여 열심을 품고 주를 섬기며 소망 중에 즐거워하고 환난 중에 참으며 기도에 항상 힘쓰며, 손 대접을 잘하는 사람들입니다.

(2011. 1. 16)

부정의 사람과 긍정의 사람

민 14:1-10

우리가 살아가는 세상에서 갖가지의 현상이 일어나고 있지만 음양의 원리, 상대성 원리가 적용이 되고 대비를 이루는 것을 우리는 볼 수 있습니다.

낮이 있으면 밤이 있는데 밤과 낮, 어둠과 빛을 의미하며, 사람에게는 남녀가 있고, 동 식물들에게는 암수가 있고, 우리인생에게는 빈부귀천 남녀노소, 생사고락을 같이 하는 우리들에게는 각양 각색의 인생사들이 펼쳐지는 것을 우리는 볼 수 있습니다.

우리가 살아오면서 수 많은 사연들을 삶의 자국에 묻어 두고 가는 사연도 적지 않지만 그러나 잊을려도 잊을 수 없는 우리의 가슴에 사무치고 마음에 각인이 되고 생활 가운데 묻어나는 아름다운 것을 우리는 놓쳐서는 안 된다는 생각이 듭니다.

다 같은 시대에 동일한 환경 가운데 살면서 밝고 기쁘게 성공적으로 자신의 인생사를 써내려가는 사람도 있고 그렇게 심한 것도 별다른 것도 아니고 보통 사람들의 겪고 있는 환경에 젖어들면서 유별나게 악을 쓰고, 괴성을 지르는 삶을 살아가는 사람도 우리는 심심찮게 볼 수 있습니다.

그런데 사람에 따라서 동일한 환경과 조건에서 너무나 대조적인 반응이 나오는 것을 볼 수 가 있습니다.

이는 성공과 실패, 칭찬과 책망, 감사와 불평, 지지와 반대, 사랑과 미움, 행복과 불행에도 가만히 따지고 보면 그렇게 엄청난 차이가 나거나 판이하게 들어날 정도의 격차나 가치가 다른 것은 아니라는 생각을 우리가 하게 되는 것을 볼 수 있습니다.

동일한 조건과 환경에서 좋은 반응을 보이는 사람도 있고 그와는 정 반대로 나쁜 반응을 보이는 경우가 있음을 볼 수 있습니다.

그래서 우리가 어떻게 살아야 하고 어떤 자세와 마음의 가짐이 필요한가를 면밀히 살피면서 자신의 지나온 자취를 더듬어 보면서 나는 어떤 류의 사람인가를 살펴보는 것이 대단히 중요한 자신의 인생사의 노정기(路程記)를 삼을 수 있을 것입니다.

신구약 성경에는 수 많은 인물들이 등장을 하고 있고 그 등장한 인물 가운데 성공적인 삶을 산 사람과 성공하지 못한 실패한 사람들로 크게 나눠 볼 수가 있습니다.

그런데 대체적으로 성공적인 삶을 살아 온 사람들의 숫자 보다는 실패한 사람들의 수가 더 많고 그런데도 성경에서는 성공한 이들의 이야기를 많이 기록한 반면에 실패한 이들의 이야기 그렇게 길지 않는 것을 볼 수 있습니다.

그리고 성공한 사람들은 만인의 칭송을 받는 사람들입니다. 우리들은 그분의 이름만 대어도 그 사람이 어떤 사람인지 우리는 거의 다 잘 알고 있습니다.

그런데 실패한 사람들의 그 실패기는 대단히 짧고, 그런 인물들은 역사 속으로 살아지는 것을 볼 수 있습니다. 분명한 것은 성경에서 성공을 하고 칭송을 받는 사람은 믿음의 사람임을 우리는 너무나 잘 알고 있습니다.

그런데 이 믿음의 사람은 부정적인 품성을 지니고 부정적으로 살아가는 사람이 아니라 긍정적인 품성으로 매사를 긍정적으로 살아가는 사람이라고 말 할 수 있습니다.

우리네 살아가는 삶 가운데 성공적으로 산 사람이 그 수자가 작고 성공하지 못한 사람이 대다수를 차지하는 것 마찬가지로 긍정적인 사고로 적극적으로 사는 사람의 극소수인 반면에 부정적인 사고 소극적인 자세로 살아가는 사람이 다수를 이루는 것은 우리들이 살아가는 일반적인 것입니다.

오늘 본문에서 우리는 두 종류의 사람들을 우리는 볼 수 있습니다.

본문은 출애굽 여정 가운데 일어난 그 당시의 현황을 기록한 글이지만 이는 우리들의 인생사의 한 단면을 역사 속에 비춰보면 거의 그 여정의 맥을 같이 하고 있는 것입니다.

본문 1-4절까지의 사람은 부정적인 사람들의 수가 대다수이고 그리고 6-9절의 긍정적인 사람으로서 극히 소수에 해당 되는 사람을 의미하는 것입니다.

그런데 부정적인 사람은 온 회중 그 당시의 다수의 사람 거의 모두가 부정적인 반응을 보였고 부정적인 편에 동조한 사람들인 반면에 긍정적인 사람은 눈의 아들 여호수아와 여분네의 아들 갈렙이라고 이름을 밝히는 것을 보아서는 그 외의 사람들은 없는 것 같고 비록 저들의 지파의 대표이므로 자신들의 소속한 지파가 전원이 지지를 다하여도 부정적이요 모세의 지도를 반대자지파가 10지파이고 긍정적으로 모세와 아론 따르는 지파는 2지파에 그치는 것입니다.

오늘의 민주사회의 다수결로 한다면 이는 게임이 안 되는 것입니다.

첫째 : 부정적인 사람의 면모를 살펴봅시다.

이스라엘의 12지파의 대표들이 가나안을 40일 동안 정탐을 하고 돌아와 바란 광야 가데스에서 모세와 아론 이스라엘 자손의 온 회중 앞에 나아와 정탐 한 것을 보고를 받게 되는 것입니다.

정탐의 내용은(민 13:17-20)

1)거민이 강한지 약한지, 많은지 적은지?(인구, 군사)

2)땅이 좋은지 나쁜지, 진영인지 산성인지?(지형 지물)

3)토지가 비옥한지 메마른지, 나무가 있는지 없는지?(농사, 과일 경제)

그리하여 그 땅의 실과를 가져 오라고 하였습니다.

 1. 정탐꾼의 보고의 내용(부정적인)

여기에 따른 정탐꾼의 보고는 그 땅에 실과는 포도송이를 두 사람이 막대기에 꿰어 메고 나올 정도의 포도송이가 크고 장대하였습니다. 인구와 군사면 보고에서는 간담을 녹이는 보고가 쏟아져 나오는 것입니다.

"그러나 그 땅 거주민은 강하고 성읍은 견고하고 심히 클 뿐 아니라 거기서 아낙
자손을 보았으며"(민 13:28)

그리고 아말렉인은 남방에 거하고 헷족과 여부스족, 아모리 족은 산지에 거주 하고, 가나안 족은 해변과 요단 변에 있다고 하였습니다.

여러분, 이와 같은 보고에는 허위나 거짓이나 사실이 아닌 보고는 아닐 줄 압니다. 여호수아 갈렙도 이 같은 보고가 사실이 아니라거나 보고를 부인하거나 인정하지 않는 것은 아닐 줄 압니다.

그 보다 더 중요한 것은 정탐은 그 다음 후속 조치를 위한 준비하는 단계인데 후속 조치에 대하여 회의적으로 부정적으로 불가능한 것으로 판단을 내리고 백성의 간담을 녹이는 것으로 되어 지는 것이 가장 큰 문제입니다.

1) 이스라엘 백성들의 간담을 녹이고 실망과 좌절을 안겨주는 것입니다.(민 14:1)

뿐만 아니라 이 보고를 들은 이스라엘 백성들은 온 회중이 소리 높혀서 부르짖으면서 밤새도록 통곡하는 엄청난 비극을 초래케 한 것입니다.

2)지도자를 원망하게 하고 자학 하는 것입니다.(부정적인 사람)

2절 **"이스라엘 자손이 다 모세와 아론을 원망하며… "**라고 하였습니다. 이들은 하나님이 세우신 지도자 모세와 아론을 원망합니다. 지도를 받아야 할 백성들이 지도자를 원망하는 것은 불행한 일이 아닐 수 없는 것입니다.

만일에 부모를 원망하는 자녀가 된다면 그 가정은 화목하고 단란하게 살기는 멀어진 것이고 불행의 늪에 빠지게 되는 것입니다.

제자가 스승이 원망의 대상이 되어지면 그 스승의 학문을 이어서 수 제자가 되기는 불가능한 것입니다.

우리는 부모로서 선배로서 연장자로서 직분자로서 믿음을 가지고 사는 사람으로서 원망의 대상이 되지 않도록 우리는 기도하여야 합니다.

길신교회 성도 여러분! 제가 본 교회 담임을 하는 목사로서 원망의 대상이 안 되도록 기도해 주시기를 바랍니다.

3)매사를 부정적으로 주장을 한다.(부정적인 사람)

갈렙이 모세 앞에서 우리가 가서 그 땅을 능히 취할 수 있다고 하였을 때(민 13:30) 저들은 말하기를

"그와 함께 올라갔던 사람들은 이르되 우리는 능히 올라가서 그 백성을 치지 못하리라 그들은 우리보다 강하니라 하고"(민 13:31)

안되고 부정적이고 맥 빠지게 하는 말만 거듭하는 것입니다.

4)못 할 말, 하지 말아야 할 말을 하는(부정적인 사람)

2절 **"…우리가 애급 땅에서 죽었거나 이 광야에서 죽었으면 좋았을 것을"**하는 이 말은 우리는 어떠한 경우에서라도 성도의 입에서 나와서는 안 될 말입니다.

이 말은 성도가 할 수 있는 말이 아니고 그리스도인의 입에서 나와서는 안 될 말입니다.

5) 돌팔매는 하지 않아야 한다.

10절 **"온 회중이 그들을 돌로 치려하는데…"**라고 하였습니다.

회중들이 돌을 던지며 폭거하는 일이 요즘 시위에서만 있는 일이 아니고 수천년 전에 모세 시대부터 있었던 시위문화라고 할 수 있습니다.

둘째 : 긍정적인 사람

일단 긍정적인 사람은 부정적인 사람보다 많지 않다는 것입니다.

어떤 분은 심리학자의 분석에 의하면 우리들의 마음이 100% 라고 할 때 부정적인 마음이 75%이고, 긍정적인 마음이 25%라고 하였습니다.

저는 성경에 있는 말씀에 비추어 볼 때 이스라엘 12정탐 가운데 부정적인 보고자 10명, 긍정적인 2명 비율로 보면 거의가 맞지 않을까 생각을 해보았습니다.

10명 가운데 2명이면 20%가 되는데 12명 가운데 2명은 20%도 안 되는데 오늘의 마음 가운데 부정적인 생각이 이 정도의 비율이 되지 않을 까 생각이 됩니다.

1)확신 있는 보고를 하는 것입니다.

7절 **"···우리가 두루 다니며 정탐한 땅은 심히 아름다운 땅이라."**하며 8절 **"··· 과연 젖과 꿀이 흐르는 땅이니라."**라고 하였습니다.

> "갈렙이 모세 앞에서 백성을 조용하게 하고 이르되 우리가 곧 올라가서 그 땅을 취하자 능히 이기리라 하나"(민 13:30)

가능성을 타진하고 할 수 있다는 긍정적인 보고를 합니다.

불가능함을 주장하는 것이 아니라 가능한 것을 타진하는 사람이 긍정적인 사람이며 그런 분들을 하나님은 일군으로 세우시려고 찾고 계십니다.

안되고 포기하는 것은 가장 쉽고 빠른 길이지만 결과가 비참하게 되는 것이고 매사를 이루고 열매를 거두는 일은 가장 힘들고 끝까지 가야하는 것입니다.

2) 여호와께서 기뻐하시면 우리에게 주시리라.

8절 **"여호와께서 기뻐하시면 우리를 그 땅으로 인도하여 들이시고 그 땅을 우리에게 주시리라 이는 과연 젖과 꿀이 흐르는 땅이라."**라고 하였습니다.

사람의 힘도 아니고, 군사적인 작전도 아니고, 서로간의 협상도 아닌 여호와 하나님이 기뻐하시면 우리를 그 땅으로 인도하여 주시고 그 땅도 우리에게 주실 것이라는 확신 있는 말을 온 회중에게 하는 것입니다.

가나안의 군사들이나 그 거대한 자손을 얕잡아보는 만용이 아니라 하나님이 기뻐하시고 하나님이 함께 하시면 하나님께서 그 땅으로 인도 하시고 그 땅을 주실 것을 확신 있게 말하는 것은 바로 그의 믿음에서 나온 선언입니다.

단지 이스라엘 백성들이 결단코 유념하여야 할 것은 "다만 여호와를 거역하지 말라."라는 것입니다.

무슨 말입니까? 인간적으로 보아서 어렵고 힘들어 보여도 우리 그리스도인들은 하나님을 거역하지 않으면 하나님의 도움을 받을 가능성이 열려있지만 하나님을 거역하게 되면 주의 도움을 받는 통로가 차단 된다는 것을 명심하여야 합니다.

3) 그들은 우리의 먹(밥)이라

9절 **"…그 땅 백성을 두려워하지 말라 그들은 우리의 먹이라 그들**

의 보호자는 그들에게서 떠났고 여호와는 우리와 함께 하시느니라 그들을 두려워하지 말라하나"라고 하였습니다.

민 13:32에 10명의 정탐꾼의 보고에는 저들의 정탐한 땅은 그 거주민을 삼키는 땅이요 거기의 본 모든 백성들은 키가 큰 거인들이고 이스라엘 백성들은 저들에 비하면 메뚜기 같은 존재에 불가하다는 보고에 비하면 너무나 대조적입니다.

여호수아, 갈렙은 그러한 거인일지라도 하나님이 함께 하시면 저들은 우리의 먹이 감이라는 것입니다.

아무리 거대하고 두렵고 떨리는 위협적인 존재로 보여도 우리가 하나님을 거역하지 않고 여호와께서 우리를 기뻐하시면 얼마든지 승리 할 수가 있고 성공 할 수 있고 물리 칠 수가 있고 차지 할 수 있다는 것입니다.

그러기에 우리 신앙으로 사는 사람들은 부정적인 사람이 아닌 긍정적인 사람이며 소극적인 사람이 아니라 적극적인 사람이며, 의심하는 하는 사람이 아니라 확신하는 사람으로 세상 사람들이 감당 할 수 없는 능력의 사람으로 힘 있게 살아가게 됩니다.

우리들도 우리 앞에 산적한 일들이 보고 많고 불가능하게 보이고 못 할 것 같은 것도 우리 하나님이 기뻐하시면 얼마든지 가능하면 여호와를 거역하지 아니하고 믿음으로만 살면 얼마든지 그런 것들이 우리 밥이 될 수가 있고 넉넉히 해낼 수 있습니다.

"하나님은 미쁘시니라 우리가 너희에게 한 말은 예하고 아니라 함이 없노라"(고후 1:18)

우리에게 주님이 하시는 말에는 예 라는 긍정만 있다는 것입니다.

우리는 예수 그리스도 앞에서 할 수 있는 대답이 있다면 "예" 만이
있다는 것입니다.

우리는 예수 안에서 믿음으로 얼마든지 긍정의 사람이 되고 아멘의
사람이 되고 하나님께 영광을 돌리는 사람으로 살아가는 주역들이 될
줄로 믿으시기 바랍니다.

(2011. 1. 23)

시온의 대로가 있는 자

시 84:1-7

사람이 살아가는 데는 그 나름대로 살아가는 길이 있고, 그 길을 걷는 것이 인생의 삶이고, 길을 걷지 못하는 것은 병들어 건강하지 못하거나 기력이 쇠진하여 이 길을 이기지 못하여 길 위에 쓸어 지는 순간은 그 인생의 활동의 무대는 막을 내려야 함을 뜻하는 것입니다.

하늘에서도 항로가 있고 바다에서도 뱃길이 있고 광야에서도 길이 있어야 갈 수 있고 사막에도 길이 있어야 그 길을 따라가는 것입니다.

사람이 살던, 짐승이 서식을 하던지 움직이는 동물이나 물체가 있는 곳에서 길이 있기가 마련입니다.

그러나 그 길을 찾지 못하고 가야 하는 길을 돌아가는 길이 있는가 하면 질러가는 지름길도 있고, 가던 길이 막혀서 다시는 가지 못하고, 돌아서야하는 경우도 있기 때문에 우리 민족은 길에 대하여서는 한 맺힌 사연을 안고 있습니다.

세계의 어느 나라 어느 민족에게도 동일한 민족이 국토의 허리를 잘라 놓고 오고가지 못하는 원한의 휴전선 군사 분계선을 두고 오고 가지 못하기를 회갑을 맞이하는 경우는 이 지구상에는 우리 민족 외에는 그 유례를 찾아 볼 수 없는 비극의 주인공들입니다.

철마를 달리고 싶다고 푯말은 걸고 서 있지만 기관차는 이제는 고철이 되도록 쇠는 녹이 쓸고 녹아 내려도 남북의 대치한 마음들은 아직도 비방과 서로에 책임 추궁만하는 이런 세월을 얼마나 더 보내야 하는지 참으로 마음이 답답합니다.

얼마 전에 강화도 평화 전망대를 갔는데 동행한 분 가운데 건너 개풍군과 개성을 바라보면서 임진강과 한강이 만나서 바닷물과 합류하는 곳에 유빙이 떠서 북극을 연상케 하는 약 2KM 건너편에 서해안 강화도 평화 전망대 건너편에는 아버지의 고향이고 애기봉 건너편에는 어머니의 고향이라면서 회한의 찬 눈으로 바라보면서 못내 아쉬워 하면서 그렇게 그리고 가고 싶어 하던 아버지와 어머니는 황해도 도민 묘지에 묻혀 있다고 하소연을 하는 것을 가까이서 들었습니다.

길이 없다는 것은 곧 희망이 없다는 것이고 길이 막혔다는 것은 삶이 좌절이 된 것과 다를 바가 없습니다.

우리들에게 힘이 들고 어려워도 길이 보이고 그 길을 갈 수만 있다면 우리는 참을 수 있고 도전 할 수가 있고 내일을 바라보면서 오늘을 사는데 최선을 다할 수 있는 기폭제가 되는 것입니다.

저는 지금도 잊을 수 없이 생생한 기억은 월남에서 1971년도에 부산에서, 배에서 내려서 고속버스를 타고 오는데 고속도로, 고속버스 (한진 고속)가 얼마나 휘황찬란한데 당시 고속버스 안내양은 당시의 군인의 눈에는 영화배우 같이 예뻤고 고속버스가 산과 들을 지나는데 별 세상 같이 여겨졌습니다.

그 고속도로가 산업화를 앞당겼고 우리나라 경제를 일으키는 대동

맥의 역할을 한 것입니다.

길이 있다는 것, 대단한 축복이고 능력이고 그리고 그 사람의 역량을 결집하는 중요한 계기가 되는 것이므로 길은 인생의 활로입니다.

고(왕)궁이나 왕 능을 들어가는 길을 보면 대체로 왕이 가는 중앙에 있고 양옆으로 신하들이 따르는 길이 마련이 되어서 왕 외에는 그 길을 활보 할 수가 없게 되는 것을 볼 수 있는 데 그 길이 왕도의 왕의 가는 길입니다.

만일에 신하나 평민이 그 길을 가게 되면 도리에 벗어나고 불경죄가 될 수 있습니다.

오늘은 본문의 말씀에 의지하여 "시온의 대로가 있는 자"라는 제목으로 함께 은혜를 받고자 합니다. 오늘 이 자리 우리 길신교회에서 예배를 드리는 여러분들에게 금년에는 시온의 대로가 열리는 축복이 있으시기를 간절히 바라면서 기도하는 마음으로 드리는 말씀입니다.

"시온의 대로가 있는 자" 어떤 의미일까요? 시온의 큰 길을 소유한 사람? 무엇을 뜻합니까? "시온"이라는 말은 좋은 의미가 아닙니다. '마른 곳, 메마른 땅, 언덕 꼭대기, 산등성 등의 뜻을 가지고 있는 지명입니다. "시온 산성" 삼하 5:6-10에 최초로 나오고 있으며, 요새화된 산정을 의미하는 것입니다.

다윗이 시온 성을 정복을 하고는 다윗 성으로 불러지고 있음을 볼 수 있다. 시온 산이 성전 산으로 불러지고 있으며 예루살렘, 시온성 다윗성, 시온산과 성전산은 같은 지역에서 시대와 역사의 흐름에 따라서 불러지는 용어가 다르게 표현이 되고 있다고 볼 수 있습니다.

첫째 : 시온의 대로는 무엇을 의미 하는가?

시온 산은 예루살렘 성전이 있는 곳이고 그러므로 시온산은 성전 산으로 불러졌고 그리고 그 도성을 시온성이라고 불렀지만 삼하 5:9 **"다윗이 그 산성에 살면서 다윗성이라 이름하고…"**라고 하면서 10절 "만군의 여호와께서 함께 계시니 다윗이 점점 강성하여 가니라."라고 하였습니다.

시온은 다윗이 전쟁에서 승리 하고 하나님이 함께 하시니 강성하여 진 곳이고, 하나님의 성전이 있는 곳을 의미하는 것입니다.

5절 **"주께 힘을 얻고 그 마음에 시온의 대로가 있는 자는 복이 있나이다."**라고 하였습니다.

이곳으로 향하는 "시온대로가 있는 자"란 어떤 뜻 무엇을 의미합니까?

시온은 어떤 곳입니까? 하나님의 성전이 있는 곳, 하나님이 함께 임재 하시는 곳, 여호와 하나님이 머무시는 곳, 하나님께서 당신을 의지 하는 자를 점점 강성하게 하시는 곳으로 우리들에게 각인이 되고 있습니다.

오늘 본문에서는 예루살렘 즉 시온성에 자리를 잡은 성전이 있는 곳으로 왕래하는 통로 즉 길만을 의미하는 것은 아닙니다.

그 마음에 시온의 대로가 있는 자란 단순히 우리의 눈에 보이는 길만을 오고 가는 길만을 의미하는 것은 아닙니다.

믿음의 대로가 있는 자, 기도의 통로가 확보 된 사람, 은혜의 문을 열리는 사람, 신앙의 문, 때로는 시험의 험로를 통과 하고, 회개의 진통을 지나서 주의 길을 들어선 사람들을 의미하는 것입니다.

믿음의 통로가 열려 있는 사람, 성전으로 향하는 길이 가슴에서부터 열려서 하늘 문을 열고 들어가는 사람을 의미하는 것입니다.

길이라는 것은 서로가 왕래 할 수 있는 일정한 통로를 의미하는 것으로 우리가 주님께 구하고 아뢰면 하나님께서 은혜를 베풀어 주시고 응답을 하여 주시는 원활한 관계를 시온의 대로라고 할 수가 있고 그러한 관계가 주님과의 관계에서 이루어진다면 이 당연히 시온의 대로일 것입니다.

유럽과의 비단을 가지고 통상을 하던 길을 실크로드라고 하고 왕이 다니던 길, 왕에게로 나아가던 길을 왕도라고 한다면 우리 여호와 하나님께로 향하던 길, 주님의 전에 오르고 내리던 길은 이는 시온의 대로입니다.

금년에는 길신교회 교우 여러분들에게 기도하고 간절히 바라는 것이 있다면 그것은 주님께로 향하는 길이 시온의 대로가 열려서 주님과의 관계가 원활해지고 밀접하여 지는 은혜가 있기를 간절히 소원합니다.

시온의 대로는 믿음의 가는 길이며 예배를 드리는 통로이고 기도하는 채널이고 그 길목에서 흥겨운 봉사를 하고, 기쁨으로 전도 하고, 자신을 접고 순종을 하며 맡은 일에 충성을 한다면 그 길은 시온의 대로이요, 이는 축복의 길이 될 것이며, 은혜의 뒤안길에 머물게 될 것입니다.

예배를 드리고, 기도하고, 봉사하고, 전도하고, 충성하고 헌신하는데 은혜를 받는 데. 말씀으로 의지하여 믿음으로 사는 대로가 열려야 합니다.

예배 한 번 드리는데 그렇게 어려워 하고 구역 예배 드리는 것을 꺼려 하고 심방 받는 것을 달갑게 여기지 않고 일 년에 두세 번 성도들을 위하여 주의 이름으로 봉사하는 것을 몸서리를 치면 이는 시온대로가 열린 신앙인이 못 되는 것입니다.

시온대로라고 하니까 믿음의 하이웨이로 생각해서 무엇이든지 스피드로 하고, 만사형통 신통 방통해야 하는 것을 의미하는 것만은 아닙니다.

예배가 기다려지고, 기대를 하고, 기도의 전폭을 쏟고, 봉사에 대한 즐거움과 보람 전도의 대한 열정이 뜨겁고, 충성하는데 이유가 없고, 순종함에는 앞장서고, 주님의 나라를 바라보면서 기대를 가지고 주의 만나는 날을 기다리는 믿음을 의미하는 것입니다.

시온의 대로 믿음의 길, 은혜의 길, 기도의 길, 낮아짐의 길이요, 순종의 길입니다.

둘째 : 시온의 대로의 있는 자의 축복

1. 복이 있다고 하였습니다.(5절)

우리가 예수를 믿고 복을 받아야하지 만일에 복을 받지 못하게 되면 상대적으로 상실감을 느끼고, 믿음에 대한 의지력이 약화가 되어서 영적 바닥 인생을 면하지 못하는 자신을 불행한 사람으로, 아니면 누려야 할복을 누리지 못하면 버림을 당한 사람으로 아니면 저주를 받은 사람으로 스스로 자괴감에 빠질 위험성이 많습니다.

그러므로 믿음의 생활을 하면서 하나님께서 주신 복을 헤아릴줄 아는 영안이 열려야 합니다. 아니면 복을 받지 못한 것보다도 더 심각한 것은 자신이 받은 복을 하나님이 주신 복을 복으로 알지 못하고 항상 목마름과 불만에 쌓여 있는 것이 더 위험한 것입니다.

우리가 주님께 나아가는 신앙의 길, 예배와 기도와 봉사와 헌신이 있을 때 분명히 그 길은 복을 받은 길이요 성도의 복 자체입니다.

예배가 싫거나 성전이 싫으면 이 문을 열고 들어 올 수가 없는 것입니다.

그러므로 우리가 주의 성전에서 머물고 하나님께 예배를 드리고 믿음 중심의 활동을 하고 있는 것이 시온의 대로가 열려 있는 우리가 지금 걷고 있는 것입니다.

오늘 이 시간 예배를 드리고, 찬양하고, 기도하고, 봉사하고, 환영하고, 교제하는 자체가 축복이라는 사실을 잊어서는 안 되는 것입니다.

2. 힘을 얻습니다.

여러분, 우리가 주의 전으로 향하고 믿음의 삶을 살아가는 것이 주의 힘을 얻은 것이고 주님께서 힘을 주시지 않으면 시온의 대로 성전 길 믿음의 이 길을 걸을 수가 없고 왕래가 불가능한 것입니다.

여러분들이 예배 중에 힘을 얻고 용기를 가지게 하고, 새로운 도전을 하게 하려고 기도 하면서 메시지를 준비하고 있음을 여러분들이 감지 하셨으면 좋겠습니다.

책망 할 것이 없어서 책망하지 않거나 지적 할 것이 없어서 지적하지 않는 것이 아니라 한 주간 내내 시달리고 지친 몸을 이끌고 교회에 왔는데 교회마져 긴장이 연속되고 책망이나 정죄의 일변도가 되면 곤란하지 않겠습니까?

메시지의 추구하는 핵심이 무엇인지 여러분들이 파악하시고 마음의 감동을 받으시는 여러분들이 되시기를 간절히 바라고 있습니다.

시온의 대로는 하나님을 경외함과 우리들의 이웃 섬김과 사랑으로 나눔, 헌신적인 충성과 겸손한 마음으로 순종과 자발적인 봉사로 엮어져서 그것들을 은혜로 담아내는 그 길이 시온의 대로가 있는 자들이 할 수 있는 것입니다.

이러한 것들이 신앙인들의 파워요 영적 에너지가 되어서 우리가 새 힘을 얻어서 능력 있게 살아 갈 수 있게 될 것입니다.

3. 전화위복의 역사가 일어나게 합니다.

6절 "그들이 눈물의 골짜기로 지나 갈 때에 그 곳에 많은 샘이 있을 것이며 이른 비가 복을 채워 주시나이다."라고 하였습니다.

시온으로 오는 길, 성전으로 향하는 길, 믿음으로 가는 길, 예배하러 오는 길목은 결코 순탄하지 만은 않습니다.

눈물의 골짜기, 고난으로 점철된 고생의 길을 의미하는 것이며, 고통과 아픔을 동반 한 길을 의미하는 것입니다.

왜 눈물의 골짜기라고 하는가? 일명 바카의 골짜기라고 합니다.

바카는 메마른 골짜기라는 말인데 이는 물이 없어서 메말라서 눈물의 골짜기가 되는 것입니다.

여러분, 골짜기가 메마르고 물이 없으면 동물도 식물도 존재할 수가 없으므로 목축도 농사도 불가능하므로 흉년이 들고, 눈물의 골짜기가 될 수밖에 없을 것입니다.

바카(메마른) 골짜기가 많은 샘이 있을 것이라고 하였습니다.

메마른 골짜기에 많은 샘이 나게 되면 아름다운 동산으로 기화요초가 만발한 골짜기로 하나님께서 바꾸어 주신다는 것입니다.

아무리 괴팍한 성품의 소유자라도 은혜만 받으면 성자가 될 수 있듯이 메마르고 거칠은 황무지와 사막 같을지라도 샘이 솟기만 하면 그곳은 옥토가 되고 복지가 되고 낙원이 될 수 있는 것입니다.

우리의 심령은 은혜의 샘이 나오기만 하면 하나님께서 놀라울 정도로 새로운 사람으로 바꾸어 주시고 축복의 사람으로 세워 주실 것입니다.

시온의 대로 믿음의 길, 바로 세워지고 그 길을 주저 없이 옆길로 빠지지 않고 그 길을 가기만 하면 메마르고 거칠고 눈물 나는 우리들의 삶의 여정 골짜기는 많은 은혜의 샘을 솟게하여 복 낙원을 만들어 주실 줄 믿습니다.

우리의 신앙의 길이 허물어진 곳은 수축하고, 그 길을 가다가 주춤거리거나, 머물거나 중단하는 사태가 없이 지속적으로 감당해 나갈 때 하나님께서 역전을 시키어 6절에 이른 비가 복을 채워 주시는 은혜가 있게 될 것입니다.

이는 이른 비(9, 10월 파종한 후에 내려 주시는 비)시기적절한 은총을 하나님께서 베풀어 주실 것임을 의미하는 것입니다.

하나님께 나아가는 시온(믿음)의 대로가 있어서 복이 있게 하시고 힘을 얻게 하시고 전화위복이 되어서 광야가 샘의 곳이 되고 이른 비와 늦은 비 즉 시기적절한 은총을 베풀어 주실 줄 믿습니다.

(2011. 1. 30)

여호와의 명을 쫓아

민 9:15-23

　현대인들의 인격 형성에는 지나친 개인주의와 이기적인 사고 의식에서 깊이 침습되어 좀처럼 고쳐지지 않습니다.

　민주화와 인권이라는 미명하에 잘 못 되고 탈선한 청소년들의 지도에도 적색 신호가 와서 저들을 가르치는 선생님조차도 다잡아 가르칠 수 있는 스승의 고유한 권위도 이미 땅에 떨어진지가 오래 되었다.

　학교에서 학생의 인권 선언은 있어도 선생님들의 스승의 고유권은 실종이 된 상태입니다.

　이유여하를 막론하고 학생들의 체벌 금지라는 교육청의 지시로 일선 선생님들은 상당한 진통을 겪고 있고 마음이 고운 여선생님들 가운데는 상당수가 조기의 퇴직에 대하여 생각을 하고 있다는 애로 사항이 현실적으로 부각이 되고 있습니다.

　지금은 명령 하나로 일사불란하게 움직이는 군인마저도 집단 이탈을 하는 형국이 오고 말았습니다.

　물론 군에서 가혹 행위나 구타나 폭행이 있어서는 안됩니다.

그러나 그 보다 더 심각한 것은 조직내에서 약간의 무리가 있었다고 하여서 집단으로 그 조직체에서 이탈을 하는 행동은 더욱 심각한 문제이고 명령으로 일관 된 조직이 무너질 가능성도 있기 때문에 이는 상당한 파장을 일으킬 수 있습니다.

만일에 명령 계통에서 그 명령의 하달이 안되고 움직여 주지 않으면 이제는 그 이상 기대 할 것이 없습니다.

이집트 무라바크 정권 30년의 철권 정치를 하였지만 지금 민주화 시위로 붕괴 직전의 위기를 맞은 것을 우리는 방송을 통해서 알고 있습니다.

명령이 무력화가 되면 그 사회는 걸잡을 수 없는 동요와 혼란을 가져오게 되고 그 거대한 조직체는 머리 깎인 삼손처럼 맥 없이 무너 질 수 있습니다.

그러기에 군대에서는 가장 엄중하고 무거운 죄목이 항명죄입니다. 명령에 불복한 것은 군대를 근본적으로 흔들게하는 무서운 결과를 초래하게 되는 것입니다.

이와 비슷하게 명령하나로 움직이는 공동체가 성경 속에서도 있습니다. 이는 바로 출애굽 한 60대군이 움직이는 이스라엘의 공동체의 이야기입니다.

오늘 본문 민 9:15-23에서 **"명(령)을 쫓아"**라는 말이 무려 일곱 번이나 반복되게 나오고 있습니다.

그런데 이들 출애굽의 공동체 이스라엘 백성들은 명령을 쫓아 진행하였으며 여호와의 명을 쫓아서 진을 쳤으며 여호와의 명령을 따라 진행하였으며 여호와의 명령을 따라 직임을 지켰다고 하였습니다.

그렇다면 왜 하나님께서는 이처럼 광야에서 지친 백성들에게 명령

하나로 일관 하셨는가 하는 생각을 하게 됩니다.

여기 명령 가운데는 하나님의 뜻하신 목적이 있을 것입니다.

어떤 명령이든 그 명령 가운데는 목적이 있고 그 가운데는 그 나름대로의 뜻이 있다는 것을 우리는 잊어서는 안 됩니다.

특별히 이스라엘 백성들은 애굽의 박해 가운데서 혹사를 당하는 백성을 하나님께서 구출하시어 가나안으로 향하게 하사 과정속에서 홍해를 갈라서 마른 땅과 같이 건너게 하시고 맛나를 내려 배고픔을 면케 하시고 메추라기를 주시어서 기력을 회복케 하시며 낮에는 구름기둥으로 밤에는 불기둥으로 인도하시는데 저들은 원망과 불평을 그치지 않았으며 지도자를 탓하고 하나님을 원망하는 판국에까지 왔다.

참으로 이상합니다.

애굽의 사람들의 횡포에는 수백 년을 견디는 이들이 하나님의 인도에는 이유도 많았고 불만도 가득찼습니다.

그러므로 아직도 훈련 되지 못하고 불평한 백성들에게는 명령을 통하여서라도 순종하는데 목적을 두고 있습니다.

어쩌면 오늘 우리는 하나님의 인도를 받고 있는 세상 애굽에서 억눌려 살다가 탈출한 현대판 출애굽의 백성이라 할 수 있습니다.

오늘 날 성도가 이 세상 살아가면서 늘 기쁨과 승리의 생활을 할 수 있는 비결이 무엇입니까?

우리는 여러 가지의 견해를 제시 할 수 있지만 그 무엇보다도 확실한 것은 하나님의 인도를 받으며 그분의 지시 하는 대로 순종하며 살아가는 생활이라고 할 수 있습니다.

우리가 하나님의 말씀에 순종하며 그 명령을 따라 살아가는 것이 우리의 장기이며 우리의 특권입니다.

이것을 시행하지 않으면 그 어떤 것도 우리는 기대할 수 없거니와 가장 바보스럽고 가장 어리석은 짓입니다.

그러나 막상 하나님의 인도를 따라 하나님의 명령대로 사는 것이 그렇게 쉽지 않다는 것을 우리는 너무나 잘 알고 있습니다.

그럼에도 불구하고 우리는 한 걸음 한 걸음 하나님의 지시와 명령을 따라 앞으로 나아가야 합니다.

명령이라는 것은 일단 내려지면 그것은 지키고 따라야 되는 것입니다. 명령권자가 명령을 내릴 때 그것을 지켜도 그만 안 지켜도 되는 것이 아니라 명령을 받고 지켜야 될 사람이 명령에 불복하게 되면 거기에 따르는 모든 책임과 응분의 대가를 받아야 하기 때문입니다.

"순종이란 가시나무 단을 안는 것 같아서 얼마나 아픔이 있는지 모릅니다. 그러나 아픔이 있고 고통이 있어도 실천을 하고 나면 보람을 느끼고 결과는 아름답습니다.

하나님의 명령을 우리가 어떻게 순종 할 수 있습니까?

첫째 : 하나님의 지시에 따라 순종하자.

오늘 본문을 보면 이스라엘 백성들이 구름이 머무는 곳마다 진을 치는 것을 볼 수 있습니다.

즉 구름이 머무는 곳 출애굽 당시에 낮에는 구름 기둥으로 그 구름 기둥은 하나님의 임재와 인도를 의미하고 있습니다.

"이스라엘 자손이 여호와의 명령을 따라 행진 하였고 여호와의 명령을 따라 진을 쳤으며 구름이 성막 위에 머무는 동안에는 그들이 진영에 머물렀고"(민 9:18)

구름이 머무는 곳은 진을 치는 곳이고 이스라엘이 머물러 유숙을 하고 쉬는 곳이며 하나님의 명을 기다리는 장소였습니다.

오늘날 우리성도들도 광야 같은 세상을 살고 있는데 우리가 살아가는 방법은 하나님의 명령에 순종하며 사는 것이 가장 귀합니다.

우리가 때로는 딴 길로 가면 더 좋고 득천을 할 것처럼 여겨지지만 사실은 그렇지 못하다는 것을 우리는 알아야 합니다. 그러므로 하나님의 명령대로 살아가는 대는 어떤 이유도 있을 수 없습니다.

성도가 하나님의 명을 순종하지 않는 삶은 마치 물결을 거슬러 올라가는 것처럼 힘이 듭니다. 그러기에 우리는 하나님께서 가라고 하면 가고, 머물라고 할 때 머물면 가장 편안하고 빠른 정도입니다.

사람이 때로는 좀더 쉬운 방법 지름길로 가려하던 것이 덫이 되고 장애가 되어서 헤어나지 못하는 그런 경우도 있습니다.

우리가 하나님의 명령을 순종 하였을 때 내게 다쳐오는 그 어떤 시험도 이길 수 있고 또한 순종하였을 때는 우리 하나님께서 끝까지 책임져 줄 것입니다.

구약시대에 노아 같은 분은 맑고 청청한 하늘 아래서 홍수를 대비하여 방주를 모을 때 이웃의 조롱과 비소가 그칠 날이 없었고 심지어 자기의 사위까지도 비웃고 믿지 않았지만 그보다 더 가슴 아픈 것은 원망과 불평하는 것입니다.

순종은 순종하려고 하면 자신 만이 희생하는 것 같고 손해 보는 것 같지만 일단 순종하고 나면 순종하는 자에게 은혜가 임하고 축복을 받게 되는 것을 볼 수 있습니다.

공부도, 훈련도, 시험도, 고생도 한 시절 지나고 나면 누구를 위한 것인지 어느 정도 알 수가 있습니다.

그렇다면 우리의 최대의 지혜로운 삶은 순종의 요구를 납득하고 이해하고 순종하려 하지 말고 하나님의 지시라면 하나님의 뜻이라면 거두절미 하고 무조건 믿고 순종하고 보는 것입니다.

둘째 : 열악한 환경 속에서도 순종해야 합니다.

"혹시 구름이 성막위에 머무는 날이 적을 때에도 그들이 다만 여호와의 명령을 따라 진영에 머물고 여호와의 명령을 따라 행진하였으며"(민 9:21)

당시의 광야의 기상 조건으로 보아서 저녁에 불 기둥으로 수백만의 대 인구가 이동을 하는 것이 가장 현명한 방법 같은 데 구름이 움직이는 낮에 그 뜨거운 광야 길을 이동하는 것입니다.

그러나 야간에 대 인구의 이동도 어려움이 있기는 마찬 가지입니다. 낮에는 더위로, 밤에는 어둠으로 열악한 환경은 벗어 날 수가 없는 것입니다.

인간적으로 생각하면 어느 것 쉬운 것이 없지만 일단 하나님의 명령이 떨어지면 그대로 진행하는 것입니다. 왜냐하면 하나님은 모든 자연의 장애보다 더 크시고 능히 축복 하실 수 있는 능력을 주시는 분이기 때문입니다.

하나님이 하시는 일에 인간의 생각에서 전화위복이 되는 경우가 참으로 많습니다. 우리는 좋은 환경, 순탄할 때는 잘 순종하다가 나쁜 환경, 역경이 도래하면 순종하기를 거부하는 것이 굳어진 습관입니다. 그러나 분명한 것은 하나님께서는 역경을 통하여 놀라운 큰 역사를 이루는 것을 우리는 볼 수 있습니다.

그렇습니다. 하나님께서는 우리가 이해를 못하고 곤란한 환경 가운데서도 순종하기를 원하시는 분입니다. 그러므로 순종이라는 것은 환경과 조건과 이해를 초월해서 하여야 하는 것이기 때문에 순종이 제사 보다 낫다는 것입니다.

사도바울은 역경 가운데 불평 한마디 없이 인내하며 순종한 대표적인 인물이었습니다. 저는 구름 아래서도 그 너머에 있는 밝은 태양을 바라보는 눈이 있었던 사람입니다. 전천후의 믿음은 전천후의 순종을 하게하는 능력입니다.

셋째 : 내 뜻과 맞지 않아도 순종해야 합니다.

"이틀이든지 한 달이든지 일 년이든지 구름이 성막 위에 머물러 있는 동안에는 이스라엘 자손이 진영에 머물고 행진하지 아니하다가 떠오르면 행진하였으니"(민 9:22)

광야에서 계속적으로 가는 것도 고역이지만 그보다 삭막한 광야에서 기약도 없이 이틀이든지, 한 달이든지, 일 년이든지, 머무는 것 보통 답답한 일이 아닙니다.

당시의 이스라엘 백성들은 모두들 한결 같이 하루라도 빨리 가나안에 들어가는 것이 그들의 소원 일 것입니다.

이것은 하나님의 뜻이 내 뜻과 맞지 않는다 할지라도 자신을 쳐 복종시켜야 함을 보여주는 주는 것입니다.

순종은 내 고집을 꺾는 것이고 내 주장을 포기하는 것입니다. 우리는 내 뜻과 맞지 않으면 순종하지 않을 려는 경향이 많습니다. 그러나 그것은 바른 태도가 아닙니다.

이스라엘 백성들이 빨리 가나안에 가겠다는 것은 그들의 욕망 일 뿐 빨리 가야 좋을지 천천히 가야 좋을지는 하나님께서 결정 하실 사항입니다.

따라서 우리는 하나님의 선하심을 믿고 내 뜻과 맞지 않더라도 묵묵히 따라야 합니다. 우리 예수님처럼 내 뜻대로 마옵시고 아버지의 원대로 하옵소서 하며 결연히 십자가를 지는 것처럼 말입니다.

사랑하는 성도 여러분!

우리가 광야 같은 세상을 살면서 우리의 경험이나 가진 능력으로 다가오는 미래를 대처하기에는 역부족입니다.

그러나 우리의 과거와 현재와 미래를 꽤뚫어 보시는 하나님께 온전히 맡기고 주의 명령에 순종만 한다면 그 다음은 하나님이 책임져 주실 줄 믿습니다.

어려워도 이해가 안 되어도, 억울하고, 불공평하고, 심지어는 손해를 보고, 희생만 하는 것 같을지라도 주님의 명령에 순종만 하게 되면 그 다음은 우리 주님이 보장하여 주실 줄 믿습니다. 아멘.

(2011. 2. 2)

하나님을 착각하지 말라

시 50:16-23

　사람은 착각 가운데 산다는 말이 있습니다 마는 우리는 때로는 착각 하지 말아야 할 것을 착각하고, 오해를 하고, 어림짐작을 하여 사실을 왜곡하거나, 본의 아니게 상대방에게 상당한 피해를 주고 무리를 일으키는 것을 의미하고 있습니다.

　그래서 우리는 착각하지 말고 살아야 한다는 것을 분명히 알고 있지만 그것이 그렇게 마음을 먹는다고 그대로 되는 것은 아니기 때문입니다.

　사람은 착각을 하는데 가장 빈번한 착각은 상대방을 자신처럼 생각하는 경우가 제일 많다는 것입니다.

　물론 좋고 선한 의미로 상대를 자신처럼 생각을 하게 되면 그런대로 다행이지만 그 반대로 나쁜 면에서 상대를 자신처럼 인식을 하게 된다면 대단히 어려운 결과를 초래 할 수 있을 것입니다.

　우리들이 살아가는 세상에서 사람을 의심하거나 불신을 하는 것은 이는 불행을 자초한 무서운 결과를 초래한다는 것을 잊어서는 아니 될 것입니다.

의심이나 불신은 하면 할수록 끝이 보이지 않는 불행의 연속으로 이어지고 있다는 것입니다.

우리들의 주변에서 오해를 하거나 착각을 하여서 평생을 원한을 품고 살거나 아니면 복수심으로 살아가는 경우도 있구요 자신 스스로 그 함정에 깊이 빠져서 헤어나지 못하는 사람도 있음을 부인 할 수 없습니다.

특별히 우리 기독교 신앙인들이 하나님을 경외하면서 살아가면서 하나님을 생각하기를 자기의 마음이나 뜻과 일치한 것으로 간주를 하고 살아가는 경우도 우리는 자주 접 할 수가 있습니다.

오늘 본문은 악인에 대한 하나님의 경계를 말씀을 하고 있습니다.

시 50:7-15에서 경건한 이스라엘 사람들에게 대한 교훈을 하는데 나는 너희 하나님이고 너희는 내 백성이라고 전제를 하면서 나는 너희가 내게 드리는 예물 때문에 너희를 책망하지는 않는다고 하시면서 하나님은 제사를 제물을 탐내는 분은 아니라는 것입니다.

9절 "내가 네 집에서 수소나 네 우리에서 숫염소를 가져가지 아니하리니"라고 하였습니다.

하나님은 자기 백성들의 드리는 제물에 욕심을 부리는 분은 아니시라는 것입니다. 하나님은 산림의 짐승과 뭇 산의 가축이 다 주의 것이고 심지어 날아다니는 조류도 모든 동물들도 다 주의 것이기 때문이라는 것입니다.

제사를 지내는 이들에게는 제물의 질과 량에 대하여 말하는 것이 아니라 그 제물을 드리는 사람들 제물을 바치는 사람들의 정성과 그 마음의 중심이 더 중요하다는 것을 강조하는 것입니다.

가령 하나님이 배고 고파서 수소의 고기를 먹으며 염소의 피를 마시겠느냐? 그것은 아니라는 것입니다.

제사를 드리는 자, 예물을 드리는 자의 마음의 중심 자세와 예배자의 정성을 더 소중하게 여긴다는 말씀입니다. 그러면서 성도는 항상 감사로 하나님께 제사를 드리며 자신의 서원한 것은 갚아야 한다는 것입니다.

입으로는 수 없는 충성과 다짐을 약속하여 놓고도 그 기도한 것을 지키지 못한다면 이는 마치 부도 수표와 같이 아무런 쓸모없는 결과를 초래 할 수밖에 없는 것입니다.

자신 뿐 만 아니라 상대방과 주변에 있는 사람들에게까지 결정적인 상처를 입히는 결과를 초래하게 되는 것입니다.

성도의 궁극적인 목적은 하나님을 영화롭게 하는 것이라고 말하고 있습니다. 우리의 일 거수, 일 투족이 우리들이 총정리는 어떻게 하면 하나님을 영화롭게 할 수 있느냐에 초점이 맞추어져 있고 결국은 그렇게 살아야 할 것을 의미하는 것입니다.

오늘 본문에서 말하는 악인들의 악이란 어떤 것을 의미합니까?

우리가 살펴가 살펴보면

첫째 : 외식적인 행동에 대한 것을 악의 소행으로 보신다.

"악인에게는 하나님이 이르시되 네가 어찌하여 내 율례를 전하며내 언약을 네 입에 두느냐"(시 50:16)

겉으로는 입으로는 하나님의 말씀을 전하고 하나님의 언약을 강조하면서 자신의 삶은 그와는 거리가 먼 생활을 하는 것을 의미하는 것입니다.

사람이 율례를 전하면 전하는 그 사람이 율례의 선봉자가 되어서 모범을 보이고 덕을 끼쳐야 하는데 그렇지 못함에 대한 안타까운 지적이라 할 수 있습니다.

언약을 하였으면 언약을 지켜야하고 언약대로 살아야 하는데 그렇지 못함에 대한 지적을 하는 것입니다.

다시 말씀을 드리면 전도는 하고 전도지를 전달하지만 전도자답게 살아가지 못 할 때가 많지 않습니까?

본문 17절 **"네가 교훈을 미워하고 내 말을 뒤로 던지며"**라고 하였습니다.

하나님의 율례를 전하면서 주의 언약을 지킨다고 하면서 하나님의 교훈을 미워하고 주의 말씀을 뒤로 던져서 버릴 수 있겠느냐는 것입니다.

예수님께서는 외식적인 행동에 대하여서는 신랄하게 책망 하시는 것을 우리는 볼 수 있습니다.

입으로 하고 겉으로는 하면서 실제적으로 하지 못할 때 이것이 곧 외식이고 예수님은 간음하고 현장에서 잡혀온 여인은 용서하시고 나도 너를 정죄하지 않는다고 하셨지만 외식 자에게는 가차 없는 엄한 책망을 하시는 것을 볼 수 있습니다.

"화 있을 진저 외식하는 서기관들과 바리새인들이여 너희는 천국 문을 사람들 앞에서 닫고 너희도 들어가지 않고 들어가려 하는 자도 들어가지 못하게 하는 도다."(마 23:13)

외식하는 것은 천국 문을 막아서 못 들어가게 하는 방해자가 되는 것입니다.

전도한다고 온 사방을 휘젓고 다니면서 교회에 나오게 되면 그를 잘 영접하여 정착하게 하는 것이 아니라 교회 내에서 실망을 주어 교회를 떠나게 하고 다시는 주님을 영접하지 못하게 마음의 문을 닫게 하는 경우가 있는데 그 것이 바로 외식적인 자세 때문에 그렇다는 것입니다.

이는 마치 하루살이는 걸러 내고 낙타를 삼키는 것과 같다 라는 것입니다.(마 23:24)

작고 사소하고 의식적인 것을 지키려고 하면서 용서와 사랑, 이해와 포용을 하지 못하는 이러한 아쉬움들을 의미하는 것입니다.

둘째 : 무분별한 삶이 악인들의 생활이다.

우리 그리스도인들로서는 선과 악, 의와 죄. 신 불신, 옳고 그름, 정도는 구분이 되고 취사선택을 할 수 있는 최소한의 분별력을 있어야 하는 데 그렇지 못한 경우가 너무나 많습니다.

우리가 죄와 의를 구분하지 못할 때 어떻게 성별 되게 살아 갈 수가 있겠으며 신 불신이 분명하지 못할 때 그리스도인으로서의 역할을 하기에 막연한 것입니다.

때로는 죄가 매력처럼 여겨지는 경우가 있는가 하면 사람들에게서 인기가 있고 선호하는 것은 하나님께도 인기가 있고 좋아하시는 줄 우리 착각을 하는 경우가 적지 않습니다. 마치 하나님을 사람처럼, 자신처럼 생각을 하시는 것으로 우리는 착각하는 경우입니다.

1) 물질적 윤리적 범죄(악행)

오늘 본문에서 18절 **"도둑은 본즉 그와 연합하고 간음하는 자들과 동료가 되며"**라고 하였습니다.

도둑과 연합을 한다는 것은 8계명을 범하는 것이며 경제적 물질적인 범죄를 대표하는 것이며 간음하는 자들의 동료가 된다는 것은 7계명을 범하는 결과로 인간의 윤리와 도덕적인 범죄를 대표하는 죄를 의미하는 것입니다.

경제적이고 물질적인 범죄를 범하는 데 주저하지 않고 윤리적인 도덕적인 탈선에 부끄러움 없이 행한다면 그것은 악행이며 하나님께서 가장 싫어하시는 것 중의 하나일 것입니다.

2) 악담과 거짓말

19절 **"네 입은 악에게 내어주고 내 혀는 거짓을 꾸미며"**라고 하였습니다.

악한 말과 거짓말 서스럼 없이 하는 이들이 이 또한 악인이라는 것을 의미하는 것입니다. 악한 거짓말은 이웃사촌과 같아서 악한 말을 하는 이가 거짓말 하게 되어 있고, 거짓말을 하는 사람은 악한 말도 자연스레 하는 것을 볼 수 있습니다.

여러분, 악한 말, 험한 말, 흉한 말, 거짓말은 입에 담지도 말아야하고 입 밖으로 나오지 않아야 합니다. 악한 말을 강하게 하지 않으면 말이 먹혀들지 않습니다.

전에 있던 관리 집사님 한 분이 계셨는데 그 집에 아들이 셋이 있는 데 부르는 것, 말하는 것 욕이 들어가지 않으면 말이 안 되는 지, 형이 동생을 부를 때도 야 임마, 야 새끼, ○새끼 ○○새끼 감히 압에 담지 못할 욕으로 일관하는 경우도 보았습니다.

말이 강하고 거칠어 지면 그 말을 듣는 사람도 강하고 거칠어 지고 성격이 유순하지 못하고 포악하여지는 경우를 우리는 얼마든지 볼 수 있습니다.

3) 형제간에 불화

20절 **"앉아서 네 형제를 공박하며 네 어머니의 아들을 비방하는 도 다."** 라고 하였습니다.

앉아서 네 형제를 공박한다는 것은 모이기만 하면 확인도 해보지 않고 입으로 형제를 공박을 하고 형제간에 비방을 일삼는다는 것입니다.

형제간에는 사랑하고 도와가며 우애 있게 지내야 하는 것이 당연한 것인데 그렇지 못 한 것은 악한 이들의 소행이라 할 수 있습니다.

그래서 사람이 입술로 혀로 범한 죄가 너무나 많고, 가장 범하기 쉬운 무서운 악행입니다. 그래서 말의 실수가 없는 사람은 온전한 사람이라고 하였습니다.

"우리가 다 실수가 많으니 만일 말에 실수가 없는 자라면 곧 온전한 사람이라 능히 온 몸도 굴레를 씌우리라."(약 3:2)

사람이 실수가 전혀 없을 수는 없지만 그 가운데도 말에 실수가 빈번하기 때문에 말에 실수를 하지 않는 사람이라면 이는 온전한 사람이라고 성경은 말하고 있습니다.

악담 거짓 비방 공박 등은 우리들의 일상생활 가운데 언제든지 범할 수 있는 것이기 때문에 조금만 부주의 하여도 누구나 범 할 수 있습니다

셋째 : 하나님을 자신처럼 생각하는 착오를 범하게 됨이다.

우리에게는 하나님을 사람처럼 생각을 하는 경우가 많기 때문에 사람이 못보고 안보는 것은 하나님도 못 보시고, 안 보시는 것으로, 사람이 들을 수 없는 것은 하나님도 듣지 못하신 것으로, 내가 모르는 것은 하나님도 모르시는 것으로, 사람에게 비밀이고, 숨기는 것을 하나님께도 비밀로 통하고, 숨길 수 있는 것으로 착각하는 경우가 많다는 것입니다.

내가 좋아하는 것은 하나님도 좋아 하시고 내가 미워하는 것은 하나님도 미워하시는 것으로 간주를 하면서 착각을 하고 살아가는 경우가 얼마나 많은지 모릅니다.

본문 21절 "내가 이 일을 행하여도 내가 잠잠하였더니 네가 나를 너와 같은 줄로 생각하였도다 그러나 내가 너를 책망하여 네 죄를 낱낱이 드러내리라 하시는 도다."라고 하였습니다.

외식적으로 하고, 교훈을 미워하고, 주의 말씀을 뒤로 던지고, 도둑과 연합을 하고, 간음 자들의 동료가 되고, 악담을 하고, 거짓말을 하고, 형제를 비방하고 공박하여도 하나님께서 잠잠히 계신것은 회개

하도록 기다리는 하나님의 참으심인데

이들은 착각을 하기는 하나님께 예배만 드리면 하나님은 성도가 무슨 일을 하여도 상관하지 않는다고 생각을 하고 범행을 그치지 않으셨던 것입니다.

22절 **"하나님을 잊어버린 너희여 이제 이를 생각하라 그렇지 아니하면 내가 너희를 찢으리니 건질 자가 없으리라."**라고 하였습니다.

하나님께서 죄를 숨긴다고 하여 모르시는 것이 아니며, 금방 징벌을 내리지 않는 것은 성도의 범죄를 상관하지 않거나 무관하게 보아서 그런 것이 아니라 회개하기를 기다리면서 참으시는 것을 의미하는 것입니다.

성도가 범죄를 하고 잘못을 저질러도 아무런 반응이 없이 침묵하신 것은 하나님께서 성도의 범죄를 상관하지 않거나 지은 죄를 묵살하는 것이 아니라 회개하기를 기다리시는 하나님의 인자입니다.

"혹 네가 하나님의 인자하심이 너를 인도하여 회개하게 하심은 알지 못하여 그의 인자하심과 용납하심과 길이 참으심이 풍성하심을 멸시하느냐."(롬 2:4)

참고 기다리는 하나님의 인자의 사랑을 가볍게 여기면 절대로 안 되는 것입니다.

오늘 우리들 가운데도 외식을 하고 물질적인 범죄, 윤리적인 범죄, 입으로 범한 죄를 범한 것이 있다면 철저하게 회개하여야 합니다. 하지 않으면 하나님이 잊어버리거나 죄를 묵과하지 않는다는 사실을 명심하고 만일에 하나님께서 참으심의 기회를 놓치면 갈갈이 찢어 놓겠다는 무서운 말씀을 우리는 잊지 않아야 합니다.

그러므로 우리는 은혜를 잊지 않아야 하고, 하나님의 참으심의 인자를 잊지 않아야 하고 그리고 회개하지 않을 때 찢으시는 하나님을 잊지 않아야 합니다.

그러므로 하나님을 착각하지 않아야 한다는 것입니다.

오늘 날 우리들의 주변에서 이러한 비슷한 경우를 얼마든지 볼 수가 있고 비근한 예를 들 수 있습니다.

회개하기를 기다리시는 하나님 앞에서 내 자신을 온전히 들어내 놓고 나의 잘못이나 범죄는 무엇인가 찾아보고 기억이 나고 떠오르는 것이 있다면 철저히 회개 자복을 하고 주의 새로운 은혜를 받아서 능력 있게 살아가고 승리하는 우리들의 삶이 될 수 있도록 배전의 노력을 기우리는 하나님의 자녀들이 될 수 있기를 바랍니다.

전지전능 하신 하나님을 사람처럼 생각하지 않고 그 하나님 앞에 철저히 살아가는 우리 길신교회의 성도들이 될 수 있기를 간절히 축원합니다.

(2011. 2. 6)

요셉의 마음과 형들의 생각

창 50:15-21

사람이 살아가면서 자신의 마음과 통하는 사람을 만나게 되면 대단히 기쁘고, 백만 대군을 얻은 것처럼 힘이 되고, 의지가 되고, 그리고 서로의 깊은 마음을 주고받는 놀라운 관계가 되어서 격조 높은 인생을 구가 할 수가 있게 되는 것입니다.

우리가 주변을 살펴보면 한 형제와 자매간일 지라도 전혀 통하지 않고, 닮지 않고, 어쩌면 동질성을 찾아보기 힘든 경우도 있고, 한솥밥을 먹으면서 마음과 뜻이 전혀 통하지 않는 경우가 있는 가하면 한 이불을 덮고 잠을 자는 관계라도 너무나 판이하여서 동상이몽(同床異夢)이라는 말까지 나오게 되는 것을 볼 수 있습니다.

일난성 쌍둥이로서 외형으로는 쉽게 구분하기가 어려워서 실수를 정도로 같아 보이고, 비슷하게 보이는 데 성격은 전혀 다른 이들로 보여지는 경우도 있습니다.

그러므로 이 시대는 각자의 생각과 주장이 독특하여서 우리는 이 시대를 개성의 시대라고 일컫고 있을 정도입니다.

개성이 얼마나 강한지, 어린애기가 신발을 신는데 잘못 신어서 할아버지가 신겨 주니까 그만 그 자리에서 넘어져 굴러서 울기에 물어 보니까 자기가 신어야 할 것을 다른 이가 손을 댔다고 그런다는 것입니다.

그러기에 이 시대는 가르치는 선생님 하기가 어렵고 요즘 정치하기가 쉬지 않습니다. 취향이 다양하고 개성이 강하고 자기의 주장을 꺾을 줄 모르고, 개인 이기와 집단 이기가 극성을 부리기 때문에 누가 국가를 다스리고 지도자가 되어도 존경을 받기가 어려운 세상이 되어 가고 있기 때문입니다.

무엇에, 어디에, 어떤 계층에 맞추어서 살아야 할지 그 답을 찾기가 어렵습니다. 교단에서도 교단을 총회를 개혁을 하여야 한다고 주장하는 이들이 교권을 장악하고 개혁파들이 득세를 하였는데 얼마 안가서 그 개혁파들이 개혁의 대상이 되어서 먼저 보다 더 비참한 종말을 맞이하는 경우도 있었습니다.

오늘 본문에서는 파란만장 했던 야곱의 기구한 운명은 끝나고 그의 자녀들과 애급 정부의 협력 속에서 야곱의 장례식을 마치고 난 다음에 일어난 일련의 사건을 소개를 하고 있습니다.

이 세상에서 누구이든 우리들의 육신의 죽음을 면 할 사람은 없지만 그러나 야곱가의 열두 지파의 자녀들은 아버지 잃은 슬픔 이상으로 아버지 계시지 않는 세상을 생각 하면서 많은 고뇌를 하는 유족들의 모습입니다.

놀라운 것은 다 같은 한 아버지의 자손들이고 그 형제들인데도 그들의 마음과 생각은 너무나 다른 대조를 이루는 것을 우리는 본문에서 발견 할 수 있습니다.

그래서 오늘 은혜 받을 말씀의 제목을 "요셉의 마음과 형들의 생각"이라는 주제로 우리 함께 은혜를 받읍시다.

다 같은 형제이고, 한 아버지의 아들이지만, 요셉의 마음과 형들의 생각은 너무나 판이 하고, 기가 막힐 정도의 대조를 이루는 것을 우리는 볼 수 있습니다.

하나님의 뜻과 사람의 생각, 자신들의 안위만 생각하는 무리와 하나님의 은혜를 생각을 하고 주의 섭리를 저버리지 않는 사람, 기도하는 사람과 인간적으로 걱정하는 사람의 극명한 차이점을 보여주는 놀라운 현상이라는 것입니다.

동일한 환경과 조건 속에서 어떡하면 요셉의 마음 씀씀이와 같은 그런 자세를 가질 수 있고 우리들의 일상대로 살아가는 모습대로 버려두면 저와 여러분들은 요셉의 형들의 생각에서 그 이상을 벗어나지 못 할 것입니다.

첫째 : 형들의 생각

물론 성경에서 말하는 형들은 대체적으로 동생들 보다 착하게 나오지 않는 경우를 우리는 자주 볼 수 있습니다.

인류의 최초의 형이 되는 가인(형)과 동생(아벨). 족장들에게서 나오는 장자 에서와 차자 동생 야곱, 오늘 본문의 주인공 어린 동생 요셉과 열 한명의 형, 탕자의 비유에서 집나간 동생과 돌아온 환영에 심술부리는 형, 마르다와 마리아의 비유에서 등에서 보면 형들에 대하여 곱게 나온 것 보다는 밉게 보이는 경우가 더 많았다. 고 볼 수 있습니다.

이 요셉의 형들은 동생의 꿈 이야기, 열두 별, 해와 달이 자신에게

절하고, 열 두 곡식 단이 자신을 향하여 절하더라는 것과 아버지의 사랑을 많이 받은 것이 형들의 시기를 사게 되어 죽임을 당 할 뻔하였다가 구덩이에 던짐을 받았습니다.

그리고 애급의 상고에 팔려 가게 한 것이 형들의 소행입니다. 그 형들은 아버지의 장례를 마치고 돌아와서 가진 생각이 무엇인지 아세요?

1) 보복을 두려워하여 떠는 형제들.

15절 "… **혹시 우리를 미워하여 우리가 그에게 행한 모든 악을 갚지나 아니할까 하고**"라고 하였습니다.

사람은 남에게 못 된 짓을 하고, 악을 범하거나, 죄를 짓고 나면 평소에는 잊어버리고 있다가 어떤 어려운 일이나 불리한 사건이 생기면 떨고 두려워하는 것이 이 경우에서입니다.

이들이 이렇게 생각하고 두려워 할 수밖에 없는 것은 자신들의 마음 같으면 충분히 복수 할 수있는 절호의 기회로 삼았을 것입니다.

어린 동생이 철없이 꿈 이야기를 하고 아버지의 사랑을 빼앗기었다는 것 때문에 동생을 죽일려고 모의한 형들이라면 충분히 그럴 수 있을 것입니다.

여러분, 남을 의심하는 것도, 상대를 오해를 하는 것도, 자기의 마음처럼 생각하면 엄청난 일을 저지르는 경우를 우리는 많이 보아온 것입니다.

2) 아비의 유언을 빙자 하여 화를 면하려는 형들

그리하여서 그 형들은 돌아가신 아버지의 유언을 빙자하여서 자신들의 두려움을 면해보려는 시도를 하는 것을 볼 수 있습니다.

17절 "너희는 이같이 요셉에게 이르라 네 형들은 네게 악을 행하였을지라도 이제 바라건대 그들의 허물과 죄를 용서하라 하셨나니 당신 아버지의 하나님의 종들인 우리 죄를 이제 용서하소서 하매 요셉이 그들이 그에게 하는 말을 들을 때에 울었더라."라고 하였습니다.

혹자는 이 같은 유언은 오히려 형들이 보복을 두려워하여 사실이 아닌 것을 만들어 내었을 것이라는 주장도 있습니다.

여기에 당신의 아버지라고 형들이 말한 것은 신분상의 너무나 격이 높기 때문에 이른 용어를 쓸 수 있고, 다른 한편으로는 자신들이 요셉에게 행한 행동으로 보아서 형과 동생으로 할 수 없는 과오를 범했기 때문에 당신의 아버지로 쓴 것이 아닌가 생각도 합니다.

3) 우리는 당신의 종들입니다.

18절 "그의 형들이 또 친히 와서 요셉의 앞에 엎드려 이르되 우리는 당신의 종들이니이다."라고 하였습니다.

요셉이 힘이 없고 연약 할 때 형들에게 왔을 때에는

창 37:19 "서로 이르되 꿈꾸는 자가 오는도다."라고 하면서 그를 죽이려던 그 형들이 본 절에서는 우리는 당신의 종들입니다. 라고 말을 합니다.

살아계신 하나님을 진정으로 믿지 않는 사람은 자신이 유리하고 이로운 대로 말을 하고 아부를 하는 것을 볼 수 있습니다.

요셉 형들의 생각은 자신들의 생각처럼 요셉의 마음도 보복의 사람으로 보고 저들의 행한 악을 기억하면서 아버지 유언을 빙자하여 화를 면하려고 하고 인간적인 아부를 떨어서 상대방마음을 사려 하고 자신들이 하나님을 빙자하여 하나님의 종으로 빙자하면서 화를 면하려는 인간적인 방법과 마음으로 가득 찬 사람들이었습니다.

둘째 : 요셉의 마음은 어떠했습니까?

1) 요셉은 그에게 하는 말을 듣고 울었습니다.

17절 **"… 요셉이 그들이 그에게 하는 말을 들을 때에 울었더라."**라고 하였습니다.

울음이라는 것은 참으로 묘하여 양극의 현상을 보여줍니다.

예를 들어서 천안 함 사건으로 46명의 우리 군인들이 목숨을 잃고 우리 대통령이 눈물을 보일 때는 정말 두 주먹이 불끈 쥐어지는 그런 감정이었지만,

오늘 본문에 요셉이 아버지 장례를 마치고 아버지의 유언을 형들로 통해서 울었던 울음은 지난날의 서러움의 북받침도 되지만 오히려 모든 감정과 복수심을 단숨에 녹아내리게 하는 용서의 눈물이 될 것입니다.

우리가 살아가는 삶의 여정에는 아무리 논리 정연하고 조리 있는 말보다도 우리 가슴에서 터져나오는 울음이 불같은 감정도, 누그러지게 합니다.

눈물이 진실하고 울음에는 위선이나 거짓이 있을 수 없습니다.

2) 내가 하나님을 대신하리이까?

18-19절 **"그의 형들이 또 친히 와서 요셉의 앞에 엎드려 이르되 우리는 당신의 종이니이다. 요셉이 그들에게 이르되 두려워하지 마소서**

내가 하나님을 대신하리이까."라고 하였습니다.

이 말은 자잘 못에 대한 판단이나 징벌은 하나님이 주시는 것이지 자신의 몫은 아니라는 그러한 의미를 함축하고 있습니다.

그렇습니다. 여러분, 복을 주는 것과 벌을 주는 것 즉 복 받는 것과 벌 받는 것은 하나님에게 있지 우리 사람에게 있는 것은 아닙니다.

그러기에 저주도 사람이 하는 것이 아니며 축복도 사람이 하는 것이 아니라 주님의 이름으로 하여야 합니다.

힘이 있고, 권력을 소유 하고, 얼마든지 복수를 할 수 있는 능력과 기회가 되는데 이 같은 자세를 가진다는 것은 결코 쉬운 일이 아닙니다. 따지지 않았습니다. 지난날의 잘 못을 들추어내지도 않습니다.

내가 하나님을 대신하리까하면서 만사를 덮고 화평과 화목을 도모하는 사람이었습니다.

"… 또 우리에게 화목하게 하는 직분을 주셨으니" (고후 5:18)

"할 수 있거든 너희로서는 모든 사람과 더불어 화목하라." (롬 12:18)

무슨 토론을 하여도, 모임을 가져도, 회의를 하여도, 화평과 화목을 전제로 하고 하여야 하지 큰 소리치고 따지고, 얼굴을 서로 붉혀야 회의가 같은 줄로 착각하는 경우도 있습니다.

그런 부분은 과감하게 고쳐 나가야 합니다.

3) 매사를 선의로 해석하는 것입니다.

똑같은 사안을 두고도 선의로 받아 드리는 사람과 악의로 받아드리는 사람과는 엄청난 결과로 달라 질 수 있습니다.

20절 **"당신들은 나를 해하려하였으나 하나님은 그것을 선으로 바꾸사 오늘과 같이 많은 백성의 생명을 구원하게 하시려 하셨나니"**라고 하였습니다.

우리는 여기서 믿음의 사람들의 은혜를 받은 이들의 마음의 자세를 보면 참으로 감동적이고 아름다워 보입니다.

요셉의 입장에서 자기가 자신의 마음을 돌려 먹은 마음이고 자신이 마음을 고친 것이지만 그같은 것을 자신이 용납하고 이해하고 자기가 넓은 마음을 먹었다는 말은 입 밖에도 내지 않고 오직 하나님이 자신을 해치는 자들에게 선한 마음으로 바꾸어 주셨다는 것입니다.

여러분, 남을 해하고, 더욱이 어린 동생을 보호하지는 못 할망정 해하는 것은 죽일려 하고 구덩이에 던져 넣고, 외국 상인에게 파는 행위는 사람으로서, 혈육간에 할 수 없는 악을 범하게 된 것입니다.

요셉은 자신의 마음도 하나님께서 은혜를 주시지 않고 감동을 주시지 않으면 그런 마음을 먹을 수 없는 것이기에 하나님께서 악을 선으로 바꾸어 주신 것이라고 고백합니다.

하나님이 그렇게 하신 이유는 오늘과 같이 많은 백성의 생명을 구원 하시려고 하신 것이라고 확신을 합니다.

> "당신들은 나를 이곳에 팔았다고 근심하지 마소서 한탄하지 마소서 하나님이 생명을 구원하시려고 나를 당신들보다 먼저 보내셨나이다."(창 45:5)

자신을 죽으려고 하고 구덩이 던지고, 그리고 애급 상고에게 팔고, 아버지께 가서는 피 묻은 채색 옷에 보이면서 악한 짐승에게 잡아먹힌 것으로 거짓말을 한 그들의 소행이지만, 그 모든 것을 하나님의 뜻으로 보고, 극한 흉년을 대비한 야곱의 후손들의 생명을 구하기 위한 섭리로 보는 요셉의 선의적인 해석입니다.

형들의 미움을 사서 팔려 간 것도, 고생을 한 것도, 죽을 고비를 만난 것도, 심지어는 억울한 옥살이를 한 것까지도, 그를 애굽의 총리대신으로 삼기 위한 하나님의 비상한 섭리로 보는 것입니다.

4) 간곡한 말로 형들을 위로하는 동생 요셉

21절 **"당신들은 두려워하지 마소서 내가 당신들과 당신들의 자녀들을 기르리이다 하고 그들을 간곡한 말로 위로하였더라."**라고 하였습니다.

요셉의 복수심에 두려워하면서 아버지의 유언을 빙자를 하고 우리는 당신의 종이 되겠다고 겁에 질린 형들에게 내가 형님들과 조카들의 모든 생활을 책임지겠습니다. 그리고 간곡한 말로 위로 하였다고 했습니다.

다시 말씀을 드리면 형님들이 동생을 미워하고 그렇게까지 야박한 행동을 하심은 하나님께서 나를 먼저 애굽으로 보내어 우리 가문을 살리려고 하신 비상한 하나님의 뜻이 있어서 그런 것 같습니다.

정리를 하면 요셉의 형들의 생각은 보복을 두려워하여 떨리는 마음과 아버지의 유언을 빙자하여 화를 면하려는 생각과 자신들을 종이라고 하면서 사람의 마음을 사려는 생각이지만

그러나 요셉의 마음은 그의 울음으로 형들을 용납 하였고, 내가 하나님을 대신하리까 하면서 자 잘못의 판단과 상벌을 하나님께 만 있으므로 정죄하지 않았고, 매사를 선의로 해석을 하여 하나님의 섭리에 맡겼고, 오히려 간곡한 말로 형들과 그 후손들을 위로 하면서 내가 형님들을 비롯한 형님의 가족들을 책임지고 부양 하겠다는 너그러운

사랑으로 베푸는 모습을 볼 수 있습니다.

　사람이 시기 질투하는 마음이 작용을 하게 되면 자신의 형제도 죽이려고 하지만, 매사를 선의로 해석을 하고, 하나님의 섭리에 맡기게 될 때, 자기를 죽이려는 원수까지도 용서하게 되고, 그러한 저들에게 다함이 없는 사랑으로, 가슴으로 품으며, 물질로 베풀고, 온전히 하나가 되어 하나님께 영광을 돌립니다.

(2011. 2. 13)

순종의 양면성

출4:1-9

우리 믿음의 사람, 성도들이 살아가는 삶의 여정에서는 순종이라는 삶은 필수적이고 소홀히 할 수 없는 엄청난 신앙인의 난감한 과제이기도 하고 또한 믿음의 저력이라 할 수도 있고 은혜의 보고이기도 하고 축복의 산실이 바로 순종이라는 것은 어느 누구도 부인 할 수가 없습니다.

순종의 양면성이라 함은 다양한 차원에서 우리는 생각하여 볼 수 있습니다. 불순종은 간단하고 쉽지만 순종의 대답은 쉽게 할 수 있어도 순종함에는 작지 아니한 수고와 희생과 고통이 따라오기 마련이기 때문입니다.

그리고 우리들의 믿음이라는 것은 순종을 전제로 하지 않고는 우리의 믿음을 생각할 수도 없고 출발도 불가능한 것이며 논리적으로나 사리적으로 순종을 할 수 있는 것이라면 구태여 순종을 그렇게 강조하지 않아도 될 것이며 전제 할 필요도 없을 것입니다.

그래서 우리들의 저변에서 지나치게 순종을 강요하여 맹종에 가까울 정도가 되어야 하는 것으로 요구를 하는가 하면 때로는 자신의 생각과 마음에 맞지 않거나 뜻이 같지 아니하면 순종은 고사하고 아예 거역하는 것도 다반사이기 때문에 이 같은 과제를 다루는 것은 대단히 민감하고 과민 반응을 보이기도 합니다.

"순종" 이는 이 시대의 사람들이 가장 멀리하고 자존심을 상하게 하는 것으로 좀처럼 설득하기가 쉽지 않고 그리고 거부 반응을 가장 많이 불러일으키는 것으로 여겨진다.

민주와 인권과 평등과 그리고 삶의 질을 높이는 차원에서 순종을 요구 하거나 당부를 하는 것은 현대인의 아킬레스라고 자타가 말을 합니다.

몇 일 전에 집에 어린 꼬마와 놀면서 서로가 장난을 치고 이야기를 하다가 제가 이런 말을 했습니다.

"나는 광현이와 있으니 참 행복하다."

이런 말을 했더니 뭐라고 대답을 하느냐 하면 "할아버지는 목사님이 잖아"하는 것입니다. 그 아이가 어떤 의미에서 그런 말을 했는지 그 속을 나는 잘 모르지만 목사 할애비는 한방 얻어맞은 것 같아서 옷을 주섬주섬 입고 서재로 왔습니다.

어린 아이의 말 한마디라도 그 말을 마치 하나님의 음성으로 듣고 순종하는 마음으로 움직이니까 그런대로 그것이 유익하고 자신을 다시 한 번 돌아보게 되는 것을 경험을 했습니다.

그리고 때로는 순종은 종처럼 자신을 낮추어서 종처럼 시키시는 대로하고 계산 할 줄도 모르는 사람처럼 수고와 희생을 아낌 없이 쏟고 나면 때가 되면 혜성처럼 빛나는 축복의 열매가 삶의 여정에서 거두게 될 것입니다.

때로는 자존심도 버려야 하고 자신의 지식, 주장, 경험, 온갖 체험 등도 물거품처럼 여기면서 주의 음성에 혼신을 기울여서 최선을 다하는 생활이 될 때 순종이라는 과제를 이행할 수가 있는 것입니다.

순종이 쉽고 가볍고 누구나 할 것 같으면 그렇게 강조하거나 요구하지 않아도 될 것입니다.

우리의 신앙, 믿음이라는 선물의 포장을 뜯으면 순종이라는 알맹이로 가득차 있다는 사실을 우리는 잊어서는 아니 됩니다.

그러므로 하나님 앞에서 순종이 없는 믿음은 실족하기가 일수 이고 시험에서 벗어나기가 어렵고 자신의 자존심을 버릴 수 없으며 인간적인 생각에서 맴돌다가 약간의 어려움이나 힘이 들어도 난관을 극복하지 못합니다.

오늘 본문은 여호와 하나님과 모세의 대화를 기록한 내용을 담고 있습니다. 모세가 하나님께 솔직한 대답은 당시의 이스라엘의 백성들이 지도자인 모세 자신을 믿지 않으므로 따르지 않는다는 것입니다.

1절 "모세가 대답하여 이르되 그러나 그들이 나를 믿지 아니하며 내 말을 듣지 아니하고 이르기를 여호와께서 네게 나타나지 아니하셨다 하리이다."라고 하였습니다.

모세가 이끌어야 할 이스라엘 백성들이 모세를 믿지 아니하고 모세의 말을 듣지 아니하고 심지어는 하나님께서 모세에게 나타나신 것도 믿지 아니하였다는 것입니다.

다시 말씀을 드리면 모세의 인격도, 모세의 말도, 모세의 믿음도, 믿지 못하고 불신 했다는 것은 대단히 심각한 문제가 아닐 수 없습니다.

첫째 : 하나님께서 모세에게 하신 말씀

2절 "여호와께서 그에게 이르시되 네 손에 있는 것이 무엇이냐 그가 이르되 지팡이니이다."라고 하였습니다.

하나님께서는 과거에 무엇을 했느냐도 물으시지 않으시고 미래에 무엇을 할 것인가에 대하여도 묻지 않으시고 오직 지금 현재 네가 네 손에 가지고 있는 것이 무엇이냐의 이 물음에는 현재에 네가 소유하고 네가 활용할 수가 있고 지금 당장 할 수 있는 것이 무엇이냐의 물음입니다.

신앙인에게는 과거는 아름다운 것이고, 미래는 소망스럽지만, 현재가 가장 중요하고 그리고 요구 되는 것입니다.

손에 가진 것은 지팡이라고 하였습니다. 지팡이는 목자에게는 양을 인도하는 지휘봉이고, 맹수를 막아내는 방어무기로의 막대기로서의 필수적인 것입니다.

지난 번 캐냐 선교를 갔을 때 마사이 족의 추장은 막대기를 하나 들고 있었고, 그 막대기 지팡이가 추장의 권위를 나타내고 지휘자의 지휘봉의 역할을 하는 것을 볼 수 있었습니다. 이 지팡이, 지휘봉의 위력은 대단합니다.

우리 찬양대의 지휘자의 지휘봉 하나가 움직이면 모든 대원들은 나이가 많든 작든, 중직자이든 어른이든 아이든 그 지휘에 따라서 일사불란하게 움직여야 합니다.

1) 지팡이가 뱀이 되는 기적, 뱀이 지팡이가 되는 기적.

영주 부석사에 가면 사명당의 지팡이를 꽂아 놓은 것이 나무가 된 것이라고 소개한 것을 보긴 하였습니다.

오늘 본문에서는 하나님께서 모세의 지팡이로 이적을 일으키는 내용입니다.

그런데 3절 **"여호와께서 그것을 땅에 던지라 하시매 곧 땅에 던지니 그것이 뱀이 된지라 모세가 뱀 앞에서 피하매"**라고 하였습니다.

아무리 중요하고 요긴한 것이라도 하나님께서 던지라고 하면 지체 없이 던지는 것이 그것이 곧 순종이라는 것입니다.

방송에서 우리말 겨누기에 달인이 나오는 과정을 보면 힌트를 받아서 맞추는 것보다는 단숨에 맞추면 높은 점을 획득하는 것을 볼 수 있습니다. 순종도 지체하지 말고 바로 하는 것이 가장 귀한 순종이고 하나님도 기뻐하십니다.

지팡이가 뱀이 된 것을 보고 모세가 피하니 하나님께서 네 손을 내밀어 꼬리를 잡으라고 하십니다.(4절)

여러분, 아시지요? 뱀은 머리와 몸 사이 목 부분을 잡으면 뱀을 제어 할 수 있지만 꼬리부분을 잡으면 백발백중 물리게 되어 있는데 그 꼬리를 잡으라는 것입니다.

그래도 어떤 변명도 없이 주저하지 않고 꼬리를 잡는 모세였습니다. 이것 역시 순종하게 될 때 이 같은 위험이나 인간의 경험도 제쳐두고 그 명령에만 이행하는 것 이런 것이 바로 순종이라는 것을 우리에게 가르쳐 주시는 교훈임을 간과해서는 아니 될 일입니다.

그런데 우리 인간의 상식대로 뱀의 꼬리를 잡은 모세의 손을 뱀이 물었습니까?

아니지요, 다시 지팡이가 되었습니다.

그렇습니다. 내가 필요 하다고 던지지 못하거나 위험하다고 명령하신 것을 행하지 않으면 한 평생을 믿어도 하나님의 기적 한번 체험할 수 없고, 주의 능력은 도무지 경험할 수도 없을 것입니다.

하나님 앞에서 내 경험이나 내 주장을 앞세우지 말고 명령대로 이행하면 주의 말씀대로 순종하면 지팡이가 살아 있는 뱀이 될 수 있고 뱀이 또한 지팡이가 될 수도 있는 것입니다.

순종이 기적을 낳는 것이지, 기적이 순종케 하는 것은 속 보이는 것이고 어렵습니다.

우리들 인간에게는 기적을 보기보다 더 어려운 것이 순종이라는 사실을 우리는 잊어서는 아니 됩니다. 순종은 자신의 경험을 앞세우거나 자신의 지식을 가지고는 순종하기가 어렵습니다.

오직 주의 명령을 믿고 맡김으로 가능한 것이지 아니면 불순종을 하기 마련이지만 순종은 거리가 멀어질 것입니다.

2) 나병을 들게도, 나병을 낫게도 하시는 하나님의 놀라운 역사는 기적입니다.

죽은 자를 살리시고 병든 자를 고치는 것은 주님에게는 일상의 한 부분이 될 수 있지만 우리 사람들에게는 기적 중의 기적이 아닐 수 없는 것입니다.

그렇습니다, 우리 보통 사람들이 4,50kg을 드는 것은 힘들고 백 수십 킬로를 드는 것은 기적이지만 장미란 선수가 그 무게를 드는 것은 몸 푸는 것에 불과 할 것입니다.

우리들에게는 초능력이라 하고 기적이라고 호들갑을 떨어도 하나님의 입장에서 보시면 그것은 아무것도 아니라는 사실을 우리는 알아야 합니다.

하나님께서 모세에게 네 손을 품에 넣으라 하셨습니다. 그리고 품은 손을 다시 빼보니 그의 손에 나병이 생겨서 눈과 같이 되었다고 하였습니다. 자신의 멀쩡하던 손이 하나님께서 손을 품에 넣으라 하시어서 넣은 것 뿐인데 문둥병에 걸렸다면 이는 참으로 기가 막히는 일이 아닐 수 없습니다.

하나님의 명령하시는 대로 순종한 것 밖에 없는데 멀쩡한 손이 나병이 걸렸다면 이는 보통 심각한 문제가 아닙니다. 불순종을 하여서 몹쓸 병에 걸렸으면 그래도 이해가 되지만 하나님께서 네 손을 네 품에 넣으라는 말씀을 듣고 그대로 하여서 문둥병 환자가 되었다면 이는 기가 막히는 일이 아닐 수 없습니다.

그래도 그 어떤 이유도 불평도 없이 나병이 든 손을 보이매 다시 네 품에 네손을 넣으라고 하시니 품에 넣으니 나병의 환처는 사라지고 본래의 살로 돌아 왔다고 하였습니다.

이는 상식적으로도 의학적으로 설명이 될 수 없는 부분이지만 그러나 우리 믿음의 세계에서 주님의 능력으로 확신을 하면서 주님의 택한 백성으로 힘 있게 살아가는 것입니다.

우리가 주님의 말씀에 불평 없이 그대로 순종을 한다면 그 어떤 기적보다도 이보다 더 큰 기적은 없을 것입니다.

둘째 : 하나님 앞에서 모세는 어떤 사람인가?

하나님께서는 일방적으로 말씀을 하셨고 모세는 이유여하를 막론하고 순종 하는 사람으로 주의 명령을 이행하는 사람으로 일관을 하고 있습니다. 이는 마치 이사야 선지자가 하나님 앞에서 주여 말씀만 하옵소서 제가 여기 있나이다. 하는 것과 다를 바가 없습니다.

전지, 전능 하신 하나님 앞에서 우리의 설명이나 변명이나 이해를 시키는 것은 중요한 것이 아닙니다.

여러분, 우리가 살아가면서 사람들 앞에서 비밀이 있고 숨길 수가 있지만 우리 하나님 앞에서 숨기거나 비밀히 할 수 있는 것이 전혀 있지 않습니다.

하나님은 다 알고 계시고 모든 것을 보시고 계시기 때문에. 하나님이 우리의 형편과 처지를 너무나 잘 알고 있기 때문에 우리가 구구한 설명을 드릴 수가 없을 것입니다.

여러분, 순종에는 양면성만이 있는 것은 아닙니다. 한편에서 일방적으로 명령을 상대편에서 조건 없이 실천하는 것과 일방적으로 밀어붙이는 것과 일방적으로 따라야 하는 것이 상당한 대조를 이루고 있습니다.

양극의 현상도 나타나고 있음을 우리는 또한 간과할 수 없습니다. 순종이라는 요구 앞에서 자존심이 상하고 기분을 잡치게 하고 굴욕감을 느끼게 하여 그 자체가 시험이 되는 경우도 비일비재합니다.

오늘 본문에서 모세가 생각이 없는 사람도 아니며 아주 연약하여서 누구에게나 머리를 숙이고 고분고분해야 하는 약체의 사람은 아닙니다. 그런데 여호와 하나님 앞에서 주께서 말씀을 하실 때는 그 어떤 경우에도 토를 달거나 자신의 견해를 피력 하거나 변명 하거나 이유나 사연을 아뢰는 경우를 전혀 없습니다.

사람이 이러기가 참으로 쉽지 않습니다. 우리가 경험을 하지만 말을 하게 되면 계속해서 말을 하게 되고 말을 안하면 마치 자기의 직무를 다 못한 것으로 간주를 할 때가 많습니다.

만일에 우리가 어린 자녀들을 키우면서 자녀들에게 매를 대기를 시작하면 그 부모는 꼭 매를 대야 하고 그 자녀는 매를 맞아야 정신을 차리는 경우를 우리는 볼 수 있습니다.

우리가 하나님 앞에서 변명이나 핑계는 하지 말자는 단호한 내 자신의 마음의 다짐이 참으로 필요합니다. 하나님 앞에서 거짓도 위선도 변명도 핑계고 절대로 통하지가 않으며 그 어떤 경우라도 사실이 아닌 것을 사실 인양 밀어 붙혀도 우리 주의 눈은 우리가 속일 수가 없는 것입니다.

때로는 사람들 앞에서는 챙피를 당하고 속보여도 노련하지 못해서 일사불란하지 못하여 당하는 부끄러움은 오히려 하나님 앞에서 더 긍휼히 여김을 받을 수 있게 되는 것입니다.

말을 많이 안하는 사람일수록 속은 깊은 것을 우리는 주변에서 볼 수 있습니다. 그러므로 소수의 말쟁이보다는 다수의 침묵하는 이들을 더 비중있게 여기시는 우리 하나님이십니다.

분명한 것은 우리가 신앙으로 살아가는 여정에는 사람이 헤아릴 수 없는 갖가지의 사연들이 겹겹이 쌓여 있고, 그 가운데는 남모른 순종으로 일구어낸 아름다운 미담들이 속 마음을 감동케 하는 경우가 참으로 많습니다.

입이 없어 말 못하는 것이 아니며, 생각이 없어서 침묵하는 것이 아니라 이해도, 설득도, 용납도 할 수 없지만 위에 계신 그분의 명이기 때문에 나를 접어 그분에게 복종 시키는 온 생의 진통을 격으면서도 순종을 믿음으로 담아내려는 자신을 송두리째 드리는 우리들의 결단이 순종이고 그것이 기적을 낳게 합니다.

(2011. 2. 20)

주의 일하는 자의 행복

살후 3:6-15

우리가 세상을 살아가면서 삶의 우선순위를 두고 노력을 하고 각고의 인내를 하면서 자신의 책임을 다하는 그 중심에는 궁극적으로 행복이라는 고지를 점령하는데 있다고 하여도 그 말은 틀리지 않을 것입니다.

물론 그 행복의 내용에 대하여서는 천차만별의 차이가 있긴 하지만 그래도 그 같은 핵심 가치에서는 벗어날 수는 없을 것입니다. 그리고 행복은 어떤 것이냐고 물으면 그렇게 많이 말을 하고 우리가 원하였지만 조리 있게 아주 간단 명요하게 대답하기는 쉽지 않습니다.

분명한 것은 아름답고 좋고, 근심 걱정이 아닌 기쁨과 즐거움으로 보람됨을 동반하는 것이 분명하고 아픔이나 불행의 반대이며 모든 이들이 부러워하고 그리고 누리고 싶어하면서 결코 어둡거나 부정 되지 않으면서 자랑스럽고 떳떳한 것입니다.

우리들에게는 하나 같이 다양하고 각양각색의 좋아하고 그리고 소중하게 여기는 경우가 참으로 많습니다.

그러기에 무엇이 행복이냐는 시대에 따라 연령과 환경과 취향에 의해서 여러 모양으로 나타날 수가 있을 것인데 나는 무엇을 소중하게 여기고 어떤 것을 최고로 생각하는지 살펴보면 다양할 것입니다.

오늘 저는 오늘 본문의 성경 말씀을 읽으면서 불현듯 머리에 스쳐가는 느낌은 일하는 것이 보통의 복이 아니구나 하는 것을 새 삶 느끼게 하는 것입니다.

일을 한다는 것은 몇 가지를 전제로 하는 것이기 때문에 행복의 조건 가운데 필수적인 조건이 될 수 있다고 생각이듭니다.

일을 한다는 것은 일단은 건강을 보장 받는 축복이고 일을 하는 사람은 능력을 소유한 사람으로 인정하는 것이며, 일을 한다는 것은 그 시대의 필요한 사람으로 이 사회나 국가나 가정에 이바지 하는 사람으로 검증이 된 것이며, 일하는 사람은 가난하게 살지 않으며, 일하는 사람은 소모적인 사람이 아니라 창조적이고 생산적인 사람을 의미하는 것입니다.

사람에게는 일할 때는 문제를 일으키는 것이 거의 없지만 일하지 않고 쉬고 놀 때 문제를 일으키고 사건을 야기하는 경우가 대부분입니다.

하와도 아담도 한가한 에덴 동산에서 뱀의 유혹을 받았으며, 성군 다윗도 한가한 시간에 궁루에서 거닐다가 죄를 범하게 되었고, 천하 장사 삼손도 여인에게 노닐다가 머리를 깍이고 무력한 사람으로 전락하고 말았던 것입니다.

그러므로 일한다는 것은 능력을 발휘 한다든지 돈을 번다는 단순한 목적 외에도 삶의 엄청난 부가가치를 창출해 낸다는 것을 우리는 잊어서 아니 됩니다.

우리가 예배를 드렸다 은혜를 받았다, 성수 주일을 했다 십일조를 한다는 것을 단순한 논리로 볼 것이 아닙니다.

여러분, 새벽 기도를 하는 사람, 그 사람은 단순히 새벽 제단에서 기도 했다 한 사람 수적으로 더 증가했다는 정도만이 아니라 그는 그렇게 흐트러진 생활 하는 사람이 아닙니다.

주일 성수를 철저히 한 사람, 노인정에 가서 잡담을 하면서 48장 그림 놀이를 하면서 하루를 보내는 이와는 차원이 다른 것입니다.

오락실에 가서 밤새도록 오락하고 나오는 이와 교회당에서 밤 지새워가면서 기도한 사람과는 다릅니다.

여러분, 철저하게 주 앞에서 십일조 생활 하는 사람, 그 사람에게 현금을 한 아름 안겨 주어도 허랑방탕하게 낭비 할 사람이 아닙니다.

이 같은 시너지 효과를 우리는 전혀 계산하지 않는 단순 논리로 매사를 결정하는 것은 결코 지혜로운 믿음의 사람이 못 되는 것입니다.

우리가 일을 하면서 살아야 하는 것은 자립이나 자존을 위한 인간의 책무이기 전에 아담 하와의 범죄이후에 생존의 조건 중의 하나이라고 할 수 있습니다.

우리를 또한 타락한 이후의 땀 흘리고 수고로움이 없는 생존이라면 나태하고 방탕하여 걷잡을 수 없는 범죄 나락에서 헤어나지 못 할 것입니다. 사람이 일을 하지 않으면 너무 소심하여 지고 지나치게 오해도 잘하고 사소한 것에도 예민하고 섭한 마음을 가지는 것을 느낄 수 있습니다.

그래서 깜짝 깜짝 놀랠 때가 있었는데 대 기업에 있을 때는 안 그랬는데 사직을 하고 나니 자신을 무시한다고 하니까 기가 막히는 것입니다.

신앙적으로 양심적으로 실제적으로 전혀 그런 생각은 추호도 없는데 그렇게 좁아지는 것을 보면서 일을 안 하게 되면 사람이 소심해지는 구나를 느끼게 되었습니다.

우리가 일한다는 영육으로 건강하게 사는 것을 의미하고 있습니다.

이유여하를 막론하고 건강하고 일 할 수 있는 능력이 있다면 우리는 일을 해야 합니다.

이 세상에서는 악한 일도 있고 선한 일도 있습니다. 주의 일도 있고 세상의 일도 있습니다. 영혼을 위한 일도 있고 육신을 위한 일도 있습니다.

일 자체는 천 한 것도 아니며, 기피의 대상이 아니며 그렇다고 특별한 사람들의 전유물도 더더욱 아닙니다. 그리고 교회의 모든 직분과 직책은 주의 교회의 일을 효과적으로 감당 할 수 있도록 분담과 영역을 주신 것으로 생각을 하여도 틀리지 않습니다.

목사, 장로, 권사, 집사, 권찰, 구역장, 교구장, 교사, 찬양대원 모두가 고유의 일의 영역을 정하여 분담을 하고 하나의 공동체를 세워 나가는 것입니다. 우리는 하나님의 일을 하는 사람들이 바로 성도들이고 교회의 직분 자들입니다.

그러면 성경에서는 하나님의 일을 무엇이라고 하였습니까?

"그들이 묻되 우리가 어떻게 하여야 하나님의 일을 하오리까 예수께서 대답하여 이르시되 하나님께서 보내신 것을 믿는 것이 하나님의 일이라 하시니"(요 6:28~29)

첫째 : 성도는 하나님의 일을 하는 사람이다.

1. 하나님의 일은 예수 그리스도를 믿는 것입니다.

오늘 본문 29절에 예수님께서는 하나님의 일이 무엇이냐고 물을 때 하나님이 보내신 자 곧 자신을 믿는 것이라고 하였습니다. 이는 예수 그리스도를 믿기 위한 제반의 모든 것이 이 믿음의 일에 포함이 되어야 할 것입니다.

예수님의 일은 하나님의 뜻을 이루는 것입니다.

그리고 사람의 일이란 예수를 믿는 것입니다.(29절)

2. 여호와를 섬기는 모든 일

본 절에서는 여호와 성전에서 섬기는 모든 일, 성전을 섬기는 일과 섬기는 모든 기구의 쓰임도 일이라고 말하고 있습니다.

우리의 직분과 직책은 성전에서의 일이고 하나님의 교회를 섬기는 데 효과적으로 감당하는 것이 본분임을 어느 누구도 부인 할 수가 없습니다.

성전에서 섬기는 일은 예배를 중심으로 한 종교적 총체 적 행위라고 한다면 성전을 섬기는 것은 그 신앙적인(종교적) 행위 하나님을 경외를 위한 제반의 준비 단계의 모든 과정이라 할 수 있습니다.

우리가 여호와를 섬기는 일은 단순히 섬기는 것만이 아니라 하나님을 섬기는 이들의 그 믿음에 걸맞은 마음의 씀씀이와 변화된 삶의 모습일 것입니다.

3. 은혜의 복음을 증거 하는 일(전도)

하나님의 복음의 증거가 곧 하나님의 일을 하는 것입니다.

우리가 교회의 각종의 일을 다 하여도 전도하는 일을 경험하지 않으면 하나님의 일의 진수를 맛보지 못한 것이라고 할 수 있습니다. 그리고 교회의 섬김의 모든 일은 전도와 뭇 영혼의 구원과 무관하지 않습니다.

> "내가 달려갈 길과 주 예수께 받은 사명 곧 하나님의 은혜의 복음을 증언 하는 일
> 을 마치려 함에는 나의 생명조차도 조금도 귀한 것으로 여기지 아니 하노라."(행
> 20:24)

바울은 복음 전파 영혼 구원을 위하여서는 자신의 생명까지도 조금도 아까워하지 않고 기꺼이 바치겠다는 단호한 마음을 우리는 읽을 수 있습니다. 주의 일을 할 때는 수고도 고난도 시련도 아픔도 격어야 하지만 때로는 죽음을 각오하고 해야 할 때도 있음을 잊지 말아야 합니다.

4. 선행과 구제 하는 일

선행이란 자신의 인격과 직관이 되고 기독교의 사랑이 삶으로 전달하는 것이며 복음 전도의 전령과 같은 역할을 하게 될 것입니다.

> "욥바에 다비다라 하는 여 제자가 있으니 그 이름을 번역하면 도르가라 선행과 구
> 제하는 일이 심히 많더니."(행 9:36)

악행은 하지 않고 죄를 범하지 않지만 선행을 하지 않으면 그리스도인의 기본에 미치지도 못한다는 것을 우리는 깊이 인식을 하여야 합니다.

오늘 날 교회도 교회 안에서 사랑을 나누고 구제를 하여도 그렇게 좋은 반응은 얻지 못하고 있다, 교회 울타리 밖으로 손을 내밀고 정성이 담긴 사랑을 나누는 교회를 세상에서 기대를 하고 있습니다.

금년에 우리 교회가 미자립 교회 21개 교회, 선교사 및 선교 기관 11개 처, 복지시설 및 공공기관 12곳을 지원을 하여 약 44개 처를 후원을 하고 있지만 사실은 우리로서는 작지 않지만 그래도 불신 이웃들에게는 너무 미흡한 것 같아서 길동 사무소에 의뢰하여서 조손 가정 2, 한 부모 3가정을 추천을 받아서 구제부의 의논을 거쳐서 도우려고 하고 있습니다.

조금 여유만 있으면 노인정도 방문하여 어른들도 섬기려 하고 있습니다. 그리스도인의 선행은 당연한 것으로 알고 또 한 선행의 한 부분에는 구제가 필수적인 것입니다.

5. 간접적인 하나님의 일

참는 것, 성질을 참고, 말을 참고, 분노를 참고, 때로는 양보를 하고 희생을 하는 것, 자신의 주장을 접고 상대방을 세워 주는 것, 그리고 사랑하고 포용하고 이해하는 것, 이것이 하나님의 일이 될 수 있습니다.

둘째 : 주의 일을 하는 방법

1. 주의 일은 지혜롭게 하여야 합니다.

다 같은 일일이라 할지라도 미련하게 하여 일을 그르치는 경우가 있고 지혜롭게하여 아름답게 열매를 맺게도 합니다.

"다윗이 그의 모든 일을 지혜롭게 행하니라 여호와께서 그와 함께 계시느니라."(삼상 18:14)

다윗이 자기를 죽이려는 원수가 엔게디 굴에서 옷깃만 베고서 그냥 둔 것이나, 자신을 잡으려고 추격하던 왕이 곤히 잠들어 있을 때 물병만 가져오고 해하지 않는 것은 전술 전략적인 측면에서 어리석게 보이지만 하나님이 보실 때 지혜로운 사람으로 보는 것입니다.

보복의 기회도 다 버리고 오직 우직하게 하나님의 말씀만 의지하는 모습을 볼 수 있습니다.

자기를 미워하는 사람은 미워하지 않습니다. 자신을 죽이려고 음모하고 살인 미수에 그친 그 사람에게도 원한을 품지 않습니다.

2. 엿새 동안 부지런히 일해야 합니다.

엿새를 부지런히 일하는 사람은 이레 날은 쉴 수 있고 거룩하게 보낼 수 있습니다.

"엿새 동안은 힘써 네 모든 일을 행할 것이나"(신 5:13)

3. 무슨 일을 하던지 전심전력을 다 해야 합니다.

"무슨 일을 하든지 마음을 다하여 주께 하듯 하고 사람에게 하듯 하지 말라."(골 3:23)

주의 일은 마음을 다 쏟지 아니하고는 그 일을 할 수가 없습니다.

큰 일이든 작은 일이든, 어려운 일이든 쉬운 일이든, 전심 전력을 기울여야 합니다.

4. 자신이 친히 일을 하여야 합니다.

우리가 무슨 일이든 자신이 직접 하지 않고는 그 일에 대한 진수를 맛 볼 수 없으면(낚시, 야구의 홈런 등) 손맛을 보지 않은 사람은 모른다는 것입니다. 주의 일도 봉사도, 헌금도, 기도도, 은혜도 그 맛을 본 사람들이 사모합니다.

"또 너희에게 명한 것이 조용히 자기 일을 하고 너희 손으로 일하기를 힘쓰라."(살전 4:11)

예배, 기도, 봉사, 헌신, 전도, 구제, 사랑도 자기 스스로 손수 직접 하여야 합니다.

셋째 : 주의 일을 하고 난 다음은

1. 모든 일에 복을 주십니다.

"여호와께서 너를 위하여 하늘의 아름다운 보고를 열으사 네 땅에 때를 따라 비를 내리시고 네 손으로 하는 모든 일에 복을 주시리니…"(신 28:12)

2. 일한대로 갚아 주십니다.

"그가 일한대로 갚고 그가 행한대로 갚으리라…"(렘 50:29)

3. 행한 일로 인하여 인정을 받습니다.

사람이 그 하는 일을 보고 인정을 하게 된다.

"…그 행한 일로 인하여 옳다함을 얻느니라."(마 11:19)

우리가 주의 일을 하게 되면 우리 하나님께서 은혜로 갚아 주심을 우리 경험 할 수 있습니다. 이런 주의 일들을 함으로 인하여 행복하여 지시는 길신의 가족들이 되실 수 있기를 간절히 축원합니다.

(2011. 2. 27)

에베소 교회

계 2:1-7

　요한 계시록에 소 아시아의 일곱 교회 에베소, 서머나, 버가모, 두아디라, 사데, 빌라델비아, 라오디게아가 차례로 나오는데, 가장 먼저 나온 교회가 에베소 교회이며, 바울은 에베소 지역을 전도하여 교회를 세웠지만 그 교회를 소중하게 여겨서 옥중에 갇혀 있으면서 서신을 보내며, 교회의 귀중함 소중성을 에베소 교회 교우들에게 편지를 쓴 것이 에베소서가 됩니다.

　바울은 그리스도의 몸인 교회를 우리 그리스도인들이 어떤 자세로 섬겨야 하는지를 부탁한 내용이 바로 에베소 교회의 교우들이였습니다. 물론 교회마다 다양한 특성이 있고 주님의 책망과 칭송도 다른 것을 볼 수 있습니다.

　그리고 소 아시아의 이 일곱 교회는 요한 시대의 그 지역을 국한 하거나, 그 시대의 역사를 익히 말하는 것이 아니라, 지상의 다양한 교회 상을 시대를 초월한 사건으로 바라보면서 오늘의 우리들의 옷깃을 여미는 말씀이 되었으면 합니다.

이는 지상의 다양한 교회를 그대로 표현 한 것이며, 모든 교회가 하나 같이 동일한 것이 아니라, 다양성 가운데 통일성을 가지며, 통전적인 목표로 하고 나아가는 것입니다.

그리고 이는 교회의 규격적이나 외형적으로 일체와 단합을 의미하는 것이 아니라, 너와 나, 우리와 당신 간에 독특하면서도 조화를 이루고 삶의 큰 그림을 자신의 자리에서 그려서 생의 화폭을 만들어가는 것입니다.

그래서 우리는 오늘에 있는 말씀을 살펴보면서 우리 교회와 자신을 신앙의 보폭을 조절하여서 너무 급하게 가면 넘어지기 쉽고 너무 느리면 낙오 될 위험성도 오기 때문에 누구보다도 자신은 자기보다 더 잘 아는 사람은 세상에 없기 때문입니다.

오늘 본문에서 나오는 일곱 교회는 금번 제2차 길신교회 성지순례단이 가서 순례한 여정입니다. 터어키(밀레도)지방이며 기독교의 유적도 작지 않지만 아데미 신전이라 든지, 아폴로 신전, 파르테논 신전, 우상의 종교가 활개를 치던 지역에 하나님의 역사가 강력하게 나타 난 것을 볼 수 있습니다.

특별히 사도바울이 전도한 교회가 터어키에 많으며, 에베소 교회는 바울이 심열을 기우렸던 교회 중의 하나입니다.

"그러므로 여러분이 일깨어 내가 삼 년이나 밤낮 쉬지 않고 눈물로 각 사람을 훈계하던 것을 기억하라."(행 20:31)

에베소 교회 장로들에게 마지막 고별 설교는 참으로 명 설교로 후대에 전해지고 있습니다.

24절 **"내가 달려 갈 길과 주 예수께 받은 사명 곧 하나님의 은혜의**

복음을 증언하는 일을 마치려 함에는 나의 생명조차 조금도 귀한 것으로 여기지 아니 하노라.”라고 하였습니다.

25절 “…이제는 여러분이 다 내 얼굴을 다시 보지 못 할 줄 아노라”라고 하였습니다.

얼마 전에 미국 계시는 신예선 권사님이 목사님 제가 살아서 한국 못 갈 것 같고, 김진향 권사님, 이순환 권사님, 최문정 권사님, 길신교회 교우들도 못 뵈올 것 같다면서 흐느끼는 전화를 받고 나니 마음이 얼마나 짠한지 지금도 잊을 수 없습니다.

바울 고별 설교에서 잊을 수 없는 대목이 있습니다.

35절 “범사에 여러분에게 모본을 보여 준바와 같이 수고하여 약한 사람들을 돕고 주 예수께서 친히 말씀하신 바 주는 것이 받는 것보다 복이 있다하심을 기억하여야 할지니라.”라고 하였습니다.

에베소는 지형적으로 당시에 아시아 주의 수도이며 소아시아 지방에 정치, 경제, 교통, 무역, 문화 등의 각 방면의 중심지였다. 대륙의 배경으로는 에게해 바다를 접하고 있으며, 카이스텔 강변에 자리를 잡아서 “아시아의 빛이라,” 일컬었습니다.

에베소는 파묵갈래 라는 온천 지역과 접해 있고 파묵갈래는 목화성이라고도 하는데 그곳의 석회석 마치 흰 목화와 같고 실제적으로 그 지역에 목화를 많이 재배하고 있었습니다.

에베소 교회는 주후 430년 경에 300명의 대표들이 모여 종교 회의를 열었고 마리아를 성모로 결의 하였고 니케아 신조를 확인한 종교 회의가 열린 곳이기도 하다. 물론 지금은 기둥 몇 개가 서 있고 다 무너진 돌무더기로 방치된 상태입니다.

이 교회 소아시아의 일곱 교회 가운데 가장 중심적인 교회이며, 사도바울이 전도 가운데 가장 오래 머물던 교회였습니다.

그런데 이 교회에 대하여 주님께서는 칭찬 할 사항과 책망 할 것이 무엇인지 살피고 그 칭찬과 책망을 오늘의 우리의 교훈으로 삼아야하겠습니다.

오늘 날 우리들이 유념하여야 것은 칭찬의 말을 들을 때 교만하지 말아야 하고, 오히려 더 겸손하고 낮추는 자세가 필요하고 책망을 받을 때 변명하거나 회피하거나 싫어하거나 미워하지 말고 그 내용을 새겨듣고 과감하게 고쳐나가는 사람을 하나님이 축복하십니다.

이 에베소 교회가 중심 교회가 될 수 있었던 것은 믿음의 부부 브리스길라와 아굴라의 헌신적인 도움과 바울이 아들처럼 사랑했던 디모데의 힘이 합해져서 에베소 전도의 많은 결실을 가져 온 곳입니다.

첫째 : 주님은 다 아십니다.

말 못해도, 억울한 것도, 비밀도, 칭찬할 것도, 책망할 것도, 기쁨도, 슬픔도, 주님은 다 아십니다. 내가 내 자신이 모르는 것까지 우리 주님은 다 알고 계십니다.

본문 2절 **"내가 네 행위와 수고와 네 인내를 알고…"**라고 하였습니다. 여기에 행위라는 것은 믿음의 행위를 뜻하는 것이며, 수고는 사랑의 수고를 의미하며, 인내는 소망의 인내를 말하는 것입니다.

믿음의 행위(실천), 사랑의 수고(희생과 책임), 소망의 인내(하늘의, 바라는 것들의 실상) 이것이 신앙인의 덕목입니다.

여러분, 우리 생각하여 보자구요, 믿음이 열심인데 행함(실천)이 없다면 그 믿음이 온전할 수가 없고, 사랑은 강조하고 목청을 높이면서 수고와 희생과 책임을 회피 한다면 그것은 온전한 사랑일 수가 없는 것입니다.

하늘의 소망을 두고 이 땅의 것으로 혈안이 되어 있으면 그 소망은 진정한 소망 일 수가 없는 것입니다.

둘째 : 에베소 교회의 칭찬.

1. 분명한 것은 우리 주님께서는 성도들의 행위와 수고와 소망을 다 알고 계시고 헤아려주십니다.

억울하다고 생각 하시는 분, 자신의 속마음을 몰라준다고 생각 드시는 분들이여 오른 손에 일곱별을 잡으시고 일곱 촛대(교회) 사이 다니시는 주님께서 우리의 모든 것은 다 알고 계십니다.

우리의 행위와 수고와 인내 참는 것, 사람은 몰라줘도 우리 주님은 다 아십니다.

에베소 교회 성도들의 잘 하는 것, 칭찬의 대상도 잘 알고 계십니다. 전도를 하고, 선교를 하고, 봉사를 하고, 희생을 하는 것, 하나님은 다 잘 아십니다. 그런 하나님이 계시므로 인간적으로 억울하고, 분하고, 모욕을 당하고, 고난을 당하고 손해를 보아도 우리는 견딜 수가 있는 것입니다.

2. 악한 자들을 용납지 아니한 것을 칭찬함.

어느 시대이든 악한 자는 있기 마련인데 그러한 자들을 용납지 아니한 것이라고 하였습니다. 악은 마귀와 함께 궤를 같이 하며 인류의 기원과 더불어 악한 자들은 있어 왔기에 악중에서 가장 무서운 악은 하나님을 믿지 못하는 악이 인류의 모든 불행의 시작이고, 그것이 곧 멸망의 끝자락이라 할 수 있습니다. 의심과 불신이 믿음의 가정에 또아리를 틀게 되면 영적 패가(敗家)망신이 되고 맙니다.

3. 자칭 사도(사이비) 거짓된 것(이단) 분별하여 공개하는 것.

당시의 사이비와 이단을 가려서 내어서 공개를 하여서 현혹 되지 않게 하는 것 등은 참으로 분별력 있는 중심적인 역할이고 그 시대의 대표적인 교회입니다.

여러분, 우리 교회에 계단이나 출입구에 보시면 "신천지(이단) 인의 출입을 금함" 그리고 이를 위반 시 법적인 책임을 묻겠음, ○년 ○월 ○○일 길신교회. 라고 하였습니다. 이 같은 공고는 추후에 법적인 문제 발생 시 우리 교회의 입장을 밝히므로 책임을 물을 수 있는 공고라고 합니다.

그들은 제게도 면담 수차 요구를 하였는데 사무실에서 여러 번 돌려보냈다고 보고를 받았습니다. 그러므로 상담을 하거나 만남이나 대화의 빌미를 제공하면 안 됩니다. 분명하고 단호하게 끊어야 합니다.

이단이나 범죄에 후하게 대하거나 동정을 하게 되면 자칫 동일한 무리로 오해를 받을 수 있기 때문에 단호하게 대처를 하여야 합니다.

4. 참고 주님의 이름을 위하여 견디고 게으르지 아니한 것을 칭찬 합니다.

"견디고" 이 한 마디는 당시의 교회가 신앙인의 많은 핍박을 당하고 불이익을 당하고 부당한 대우를 당한 것을 한 마디로 말해줍니다.

신앙인이, 믿음이 좋은 분들이, 부당한 대우를 받거나, 불이익을 당하는 경우가 비일비재 합니다.

그리스도인으로 정당한 평가를 받지 못하거나 여론에 밀려서 평가의 절하의 하대를 받는 경우도 많고 상대적 상실감을 가지게도 합니다. 게으르지 아니함은 에베소 교회 성도들이 부지런하고 노력형의 사람들임을 뜻합니다.

에베소 교회는 믿음의 행위가 있고, 신앙의 본분을 바로 감당 하면서 영적 식별력이 있으면서 주의 이름을 위하여서는 무던히도 견디는 인내력을 갖춘 교회입니다.

셋째 : 에베소 교회의 단점(책망)

4절 **"그러나 너를 책망할 것이 있나니 너희 처음 사랑을 버렸느니라."**라고 하였습니다.

많은 장점을 가지고 있고 상당한 칭찬을 받았지만 그렇다고 책망의 대상조차도 무마가 되는 것은 아니었음을 볼 수 있습니다.

첫사랑을 져버렸다는 말은 오늘날 기성 교회가 역사와 전통을 앞세우는 교회가 흔히 범할 수 있는 첫사랑이 퇴색이 되고 초심을 잃어버리는 경우를 의미하는 것입니다.

그렇습니다. 신앙생활 처음 할 때의 그 감격, 교회가 갓 조직이 되어 서로가 부둥켜 안고 기도하며, 상부상조하던 개척 초기의 사랑을,

처음 은혜를 받고 기도생활을 하던 그 열심이 나 자신도 모르는 사이에 식어지고, 떨어지는 경우가 수 없이 많습니다.

"불법이 성함으로 많은 사람의 사랑이 식어지느니라."(마 24:12)

불법이 성행하여서 순수하고 올곧게 살려는 사람들에게는 불편하기 짝이 없는 세상이 오늘 저와 여러분들이 살고 있는 이 시대라는 것입니다.

30여년 가까이 중고등 학교에서 교편을 잡으신 분의 이야기가 학생들을 가르치기에 지금처럼 어려운 때는 없었다고 합니다. 학생의 인권은 점점 존중이 되고 있지만. 교단에서 가르치시는 선생님들의 교권은 더 떨어질려야 떨어질 수 없는 바닥에 떨어졌다고 합니다.

에베소 교회는 행함이 있고, 사랑의 수고를 아끼지 않고 잘 참으면서 악한 자들을 용납하지 않고, 이단을 분별 할 줄 알고. 잘 견디고 게으르지 아니한 칭찬을 받은 에베소 교회 성도들에게

책망의 말도 아끼지 아니합니다. 처음 사랑을 잃어버린 것에 대한 책망을 주저하지 않는 것입니다.

본문 5절 **"그러므로 어디서 떨어졌는지를 생각하고 회개하여 처음 행위를 가지라 만일 그리하지 아니하고 회개하지 아니하면 내가 네게 가서 네 촛대를 그 자리에서 옮기리라."**라고 하였습니다.

이는 교회를 옮긴다는 뜻인데 성령이 떠난다는 의미이며 신앙인의 특권을 부여 할 수 없다는 말씀입니다.

포도나무의 줄기에서 그 가지가 베임을 당한다는 뜻입니다.

우리는 유념을 하여야 할 것은 백 가지의 칭찬을 들어도 한가지의 책망을 고쳐 나가는 것이 우리의 신앙입니다. 믿음은 우리의 자랑을 극대화 하는 것이 아니라 우리의 부족을 채워 나가고 고쳐가는 것입니다.

믿음의 사람들이 다방면으로 유능하게 잘하고 있어도, 사소하고 한 가지 잘못한 것에 발목이 잡히는 경우가 있어서 그르치는 경우가 있

습니다.

에베소 교회에 대한 책망이나, 하나님의 단호한 어조는 오늘 우리들에게 시사 하시는 바가 크다고 할 수 있겠습니다. 그러나 우리 그리스도인들에게 남다르게 한 가지 주어진 특권이 있다고 한다면 그것은 바로 "회개"입니다.

우리가 주 예수 그리스도의 이름으로 회개하면 주는 높은 곳 하늘에서 들으시고 우리의 죄가 주홍 같을지라도 눈과 같이 희어 질 것이요 진홍 같이 붉을지라도 양털 같이 되리라. 라고 하였습니다.

첫사랑을 회복하지 못한 에베소 교회는 폐허가 된 빈터에 무너진 돌조각만 뒹구른 뿐, 믿음의 행위도, 사랑의 수고도, 소망의 인내도 찾아 볼 길이 없듯이, 우리 그리스도인들이 첫사랑, 사랑을 잃으면 돌무더기가 되어 폐허가 된 에베소 교회와 다를 바가 없게 될 것입니다.

내게 잃어버린 한 가지는 무엇이 있는지 자신의 지나온 자취를 더듬어 보면서 첫사랑, 첫 열심, 은혜를 사모하면서 오늘의 자신의 부족을 채워서 보다 더 아름다운 내일을 몸으로 담아내는 아름다운 모습으로 바꾸어 놓는 역사가 은혜를 받은 우리들로서 이루어 나갈 수 있기를 간절히 기도합니다.

우리는 이 시대의 에베소 교인으로서 일어버린 첫사랑을 회복하는 역사가 있어지기를 주 예수의 이름으로 축복합니다.

(2011. 3. 6)

눈물의 복음(福音)

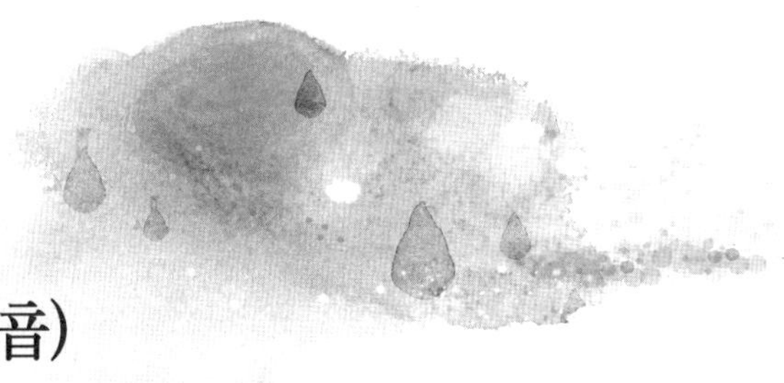

행 20:17-35

우리가 살아가는 세상에서는 눈물이 없고, 아픔도 없고 고통도 모르는 세상에서 살아가고 싶은 것이 우리들의 마음입니다. 그러나 눈물이라고 하여서 무조건 슬픈 것이나 고통이나, 불행은 아닙니다.

눈물의 진실성과 눈물의 감동과 눈물의 마음의 다짐은 그 어떤 것도 대신 할 수 없는 호소력이 있고, 우리의 마음의 근본을 바꾸어 놓는 역사를 일으킬 수가 있는 것입니다.

아마 현대들이 눈물을 흘리고 눈물을 훔칠 수 있는 유일한 곳이 있다면 그 곳은 우리들의 마음을 쏟고, 주님을 섬기고 있는 교회라고 할 수가 있을 것입니다. 그리고 교회에서도 자신을 살펴보면 마음을 쏟고 눈물을 흐리면서 자신의 돌아 볼 수 있는 기회는 바로 기도하는 그 시간이라고 할 수 있습니다.

우리가 다른 곳에서 눈물을 보이거나 울면 때로는 부끄럽고 쪽 팔리고 그리고 자존심 때문에 전혀 스스로 자중을 하는 경우가 많지만 그러나 내가 혼자서 교회의 바닥을 적시면서 밤을 새우는 기도를 하거나 새벽 제단에 나와서 기도하면서 눈물을 닦아 내며 하나님께서 그 기도를 드릴 때, 하나님께서 그 기도를 들으시고 문제를 해결하여 주시는 응답을 받은 경우가 한 두 번이 아닙니다.

그런데 이 같은 내적으로 자기반성이나 깨달으므로 흘리는 눈물은 참으로 소중하고 자신의 인생의 향방을 바꾸어 놓는 엄청난 변화와 열매를 기대 할 수 있는 것입니다.

그렇지 못하고 예기치 못한 일들로 인하여 눈물을 흘려야 하는 경우가 우리를 우울하게 만들고, 삶의 의욕을 상실케 하는 경우가 우리들의 주변에서는 다반사로 일어나고 있습니다.

우리는 세계의 어느 민족보다도 더 아픈 눈물율 흘려야 되는 경우가 대한민국 국민들에게는 너무나 많습니다.

채 일년도(2010, 3, 26) 천안함 사건으로 46명의 우리의 아들을 보내면서 온 국민이 눈물을 흘려야 했고, 연평도 포격 사건(2011년 11월 23일 오후 2시 30분)으로 다시 가슴을 쓸어 내려야 했고,

그 충격도 가시기 전에 11월 말 경에는 구제역이 발병하여 소와 돼지 등의 370만 두를 땅에 묻어야 했고, 묻고 난 다음에는 살처분의 동물의 침출수 때문에 전전 긍긍하는데,

조류 독감으로 많은 어려움을 당하는데 6여년 전에는 인도네시아 쓰나미로 22만의 생명이 앗기고, 아이티의 지진, 아이랜드 화산 폭발, 뉴질랜도 크라이 처치 지진. 일본 센다이 8,8의 강진이 발생하였고, 참으로 우리들의 눈물을 흘리게 되는 것은 이 지구촌의 재앙이 아닐 수 없으며 이는 비극 중에 너무나 큰 비극입니다.

갖가지의 사연의 눈물이 있습니다.

저는 지난 2월 마지막 주간에는 우리가 지원하는 뉴질랜도 장철호

선교사에게 안부 전화를 하니 장선교사님이 선교하는 곳은 지진 발생한 지역에서 자동차로 3시간의 거리가 있기 때문에 무사 하다는 소식을 받게 되었고.

어제 토요일에는 우리가 후원하고 있는 일본의 이성우 선교사님에게 안부 전화를 하였더니 오사카는 리터 규모 3정도이므로 아무런 피해가 없다는 말을 들었습니다. 그러나 사도바울의 눈물은 복음에 담긴 눈물, 영혼 구원 열정 눈물을 우리는 본문에서 볼 수 있습니다.

그러면 사도 바울의 눈물의 복음이란 무엇인지 우리는 그것을 알고, 믿고, 그리고 지켜야 할 것을 의미합니다.

바울의 생애를 살펴보면서 하나님의 복음을 증거 하는데 어느 한 가지 특정한 것으로 전도자의 사역을 감당하는 것이 아니라, 숱한 시련과 고난 속에서 그가 가진 생의 목표는 내가 어떻게 하면 하나님의 복음으로 뭇 영혼들을 구원할 수가 있을까 하는 마음이 그의 삶의 열정이고 오직 목표였습니다.

자신의 과거의 삶도, 현재의 목적도, 비난도, 갖가지의 수모와 굴욕도, 오직 한 가지만을 위하여 참으며 견디면서 살아왔던 사람이 하나님의 사람, 바울의 생애였다고 한마디로 표현 할수 있을 것입니다.

감격과 감동의 현장에서는 있는 이들의 눈에는 눈물이 흥건이 고여 있는 분들을 우리는 쉽게 발견 할 수가 있습니다.

오늘 성도들에게도 바울의 눈물과 같은 그런 눈물로 기도하는 가운데 주님의 은혜를 감격 하면서 흘리는 회수가 많아지는 성도가 있다면 그는 분명히 은혜를 받으신 분일 것입니다. 그리고 그러신 분들이 그 수를 더하여 간다면 이는 참으로 아름다운 믿음의 마을을 일구어 나갈 것입니다.

저는 새벽으로 자신을 위하여 기도 하다가, 성도 여러분들을 위하여 기도하다가 보면 눈물을 주체하지 못 할 정도의 흘릴 때가 있습니다. 그래서 새벽 기도 할 때는 티슈와 휴지통을 옆에 둡니다.

기계가 돌아가는 데 윤활유가 쳐야 하듯이 우리들의 정서에는 눈물의 윤활유가 쳐져야 자신도 바로 바라보고 상대방도 이해를 하며 믿음의 격조 높은 삶을 추구할 수 있게 됩니다.

그리고 여러분들이여 눈물이란 참으로 이상합니다.

내가 눈물을 흘리고 싶다고 눈물이 나는 것도 아니며, 흐르는 눈물을 참아야 된다고 하여서 눈물을 감출 수 있는 것이 아니더라구요.

그래서 때로는 눈물을 보이면서 부끄러울 때도 있고, 쪽 팔릴 때도 더러는 있습니다.

눈물은 무조건 선한 것도 아니며 또 한 악한 것도 아닙니다.

눈물은 슬픈 것이나 괴로운 것만도 아닙니다. 그러나 분명한 것은 눈물은 진실한 것이며 감동과 감격을 주는 것임에는 어느 누구도 부인 할 수 없습니다.

첫째 : 성도는 눈물의 기도가 있어야 합니다.

기도 안하는 사람은 없고 기도를 싫다는 사람도 없습니다. 그러나 기도가 얼마나 진지하고 진실하며 그리고 눈물 젖은 기도냐에 따라서 다를 수 있습니다.

다 같은 기도를 하여도 눈물에 저미어 있는 가슴에 담겨진 기도를 우리의 입으로 옮겨 낼 때 신금을 울리게 되는 것을 볼 수 있습니다.

푸쉬킨의 말처럼 눈물 젖은 빵을 먹어보지 못한 사람은 인생의 맛을 모른다고 하였듯이 여러분 눈물에 젖은 기도를 해보지 않는 사람은 기도의 맛을 모르는 것입니다.

저는 요즘 기도를 하면 눈물이 왜 이렇게 많이 나는지 주체 할 수 없을 정도로 눈물이 나고, 마음이 짠해지는 경우가 너무나 많습니다.

제가 장로님들의 이름을 일일이 불러 가면서 기도하는데 눈물이 나요. 안수 집사님들 한 사람 한 사람 불러 가면서 기도 하는데 왜 눈물이 그렇게 나는지 모르겠습니다.

우리 권사님들 시무 20명, 그 외 8명 30분의 권사님들!

권사님들! 장로님들! 집사님들! 여러분들의 기도가 목회의 동력이며 은혜의 에너지이며 부흥의 핵이라 할 수 있습니다.

눈물은 사람에게도 호소력이 있고 감동을 주듯이 눈물의 기도는 하늘 보좌를 움직입니다. 하나님께서도 네 눈물을 보았노라고 하셨습니다.

서 6:6 **"내가 탄식함으로 피곤하여 밤마다 눈물로 내 침상을 띄우며 내요를 적시나이다."**라고 하였습니다.

다윗은 자신의 과오를 뉘우치면서 회개의 기도를 밤마다 눈물로 기도 하였다는 것입니다. 죄가 얼마나 무서운 것인지 회개가 얼마나 힘든 것인지 회개 하여 본 사람만이 알 수 있습니다.

"악을 행하는 너희는 다 나를 떠나라 여호와께서 내 울음소리를 들으셨도다."(시 6:8)

"너는 돌아가서 내 백성의 주권자 히스기야에게 이르기를 왕의 조상 다윗의 하나님 여호와의 말씀이 내가 네 기도를 들었고 네 눈물을 보았노라 내가 너를 낫게 하리니 네가 삼 일만에 여호와의 전에 올라가겠고"(왕하 20:5)

히스기야가 언제든 기도하지 않았겠습니까? 만은 그러나 하나님은 히스기야의 눈물의 기도에 들으셨고 그는 죽을병에서 나음을 받아 삼 일 만에 성전에 올라갈 정도로 건강을 회복시키시는 역사를 이루셨습니다.

지금은 기도도 전에 보다는 간절하지 못 한 반면에 더욱이 눈물의 기도는 더더욱 드물다는 것을 우리는 솔직히 시인하지 않을 수 없습니다.

둘째 : 고난을 동반한 눈물의 복음

복음의 핵심에는 십자가가 있듯이 복음 전도의 구원의 복음의 그 중심에는 고난이라는 희생이라는 매개체를 통하여 복음이 인생의 마른 가슴에 녹아내리게 하는 것입니다.

여러분, 바울에 비하면 아무것도 아니지만 수백 명의 교인들을 두고 목회를 하여도 목회자의 눈물이 마르게, 안일하게, 적당하게 목회하도록 하나님께서 그렇게 버려두지 않으신다는 것을 느끼게 하는 경우가 많습니다. 꼭 가슴을 안고 기도하게 하시는 하나님의 섭리를 민감하게 느낄 때가 많습니다.

19절 **"곧 모든 겸손과 눈물이며 유대인의 간계로 말미암아 당한 시험을 참고 주를 섬긴 것과."**라고 하였습니다.

겸손, 눈물, 시험이 동반한 전도자의 온 몸으로 담아내고 겪어야 하는 것이기 때문에 복음 자체도 눈물을 동반하고 있지만 그 복음을 전하는 과정 가운데서도 눈물 젖은 전도자가 되어야 한다는 것을 의미하는 것입니다.

"울며 씨를 뿌리러 나가는 자는 반드시 기쁨으로 그 곡식 단을 가지고 들어오리라."(시 126:6)

복음의 전파는 가장 수월하고 기분 좋게 전 할 수 있는 복음이 아니라는 것을 이미 성경은 우리에게 말씀을 하여 주시고 있는 것입니다.
때로는 돈을 투자를 하여도 눈물은 투자하지 않으려고 합니다.
물질은 동원하여도 자신의 희생은 좀처럼 지불하기를 싫어합니다.
전도가 쉽게 농담처럼 장난처럼 되는 것은 아닙니다.
어렵데 힘들게 뜸을 드려 전도하여도 상대방은 농담처럼 여기는 경우가 많습니다.

"롯이 나가서 그 딸들과 결혼 할 사위들에게 말하여 이르기를 여호와께서 이 성을 멸하실 터이니 너희는 일어나 이곳에서 떠나라 하되 그의 사위들은 농담으로 여겼더라."(창 19:14)

바울은 자신이 전도 할 친족이나 혈육을 위하여서는 자신이 비록 버림을 당할지라도 그들의 구원을 원하는 바라고 하였습니다.

"내가 그리스도 안에서 참 말을 하고 거짓말을 아니 하노라 나에게는 큰 근심이 있는 것과 마음에 그치지 않는 고통이 있는 것을 내 양심이 성령 안에서 나와 더불어 증언하노니 나의 형제 곧 골육지친을 위하여 내 자신이 저주를 받아 그리스도에게서 끊어질지라도 원하는 바로다."(롬 9:1–3)

전도가 복음 전파가 눈물과 희생과 자기 자신의 지불이 없이는 불가능하다는 사실을 우리들에게 자명하게 밝혀 주는 대목이라고 할 수 있습니다.

여러분, 전도가 참으로 쉽지 않습니다. 우리 교회 권사님들 남편 중에 30 여년 이상 기도하면서 구원 받기를 원하고 있는데 아직도 그 마음이 움직이지 않는 분이 5, 6명이 계십니다.

전도가 이렇게도 어렵고. 그 마음을 움직이기가 쉽지 않는 것입니다. 그런데 이 복음 전도를 하는 것 때문에 전도자는 많은 불이익을 당해야 함을 우리는 잊어서는 아니 될 것입니다.

심지어는 23절 **"오직 성령이 각성에서 내개 증언하여 결박과 환난이 나를 기다린다 하시나."**라고 하였습니다.

전도는 상이나 격려는 고사하고, 전도한 이유로 결박과 환난이 기다리고 있다는 것입니다.

그런 가운데도 바울의 각오는 너무나 확고합니다.

24절 **"내가 달려 갈 갈과 주 예수께 받은 사명 곧 하나님의 은혜의 복음을 증거 하는 일을 마치려 함에는 나의 생명조차도 조금도 귀한 것으로 여기지 아니하노라."** 라고 하였습니다.

여러분, 자신의 생명을 담보한 각오는 굉장한 역사를 이루는 것을 볼 수 있습니다.

셋째 : 눈물의 사람을 찾으십니다.

이는 눈물이 있는 사람이라 하여 시도 때도 없이 징징 짜며 살라는 말은 아닙니다.

아니면 늘 어두운 얼굴로 슬픈 기색을 띠면서 비관적으로 살아야 한다는 것도 아닙니다. 그러므로 우리 주님께서 눈물이 있는 사람들 찾으시는 것입니다.

오늘 날 우리 주변에서는 서로 간에 물질은 나누어도, 마음은 서로 주고받지 못하는 경우가 참으로 많습니다.

눈물의 복음이란 복음을 전하는 자의 진정성이 있는 영혼의 구원의 열정이 뜨겁고 영적 생명의 부여를 위하여 자신의 몸의 일부분이라도 떼어 주고파하는 마음이 사람을 감동케 할 것입니다.

바울은 디모데를 생각 할 때 눈물이 있는 사람으로 언제나 생각하고 있었던 것입니다.

"네 눈물을 생각하여 너 보기를 원함은 내 기쁨이 가득하게하려 함이니."(딤후 1:4)

우리는 내 눈물이 젖은 기도를 하고, 눈물로 낮아진 겸손, 눈물과 정성이 담긴 봉사, 눈물로 젖셔진 복음전도, 눈물의 위로가 진정한 위로이며, 눈물에 젖은 사랑으로 상대방에게 전하고, 눈물의 수고로 이웃을 도울 때, 그 눈물이 능력이 되어 강퍅한 마음들을 녹이고 무관심하던 이들이 이웃들을 하늘을 보게 하고 십자가의 보혈의 수혜자가 되도록 하나님이 역사 하실 줄 믿습니다.

할렐루야 아멘.

(2011. 3. 13)

성숙한 그리스도인

이 땅에서 살아가는 사람들이 매사를 성숙하게 처리를 하게 되면 주변의 모든 이들의 마음이 편해지는 것을 볼 수 있습니다.

지금은 경험하기가 쉽지 않습니다 만은 우리가 어릴 적만 하더라도 농사가 기계화가 되지 않고 소를 가지고 농사를 지었습니다.

소가 밭이랑을 타는데 쟁기를 잡은 농군은 가만히 쟁기만 잡고 가면 밭이랑은 골이 타지고 각종의 씨앗을 뿌려서 파종을 하여 김을 매고 키워서 수확을 하게 됩니다. 그런데 밭을 가는 농부가 쟁기만 잡으면 되고 소가 다 끌어 주는 것을 보면 밭가는 것이 아주 쉬워 보입니다.

그런데 제가 고등학교 다닐 때 봄 방학이 되어서 그 쟁기를 잡아 보았는데 이는 장난이 아니었습니다. 얼마나 빠르고 금방 깊이 들어갔다가 금방 이랑을 탈선을 하고 갈피를 잡지 못하나 그러나 성숙한 농부의 손에 쟁기가 잡히니 밭고랑이 그냥 되는 것입니다.

사람에게 성숙하다는 것은 대단히 중요하며 인생을 성공적으로 동력이 되는 것입니다.

저는 금번 일본의 원전 사고 현장에서 죽음을 각오한 원전의 방사선 누출을 막으려는 결사대가 50명에서 181명으로 늘어났다는 일본인들을 보면서 새롭게 생각을 하여 보아야 할 것 은 그것이 일본의 저력이 아니겠는가 합니다.

우리가 세상을 살아가면서 서툴지 아니하고 그리고 낯설지 않으면서 서로 간에 친밀하면서도 부담감이 없는 관계를 형성하면서 신뢰와 사랑을 주고받느냐? 하는 것이 참으로 귀한 것입니다.

참으로 이상합니다. 수 십 년을 같은 일을 하여도 늘 서툴고 그리고 실수를 하고 시행착오를 범하는지 가만히 생각을 하여 보아도 잘 이해를 할 수 없습니다.

성경에서는 성숙하지 못한 미성숙한 성도를 표현을 하기를 젖먹이 아이로 말하십니다.

히 5:12-6:2의 말씀을 보면 **오랜 신앙인으로 선생이 될 터인데 아직도 가르침을 받아야 할 처지니 이는 단단한 음식을 목지 못하는 젖먹이 같으니 장성한 자는 선악을 분별할 줄 알고 그러므로 그리스도인의 초보를 버리고 회개와 믿음과 하나님의 심판 앞에 완전함을 인정받는 자리로 나가야 할 것입니다.**

그렇다면 여기에 말하는 완전함에는 이는 성숙한 수준 성도가 그리스도의 분량만큼 자라는 것입니다.

마치 어린아이가 자라나듯이 자라나야 합니다. 성숙이 되고 장성하여야 합니다. 집에 어린아이들을 키우면서 가끔은 섭섭할 마음이 들 때가 있는데 그것은 위험하다고 해롭다고 못하게 하면 할아버지 싫어, 할머니 싫어, 그 헌신적인 엄마 아빠도 싫어할 때입니다.

이것이 바로 어린아이 이고 우리 신앙인에게도 축복만 하면 좋아하고 지적을 하거나 잘 못 된 것을 말하면 자기를 미워하는 줄 알거나 싫어서 그런 줄로 오해를 합니다.

그래서 교회가 책망이나 징계를 못한지가 오래 되었습니다. 성숙한 신앙인이 못 될 때 인간의 소리가 나고 하나님의 영광을 드러내지 못합니다.

"그러므로 하늘에 계신 너희 아버지의 온전하심과 같이 너희도 온전하라."(마 5:48)

"나는 너희 하나님이 되려고 너희를 애급 땅에서 인도하여 낸 여호와라 내가 거룩하니 너희도 거룩할지어다."(레 11:45)

성숙한 신앙인으로 나아가는 것이 주님이 바라는 뜻이고 또 자연 법칙이기도 합니다. 만일에 우리 자녀들이 자라지 못하면 성장하지 않으면 부모의 걱정이 태산 같습니다.

마찬가지로 하나님께서도 우리 성도가 자라지 못하면 심히도 근심스러워 하실 것입니다.

본문 5절 **"사도들이 주께 여짜오되 우리에게 믿음을 더 하소서 하니."**라고 하였습니다.

이 말은 아직도 미숙한 신앙 상태에 있는 자신을 불쌍히 여겨서 성숙한 신앙인으로 거듭나기를 바라는 마음에서 믿음 더 하여 달라는 것입니다. 그리고 그 믿음은 어마어마한 큰 믿음을 달라는 것이 아니라 겨자씨 한 알만한 믿음을 달라는 것입니다.

첫째 : 내 자신은 신앙의 어느 단계인가?

남에 눈에 티는 보여도 자기의 눈에 들보가 보이지 않듯이 우리는 내 자신의 믿음의 단계나 수준이 어린아이 젖먹이는 면했다고 생각하는 지 아니면 아직도 초보에 있는지 객관적인 판단이 필요한 것입니다.

신앙의 초보는 그 첫 단계는 교회를 나온 지 얼마 안 되었거나 그리스도를 영접한지가 얼마 되지 아니한 상태를 의미하는 것입니다.

초보의 신앙인들은 점점 세월이 흘러 갈수록 자연히 성숙해 지기를 우리 주님은 바라십니다. 부모가 자녀가 성장 하듯이 동일한 심정일 것입니다.

"형제들아 내가 신령한 자들을 대함 같이 너희에게 말할 수 없어서 육신에 속한 자 곧 그리스도 안에서 어린아이들을 대함과 같이 하노라."(고전 3:1)

세상에서는 장성한 사람일지라도 그리스도 안에서는 어린아이와 같은 것입니다.

여러분, 우리들의 신앙 상태는 어떻습니까? 만일에 신앙의 연륜에 비하여 아직도 초보의 단계에 있다면 우리는 어떻게 하여야 할까요?

죠지 스위팅은 "성숙한 그리스도인이 되는 법"에서 그리스도인의 첫 단계에서는

1)자신의 죄인 됨을 깨닫고 고백하라

2)예수 그리스도가 나의 구주가 됨을 인정하라.

3)다른 사람들 앞에서 주님을 입으로 시인하라. 라고 하였습니다.

이렇게 믿고 시인하라는 것입니다.

교회 안에서 아무리 열심을 내고 큰 소리를 쳐도 교회 밖에 나가서 직장에서 생활 현장에서 시인하지 아니하면 믿음의 고백이 감추어지면 이는 마치 장롱 속 운전 면허증 같아서 아무런 쓸모가 없습니다.

장로도 집사도 권사도 목사도 자신의 믿음의 직분을 숨기고 감추려는 이들은 일단은 신앙적으로 요 주의 신자임을 알아야 합니다.

우리는 주님을 믿는 것을 자랑스럽게 생각을 하고 주님 믿는 것 때문에 불이익 당하거나 고난을 받는 것을 자랑으로 여길 줄 아는 자세가 참으로 중요합니다.

둘째 : 성숙한 신앙인이 되기 위하여 어떻게 해야 하는가?

1) 무엇보다도 좋은 것 잘 먹어야 합니다.

성장에는 무엇보다도 영향 공급을 잘 받아야 합니다.

사 55:2 **"…내게 듣고 들을 지어다 그리하면 너희가 좋은 것을 먹을 것이며 너희 자신들이 기름진 것으로 즐거움을 얻을 것이라."**라고 하였습니다.

우리가 영양을 공급 받아도 좋은 영양분을 섭취하여야 합니다.

이 세상에서 가장 최고의 영적 영양가는 바로 하나님의 말씀 즉 하나님의 메시지 주님의 말씀입니다.

주의 말씀은 진리이기 때문에 그 말씀을 공급을 받게 되면 참 하나님의 사람으로 거듭나게 될 것이며 그로 말미암아 거듭나고 가치관이 달라지고 삶의 목표가 바꾸어지고 땅만 보고 살던 사람이 하늘 보며 살아가게 되고 천국의 소망을 가지게 되는 것입니다.

교회에서 믿음의 사람들이 가장 행복하게 사는 방법은 말씀을 들으면서 은혜의 말씀을 읽으면서 기뻐하고 말씀을 마음에 품고 살아가는 성도가 가장 행복해지는 것입니다.

우리가 믿음의 생활에서 말씀의 영양소가 부족할 때 영적 영양실조에 걸릴 수가 있습니다.

그래서 한 주에 한 구절이라도 자신에게 주시는 하나님의 메시지로 알고 마음에 새기고 삶으로 담아내는 삶이 구현 될 수 있다면 이는 건강한 성도의 삶이 될 것입니다.

2) 기도 하여야 합니다.

기도는 영혼의 호흡이며 영적 날개이며 하늘과 땅을 잇는 가교이며 하나님을 만나는 통로이며 은혜를 공급을 받는 축복의 파이프입니다.

영적인 사람은 언제 어떻게 해서라도 기도하게 하신다는 사실을 여러분은 잊지 마시고 그렇게 특별한 요구를 받게 되는 사람은 틀림없이 구원의 백성이며 천국 시민입니다.

기도는 살아 있는 신앙의 증거이며 믿음의 능력의 동력이 바로 기도라는 사실을 우리는 결코 잊어서는 아니 됩니다. 그리스도인에게는 기도이상의 특권을 가지는 것은 없습니다.

밀가루 없이 빵을 만들지는 모르지만 기도 없이는 은혜 생활을 지속적으로 감당하지 못하게 되는 것입니다.

3)주님을 잘 증거해야 합니다.

때를 얻든지 못 얻던지 복음을 전파하여야 합니다. 가능한 한 언제 어디서든지 주님을 증거하여야 신앙이 성장하고 성숙한 신앙인이 될 수 있습니다.

복음증거 전도는 신앙인의 운동과 같습니다. 운동을 하지 아니하면 건강한 사람이 될 수 없듯이 할 수 만 있으면 부지런히 전도하면 성숙한 신앙인이 되는 것입니다.

4) 교회 회집에 잘 모여야 성숙한 사람이 될 수 있습니다.

열심히 교회에서 출석하는 사람이 대체로 건강한 믿음을 유지하고 있음을 우리는 볼 수 있습니다. 일찍 출석하던 사람이 늦게 오거나 앞자리에 앉던 사람이 뒷자리로 가거나 결석하지 않던 사람이 결석을 하게 되면 영적으로 변화가 있기 마련입니다.

"모이기를 폐하는 어떤 사람들의 습관과 같이 하지 말고 오직 권하여 그 날이 가까움을 볼수록 더욱 그리하자."(히 10:25)

우리가 조금만 부주의 하면 모이기를 폐하는 모이지 않는 습관을 따라가기가 일수입니다. 더욱 자신이 각성하여서 모이는데 열심히 있어야 우리 주님께서도 그러한 삶들에게 은혜를 주십니다.

셋째 : 성숙한 그리스도인은 어떤 이들인가?

"쪼가모도 도라지"라고 하는 훌륭한 일본 신자는 신앙인에게는 네 가지 유형의 단계가 있다고 하였습니다.

1. 자기는 자기를 위하여 예수를 믿는 단계이고
2. 다른 사람들을 위하여 예수를 믿는 단계이고
3. 하나님을 위해서 하나님의 영광을 위해서 예수를 믿는 단계이고
4. 마지막 최고의 단계는 나를 부인하고 주님의 종으로 섬기는 단계가 성숙한 그리스도인이라고 하였습니다.

그러므로 오늘 본문에서 사도들이 주님께 믿음을 더하여 달라고 말한 이후 주님이 생뚱한 종의 이야기가 왜 나오는지 우리는 알아야 합니다.

오늘 본문 7-10의 말씀은 **어느 가정의 종이, 들에서 나가서 밭을 갈거나 양을 치다가 집으로 돌아오면 앉아서 먹으라며 대접할 자가 있느냐?**

부엌에 들어가서 먹을 준비를 하고 띠를 띠고 주인이 먹고 마시는 동안에 수종을 들고 그리고 난 다음에 자기가 먹고 마시라 하지 않겠느냐는 것입니다.

종은 어디서도 대접을 받지 못하고 자기의 자신의 존재가 없는 자리이기 때문에 성숙된 고도의 신앙이 아니면 시험에 들지 않고 반감 없이 이 일을 하기가 어렵기 때문입니다.

그래서 신앙의 최고의 단계는 자신을 부인하고 주님의 종으로 기쁨으로 섬기는 것임을 성경에서 말씀하여 주시는 것입니다.

종이 되어도 자신의 존재가 전혀 부각 되지 않아도 자존심을 버리고 내 자신이 섬기는 사람으로 살아도 그것이 전혀 부끄럽지 아니하고 떳떳하게 여겨진다면 그 사람은 성숙한 신앙인이라 하여도 결코

과장 되지 않는 것입니다. 그래서 본문 10절 **"이와 같이 너희도 명령 받은 것을 다 행한 후에 이르기를 우리는 무익한 종이라 우리가 하여야 할 일을 한 것뿐이라 할지니라."**라고 하였습니다.

우리는 인사받기에 익숙해 있고 자신의 공로를 인정을 받아야 하는 속성을 가지고 있으며 칭찬을 받지 못하면 잘못한 것으로 간주를 하는 습성이 있습니다. 그래서 들어 주어야 하고, 받아 주어야 하고, 알아주어야 하고, 치켜세워 주어야 하고, 침이 마르도록 칭찬의 소리를 들어야 직성이 풀립니다. 그런데 오늘 말씀에서는 명령하신 것을 다 행한 후에도 나는 무익한 종이라 우리가 할 것을 한 것 밖에는 없다는 이러한 사람이 신앙인의 성숙한 증거라는 것입니다.

요약을 한다면 나는 신앙의 초보인가? 성숙한 성도안가?

1. 죄를 고백하고 예수님을 구주로 인정을 하고 타인들 앞에서 믿음을 시인하여야 하며

2. 성숙한 신앙인이 되는 길은 말씀을 잘 공급을 받아야 하고 기도하고 증거 하고 모든 집회에 잘 모여야 합니다.

3. 성숙한 신앙인 되는 4단계 – 처음은 자기를 위한 단계이고 그 다음은 남을 위한 단계이고, 셋째는 하나님의 영광을 위한 단계이고, 신앙인의 최고의 성숙한 단계는 나를 부인하고 주님의 종으로 섬기는 성숙한 신앙인의 증거가 됩니다.

눈앞에 있는 칭찬보다는 비록 인기가 없고 알아주지 않을지라도 종으로 섬겨도 마음이 상하지 주의 종으로 기쁨을 가질 수만 있다면 당신은 성숙한 신앙인 성도요, 집사요, 권사요, 장로요, 목사가 된 줄로 믿습니다.

(2011. 3. 20)

2부

평강이
너희 마음을
주장하게 하라

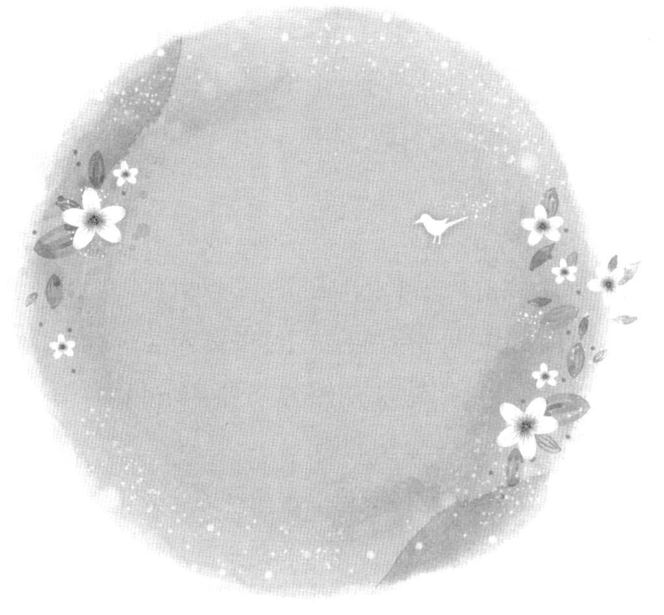

범사에 감사하라

살전 5:16-22

사람이 살아가는데 가장 행복감을 느낄 때는 감사한 때이고, 가장 살맛나는 세상을 사는 순간은 사랑할 때라고 하였습니다. 그러므로 감사와 사랑은 불가불의 관계이며, 어느 것도 떼 놓을 수 없는 것이며, 사랑이 감사이고, 감사한 마음이 또한 사랑이라는 것도 우리는 부인 할 수가 없습니다.

성지를 다녀온 현장에서 은혜를 받았던 것이 아직 식지 않고 따끈따끈한 메시지 중심으로 함께 은혜 받고자 합니다.

오늘 본문은 사도 바울이 데살로니가 교회 성도들에게 전하여주신 첫 번째 편지의 말미에 그 성도들에게 꼭 당부하여야 가장 중요한 것을 기록한 것임을 알 수 있습니다.

데살로니가는 금번 성지순례에 우리가 다녀온 곳이기도 합니다.

데살로니가(하나님의 승리)는 한 지역 명인데 데살로니가 옛명은 "데르마" 이름이었고, 요즘의 지명은 "살로니카" 인데 마게도니아의 중요 도시로서 이 도시를 처음 건설한 사람은 "카산더"로서 마게도냐 왕

필립의 딸이며 알렉산더의 누이였던 자기 아내 "데살로니가"의 이름을 따서 BC 3세기경에 건설한 도시입니다.

그런데 한 왕국이 들어선 곳이고 그 화려했던 옛 모습은 전혀 찾아볼 수가 없고 이제는 넓은 들판 황야에 읍 규모의 소도시의 형태를 띠고 그 이름을 유지 하고 있는 초라한 모습만 보일 뿐입니다.

무너진 성터와 흩어져 있는 돌덩이 외에는 아무것도 발견 할 수없는 항구 도시 데살로니가의 유적들은 찾는 이들의 마음을 너무나 허탈하게 하는 그 무엇으로도 매울 수가 없을 것 같았습니다.

사도 바울이 제2차 전도여행 시에 이곳에서 전도할 때 많은 사람들이 예수를 영접을 하고, 전도의 결과가 좋았지만 그러나 그를 반대하는 핍박도 만만치 않았습니다.

특별히 바울과 실라의 전도단에게 숙소를 제공하였던 야손의 가정은 큰 변을 당했고 당시의 교인들은 바울과 실라의 신변의 위협을 당할 것을 염려하여 그들을 밤중에 다른 곳으로 피신(베뢰아)을 시키기까지 하였습니다.

그런데 우리가 데살로니가가 우리의 이웃처럼 여기고 말하고 있지만 그러나 2천 여 년 전의 데살로니가는 그 왕성 하던 왕국은 온데 간데 없고, 황무지와 같은 벌판의 몇 조각의 부서진 돌을 가지고 그 시대를 유추하고, 수 천 년의 세월을 오늘의 이 시대로 이끌어내는 것은 결코 쉬운 일은 아니다. 그러나 데살로니가의 현지에서 지금도 확인할 수가 있고, 회당을 발견하고, 그 시대의 군중들이 운집하는 장소를 현장을 밟는 것은 감개가 무량하였습니다.

저는 무너진 성터, 폐허가 된 하나님의 성전, 거대한 우상의 신전 기둥이나 건물의 한 부분을 남겨 놓고 동서양의 사람들이 믿지 않는 사람들은 옛 유적의 관광으로, 우리 성도들은 성지 순례의 이름으로 수많은 발걸음을 이곳으로 향하게 하는 놀라운 역사의 흔적들은 우리들의 마음을 감동케 하는 순간이 한 두 번이 아니었습니다.

수 천 년 전의 기독교, 구약시대 신약시대의 신앙의 선진들의 발자취를 더듬으면서 얼마나 우리들의 마음을 뭉클하게 하고, 그곳에서 안내원의 설명을 듣고 기도 할 때, 우리 순례객들의 눈시울을 적시게 하는 경우가 한 두 번이 아니었습니다.

소아시아의 일곱 교회 에베소, 서머나, 버가모, 두아디라, 사데, 빌라델비아, 라오디게아, 일곱 교회를 차례로 돌아보고 파묵갈레의 타락한 온천 도시와 에베소의 항구 도시, 밀레도의 바울의 첫 발자취와 겐그리아의 항구에서 머리를 깎으면서 서원을 하고 아레오바고 언덕에서 철학자들과의 날카로운 논쟁을 벌인 곳과 고린도시와 교회가 섰던 폐허가 된 자리에서 우리는 얼마나 많은 실망을 했는지 모릅니다.

빌립보 지방의 빌립보 교회 바울과 실라가 갇혔던 빌립보의 감옥에서는 우리는 전율을 느낄 정도로 강한 감동을 받았다.

매를 맞고 착고를 하고, 감옥에 갇혀지만 밤중에 찬송을 부르고 기도 할 때, 옥 터가 흔들리고, 착고가 풀리고, 옥문이 열렸던 곳에서 우리들의 모든 것이 풀려지기를 원하면서 기도 하였을 큰 성령의 감동의 역사가 임했습니다.

그래서 우리는 "범사에 감사하자"는 것입니다.

누구나 느끼는 것입니다, 만은 우리가 외국 해외를 다녀오면 우리나라가 내 조국이 그렇게도 소중하고 우리에게는 귀한 것임을 새롭게 느낄 수 있습니다.

첫째 : 범사에 감사할 이유

오늘 본문 18절에서 "범사에 감사하라 이것이 그리스도 예수 안에서 너희를 향하신 하나님의 뜻이니라."라고 하였습니다.

우리가 예수 밖에서 불평을 하고 불만을 터뜨릴 수밖에 없는 것일지라도 예수 안에서 감사가 되고, 위로가 되고, 힘이 되고, 은혜가 되는 경우를 우리는 수 없이 자주 경험을 하게 되는 것입니다.

우리 그리스도인들은 믿음으로 주님의 은혜를 생각하면 환경이나 조건을 초월하여 감사하고 오히려 은혜가 되는 놀라운 역사가 일어나는 것을 우리는 볼 수 있습니다.

금번 성지 순례가 주일 밤 11시 55분에 이륙하는 비행기를 타기 위하여서는 자칫하면 주일 밤 예배를 제 시간에 드리지 못하고 당겨서 드리려고 하다가 다시 한 번 조율한 결과 주일 예배를 드리고 가는 것이 감사하였고, 인천공항에 가서 보니 도착하는 비행기가 연착을 해서 그 다음 날 새벽 1시에 출발을 하게 되어서 너무나 감사했습니다.

여러분, 우리나라에서 살게 되는 것을 감사하여야 겠습니다.

터키 이스탄불에 도착을 하니 급해서 화장실을 가도 돈을 주어야 하고, 식당에 가서 식사를 하고, 물을 마셔도 물 값을 별도로 지불을 하고 물을 마셔야 했습니다.

우기 철 한 육 개 월 동안은 비가 오다가 건기가 되면 전혀 비가 오지 않아서 식물이 마르고, 가축이 뜯어 먹을 풀이 없어서 쓸어 지는 그런 일이 다반사로 일어나고 있다는 것입니다.

돈을 주고 화장실을 가서도 악취가 나고 불결하기 짝이 없고 돈을 주고 물을 사먹어도 우리 물처럼 그렇게 물맛이 있지 못합니다.

도로 사정이나 교통질서를 보아도 우리나라는 수준이 다른 것을 볼수 있습니다. 즉 하나님이 주신 자연 환경으로도 다른 나라에 비하여서 얼마든지 감사 할 수 있는 조건들이 많습니다.

여러분, 터키에서는 새벽 다섯 시 만 되면 특유의 이슬람의 차임벨소리가 선잠을 깨우고 듣기가 얼마나 거북한지 모릅니다. 터키 같은경우에는 국민의 98%가 모슬렘이고, 기독교인들은 통합해서 4000명정도가 된다고 합니다.(이스탄불시 시민 1300만, 회교 사원 3000개)

모슬램에서 예수를 믿게 되면 그들이 불이익을 당해야하는 여러 가지가 있다고 합니다.

1) 어디서든지 취업이 불가능하다는 것입니다.

저들의 신분증에는 종교 란이 있는데 회교가 아닌 기독교인이라고하면 일단은 취업 면접부터가 불가능하다는 것입니다.

2) 개종을 하게 되면 가족에서 축출(가출)

가문을 욕되게 하는 사람으로 가정에 함께 살 수가 없다는 것입니다.

3) 그리스도인이 되려면 자기의 목숨을 비롯한 모든 것을 버려야 합니다.

가문과 국가를 배신자로서 언제든지 누구의 보복을 당할지 모르는위험을 안고 있다.

4) 정리 해고 1순위

비록 취업을 하였을지라도 정리 해고가 있다면 무조건 영 순위에 해당이 되는 것이 기독교인이라고 합니다.

그러기에 터키의 4000명의 기독교인은 대단한 것이라는 사실을 잊어서는 아니 된다는 것입니다.

둘째 : 성도가 감사하는 것이 하나님의 뜻입니다.

우리를 예수 믿게 하고 하나님의 구원 백성으로 선택하심은 하나님께 감사하고 우리들의 삶의 현장에서 감사의 전도자로 우리를 부르셨다는 하나님의 말씀을 우리는 묵과 할 수 없는 것입니다.

본문 16절 "… **그리스도 예수 안에서 너희를 향하신 하나님의 뜻이니라.**"라고 하였습니다.

이 말씀은 불평 할 일이 있어도 불만의 대상이 되어도 우리 그리스도인들은 그 가운데서라도 감사할 줄 아는 생활을 하는 우리를 그리스도인으로 삼으신 우리 하나님의 뜻이라는 것을 우리는 잊어서는 아니 됩니다.

일반 사람들이 감사하는 것, 세상 인들이 감사 할 대상은 누구나 할 수 있고, 아무나 할 수 있지만 범사에 감사하라는 말씀은 매사에 우리들의 모든 삶의 여건에서 감사할 줄 아는 사람이 되어야 할 것을 바울 사도는 데살로니가에서 믿음의 생활을 하는 이들에게 당부한 것은 오늘의 우리 그리스도인들에게도 함께 주시는 말씀으로 믿습니다.

때로는 슬픔이 있고, 또는 아픔이 있고, 고통을 동반한 삶이 있을지라도 그래도 나의 생활 현장에서 감사가 있을 때, 그것이 범사에 감사가 될 줄로 믿습니다.

금번에 성지순례를 하면서 마지막 날은 이스탄불 시내에서 하룻밤을 자게 되었는데 우리는 금번에 비행기에서 새벽을 보낸 것 외에는 매일 새벽 기도회를 했는데 참 은혜가 있었다. 그런데 그 날은 숙소에서 새벽기도회를 하되 찬송은 불러서는 안 된다는 주의를 받았다.

그래서 우리는 그날 새벽에는 찬송을 부르지 못하고, 성경을 읽고 낮은 음성으로 통성 기도를 하고 그리고 기도를 하였는데 그날따라 성지 순례를 와서 찬송을 부르지 못 한 억울함과 순례지 마다 감명 깊은 설명과 기도로 인하여 우리 16명의 순례단원들이 눈물이 뒤범벅이 되는 은혜의 새벽으로 인도하여 주셨습니다.

여러분, 우리가 감사할 때 얼마나 큰 은혜가 되는지 모릅니다.

무너진 돌무더기를 보면서 일곱 교회 가운데 한 교회도 예배를 드리는 교회가 없음을 확인하면서 우리는 우리 자신을 뒤 돌아보는 중요한 기회가 되었는지 모릅니다.(서머나 교회 폴리갑 감독의 기념교회)

저는 기도 할 때

"하나님! 이곳에는 눈에 보이는 교회가 무너졌지만 그러나 오늘의 우리 그리스도인들의 영적인 것은 이보다 더 처참하게 무너진 영적 상태를 이 성지 순례를 보면서 일으켜 세워 달라고 기도할 때 우리들의 마음은 숙연하여졌고 새로운 다짐을 하게 되었습니다."

빌립보에 있는 원형 극장 그리고 바울과 실라가 갇혔던 감옥 앞에서 우리들의 아집의 착고, 자기 고집의 착고가 기도 중에 찬송 가운데 풀어지게 하여 주시고 막힌 것을 뚫리게 하시고 맺힌 것은 풀리게 하시고 장애물은 제거가 되게 하시고 답답할 때 형통한 길을 열어 달라고 기도하였을 온 성도들이 은혜를 받았습니다.

저는 믿습니다.

지금도 우리가 바울과 실라와 같이 삶이 시달리고, 환경과 시간에 매여서 자유롭지 못한 현대인들에게, 부자유한 몸으로 갇혀 있는 신세가 되어도, 주님께 찬송을 부르고, 기도를 하면 우리들이 감옥과 같이 매여 있는 생활 현장에서라도 기도의 무릎을 꿇고 찬송을 할 수 만 있다면 우리들의 둘러싼 환경은 풀려지고 바꾸어 질줄 믿습니다.

가장 감명을 받았던 곳은 갑바도기아의 괴뢰뫼와 지하 도시 데린구유였습니다. 로마의 기독교 박해를 피하여 갑바도기아의 땅굴을 파서 지하 도시를 만들었는데 그 지하 도시는 깊이는 50m이고 지하 8층인데 약 2만명이 피할 수가 있고 일 만 명이 거주할 수 있도록 만들어진 지하도시입니다.

우물도 파서 층층마다 물을 퍼 올릴 수 있도록 되어 있고 지하층으로 내려가는 데 긴 지하 통로는 약 9km 되고, 좁은 통로는 너무 좁아서 사람의 몸을 겨우 비비고 빠져 나갈 정도로 통로가 작았습니다.

좁게 한 이유는

1) 지하 굴속에서 제대로 먹지 못함으로 신장이 클 수가 없고 작으며, 태양빛을 오래 쬐지 못하면 허리가 굽어 진다고 합니다.(체구가 작고 허리가 굽음)

2) 박해자 대적들 로마군들이 추격하여 와도 좁은 통로 굽은 굴에서는 창이나 칼이나 무기를 소지하고 들어 올 수가 없게 하기 위함이라고 합니다.

3) 지하 도시 동굴 통로는 여러 갈래로 되어 있어 낯선 사람이 들어오면 길을 찾지 못하고 실종하게 되어 있다고 합니다.

그 지하 도시 8층 가운데 지하 25m, 4층에는 예배당이 있는데 교회는 십자가의 모형으로 되어 있어서 그 곳에서 예배를 드리던 곳입니다. 우리는 그곳에서 지하 도시 숨어 살면서 오직 하나님을 믿기 위해 모든 것을 다 버리고 그곳으로 찾아와서 숨어서 신앙생활 하던 믿음의 선조들의 자취를 더듬으면서 우리는 너무 죄송했습니다.

우리는 툭하면 불평을 하고, 마음만 조금 상해도 불만을 토해 내고 예수를 믿는 것이 교회나 누구를 위하여 믿어주는 것처럼 생각하기가 쉬운데 초대 교회 성도들은 믿음 한 가지 지키기 위하여서는 모든 것을 포기하고, 지하 도시로 모여든 성도들 앞에서는 우리는 너무나 호화스럽고, 안일하게 믿으면서도 무슨 공로나 헌신을 지불한 양으로 착각을 하는 경우도 있습니다.

우리는 그곳에서 안내하시는 선교사님의 감동적인 설명을 듣고 순례단원들은 그곳에서 통성으로 기도하고, 마지막 마무리를 기도를 할 때는 30여명의 우리팀들은 눈물을 흘리지 않을 수 없었습니다.

금번에 성지에서 기도하는 곳마다 감동이 된 순례객들의 눈에는 흔근한 눈물이 고였고 몰래 훔쳐 닦으면서 우리는 그 곳을 나왔습니다.

우리가 범사에 감사해야 할 것은 우리를 예수 믿고 천국시민으로 인정하여 주신 것만으로도 얼마든지 우리에게는 감사의 조건이 되며, 우리를 부르신 것은 믿음으로 말미암아 감사하는 것이 우리 하나님의 뜻을 이루는 것이므로 감사함으로 그 감사한 사람으로 말미암아 하나님은 당신의 뜻을 이루실 것입니다.

그리기 위해서 우리는 쉬지 말고 기도하여야 하고, 항상 기뻐하는 맘으로, 감사함으로 살아 갈 때 하나님의 뜻을 이루시는 주도적인 감당하는 우리 성도님들이 되시기를 주님의 주님으로 이름으로 축원합니다.

(2011. 4. 3)

그들의 원(願)대로 주시니라

요 6:1-14

우리가 살아가는 세상에서 우리 가운데 원대로 다 되는 사람이 있다면 그 사람을 부러워하지 않을 사람이 없을 것입니다.

원(빌, 바랄, 원할願)이라 함은 소원하는 것, 바라는 것 원하는 것을 그대로 이루어 주시고 우리 당사자들은 받는다는 것을 의미하는 것입니다.

내가 바라는 것, 우리들이 원하는 것, 성도들이 기도하는 대로, 우리 하나님이 이루어 주신다면 이는 참으로 놀라운 기적이며, 축복이며, 행복이고, 성공이고, 능력 있는 사람이며 만인이 부러워하는 유일한 대상이 될 것입니다.

과연 그런 일들이 우리들 가운데 일어 날 수가 있고, 내게 이루어진다면 이는 꿈과 같은 세상이 그대로 펼쳐지는 것입니다.

우리들 모두에게는 소원이 있고 바라는 것들의 희망이 있고 기도하는 기도의 제목을 가지고 있을 것입니다.

물론 기도는 많이 하는 사람도 있고, 작게 하는 사람도, 일반적으로 하는 이들도 있고, 혼신을 기우려서 하는 사람도 있고 각각의 차이는 있지만 하지 않는 사람은 없을 정도로 모두들 기원하는 바가 다 있습니다.

이 같은 가운데 영적인 것도 있고, 육적인 것도 있고, 개인적인 것도 있고. 공적인 것도 있고, 교회적인 것도 있고, 가정적인 것이 있으며 사회적인 것도 있고, 국가적인 것도 있으며 세계적이고 전 인류적인 것도 있고, 우주적인 것도 있을 수 있습니다.

그러나 분명한 것은 원대로 되는 역사가 오늘 본문의 내용 가운데 나오고 있다는 사실을 확인하면서 우리 어떡하면 나도 우리도 이 같은 대열에 합류 할 수가 있을까? 하는 것이 오늘의 우리들의 관심입니다.

"그들의 원대로 주시니라"

그들의 원대로 주시는 분이 계시기에 그분이 바로 의지하는 주님이시기 때문에 우리는 그래서 희망이 있고, 기대가 되고 오히려 누구보다도 실현성이 높다고 확신을 하면서 그렇다면 주님께서 어떤 분에게 누구에게 이 같은 은혜를 부으시고 축복을 주셨는지 우리는 면밀히 살펴보면서 주 앞에 좀 더 다가 설 수 있는 기회를 만들어야 되겠다는 마음으로 오늘의 말씀에 우리 모두 주목하게 되는 것입니다.

오늘 본문은 우리가 너무나 잘 아는 누구나 기억을 하고 있는 디베랴 건너편 벳세다라는 고을에서 오병이어의 기적의 역사를 기록한 내용입니다.

본문과 마 14:13-23. 막 6:30-44, 눅 9:10-17. 4복음에서 다 기록된 귀한 말씀이고 놀라운 기적의 현장을 그대로 소개한 것입니다.

예수님의 복음을 듣고 그 당시에 따라다니는 사람이 참으로 많았습니다.

유월절 가까운 절기에 병자들이 고침을 받는 표적들을 보고(요 6:2) 예수님이 따르는 큰 무리들이 군중을 이루었고, 예수님께서는 산에 오르는 것을 보시고 날은 저물어 가고(눅 9:12) 무리들을 마을로 가서 무엇을 사먹게 하여야 된다는 제자들의 제안이 있었으며(막 6:36) 그러나 조금씩 받게 할지라도 이백 데나리온의 떡이 부족하다고(요 6:7) 하였습니다.

예수께서 너희가 먹을 것을 주라 고 하시니 지금 확보 된 것은 나눌 수 있는 먹을 것은 어린아이가 가져온 보리떡 다섯 개와 물고기 두마 라라고 하였습니다.

허기를 면하게 하고 배고픔을 해소하는데도 2백 데나리온의 금액의 떡이 필요하다고 하였는데 당시의 1데나리온의 단위는 정확하게 책정 하기는 어렵지만 대체적으로 남자 성인 한 사람의 품삯이 하루에 1데 나리온이라고 생각하시면 됩니다.

요즘의 전문 기술자 말고 벼룩시장이나, 일반 노동자 일용직은 하 루에 5-7만원 사이라고 합니다.

예를 들어 하루의 일용직의 품삯 약 6만 원으로 한다고 하여도 200 일이면 약 120만원의 떡이 필요하다는 것입니다. 그렇다면 이 엄청난 부족한 량의 떡을 빈들에서 광야에서 어떻게 구할 방법이 막막하고 대책을 세울 수 없는 것입니다.

첫째 : 주님의 손에 맡겨졌을 때 놀라운 역사가 일어 난다.

예수의 표적을 보고 이적의 현장을 목격을 하고, 예수를 따르는 수 많은 무리들은 날이 저물어 가도 흩어지지 않고 허기진 배를 움켜쥐고도 주님을 따를 때, 예수님은 안타까운 마음으로 목자 없는 양 같은 무리를 향하여 보면서 제자들에게 먹을 것을 주라고 말씀을 하셨을 때, 계산이 빠른 빌립이 대답하기를 이들에게 허기를 면 할 정도의 떡을 조금씩 나누어 줄지라도 2백 데나리온의 떡이 부족하다는 말이었습니다.

거기서 제자중의 한 사람인 시몬 베드로의 형제 안드레가 본문 9절에 **"여기 한 아이가 있어 보리떡 다섯 개와 물고기 두 마리를 가지고 있나이다. 그러나 그것이 이 많은 사람에게 얼마나 되겠사옵니까."**라고 하였습니다.

장정만 5천명이 되는 군중이라면 여인들과 아이들을 합한다면 그 이상의 상당한 숫자가 될 것입니다.

거기에 비하여 어린아이가 자신의 배고픔을 달래기 위한 가진 량의 먹거리라는 것은 너무나 작고 미량의 식물에 불가한 것입니다. 그러나 그것이 소량이고 가치나 분량이나 질량으로 보아서는 아무것도 아니지만 그러나 그것이 우리 주님 앞에 드려졌을 때는 놀라운 역사가 일어난 것입니다.

만일에 그 어린 아이 그것은 자기만이 가지고 있었으면 자신의 배고픔을 면 할 수 있는 량의 떡과 고기일 뿐입니다. 그리고 그 수 많은 궁중들에게는 허기를 면 하도록 조금씩 주어도 2백 데나리온의 량이 여전히 부족할 뿐입니다.

그러나 소량이고, 미량이지만 주님의 손에 들려졌을 때, 주님께 드려졌을 때, 놀라운 기적 오병이어의 이적을 낳는 엄청난 역사, 핵 분열이상의 역사가 일어난 것입니다.

내가 가지고 있는 재능 별 것이 아니지만 그러나 그것을 온전히 주님께 드려지면 기적의 역사가 나타나게 될 줄로 믿습니다.

내가 소유한 물질, 재산, 미미해보여도 주님께 드려지고, 내 소유가 아니라 주님의 소유로 주님의 뜻대로 쓰여 질 때, 상상 할 수 없는 엄청난 이적이 나타나게 될 줄로 확신합니다.

내가 가진 재능(달란트), 아무것도 아닌 것 같이 보여도, 온전히 주님께 드려지고 쓰임을 받게 되면 하나님의 역사가 사람이 감히 상상할 수 없는 역사가 나타나게 될 것입니다.

우리는 부족하고 연약하지만 주님의 손에 들려지고 주님께 쓰임을 받게 될 때, 우리들의 머리로는 이해 할 수 없는 놀라운 일들이 우리들 앞에서 이루어집니다.

보리떡 다섯 개 물고기 두 마리 가진 어린아이가 자기의 것으로 주장하고 내 놓지 않았으면 오병이어의 기적은 상상도 못 할 일입니다.

우리들은 내 것에 너무 집착이 되어 있고, 우리들의 것에 승부를 걸기 때문에 주님의 놀라운 기적을 체험 할 수 없는 신앙인의 위기를 우리는 맞고 있다고 하여도 우리 가운데 어느 누구도 나는 그렇지 않다고 부인 할 수 없습니다.

우리의 것을 내 것을 어떻게 하면 주님께 맡길 수 있고, 내 자신이 주님께 어떡하면 쓰임을 받을 수 있느냐 하는 것이 오늘 우리들의 고민이고 기도의 제목입니다.

둘째 : 축복의 기도를 할 때 원대로 주십니다.

여기 기도하기 전에 수천 명 그이상의 사람들을 두고, 어린아이 하나가 먹을 량의 떡과 고기를 두고 기도하여도, 어느 한 사람도 이유를 대거나 거부하지 아니하고 순종하며 기도 합니다.

얼마든지 인간적으로 계산해 보면 2백 데나리온의 떡이 부족한대도 그 소량을 두고 기도하자고 하였을 때, 기도하며 순종하는 모습을 우리는 볼 수 있습니다. 그리고 기도하기 전에 이들은 오십 명씩, 백 명씩, 잔디에 앉아서 웅성거리지 않고 질서를 지키는 모습을 우리는 볼 수 있습니다. 성도는 질서를 지켜야 합니다.

"모든 것을 품위 있게 하고 질서 있게 하라."(고전 14:40)

바울 사도는 혼란한 고린도 교회에 간절한 마음으로 품위 있고 질서를 당부한 것을 볼 수 있습니다.

"이는 내가 육신으로는 떠나 있으나 심령으로는 너희와 함께 있어 너희가 질서 있게 행함과 그리스도를 믿는 너희 믿음이 굳건한 것을 기쁘게 봄이라."(골 2:5)

질서 있게 행하는 것과 믿음이 굳건한 것을 기쁘게 본다고 하였습니다. 이 같은 사도의 칭송은 우리 주님의 마음이요 뜻으로 보아야 할 것입니다.

본문 11절 **"예수께서 떡을 가져 축사하신 후에 앉아 있는 자들에게 나눠 주시고 물고기도 그렇게 그들의 원대로 주시니라."**라고 하였습니다.

축사(빌祝 사례할謝)빌다는 기도하는 것을 의미하며 사(謝)는 사례할 사를 씀은 감사의 기도를 의미하는 것입니다.

여러분, 우리가 하나님의 은혜를 많이 받았지 않습니까? 그러므로 감사의 기도를 하면 하나님께서는 그 감사의 기도 이 후에 나누는 것, 실천하는 것, 행하는 것에는 기적을 담아 주실 줄 믿습니다.

그러므로 우리는 할 수 만 있으면 감사의 기도를 많이 하여야 하고, 그 감사의 기도가 일생 동안 끊어지지 않아야 할 것입니다.

저는 매 주일 감사 헌금을 드리면서 감사의 내용은 "주님의 축복을 감사합니다."라고 씁니다. 그래서 그런지 매주일 저는 주의 축복을 지금 받고 있습니다.

여러분들도 혹 믿어지지 않거든 한번 그렇게 지속적으로 감사를 하여 보시면 분명히 그대로 될 줄로 믿습니다.

이유여하를 막론하고 감사하면 감사 할 일이 많아지고, 축복을 감사하면 축복스러운 일들이 놀라운 축복으로 채워 주시는 것을 확신할 수가 있게 될 줄로 믿습니다.

셋째 : 성실히 경영하는 이들에게 원하는 대로 주신다.

하나님이 주시는 것은 경영을 잘해야 하나님께서 그를 축복하시고 지속적으로 은혜를 주시고 기적을 주신다는 사실을 우리는 알아야 합니다.

"다 배불리 먹고 남은 조각을 열두 바구니에 차게 거두었으며"(마 14:20)

우리나라 음식물 쓰레기가 세계에서 가장 많이 나가는 국가 중의 한 나라입니다. 남은 것을 어떻게 처리하느냐가 대단히 중요합니다.

다시 말씀을 드리면 남은 시간, 남은 돈, 남은 능력, 남은 것을 어떻게 하느냐는 그분의 인격과 인품과 품성에 무관하지 않습니다.

금번에 성지 순례를 하고 모든 것을 다 계산하고 심지어는 비상 의 약품까지도 제비를 뽑아서 나누고 모 권사님에게는 100원이 남아서 돌려 드렸다는 이야기를 듣고 참으로 잘하시는 장로님이라는 생각을 하였습니다.

"남은 것은 거두어 담어라."라는 이 말은 버리는 것이 없게 하라는 의미가 되는 것입니다.

사람이 조금 있다고 흥청망청하고 부족하다고 허둥지둥 할 것이 아니라 우리는 매사에 작은 것에, 남은 것에, 성실하게 경영을 하는 것이 참으로 중요한 것입니다.

"다 배불리 먹고 남은 떡 조각과 물고기를 열 두 바구니에 차게 거두었으며"(막 6:42-43)

사람은 배부른 후에, 자신의 부족을 채운 후에, 목적을 이룬 후에. 성공한 후에, 어려운 문제를 해결한 후에 취하는 자세도 성실하고 자만하지 않고 겸손하며 자신의 과시하지 않는 처신을 하나님께서 기뻐하십니다.

내가 배고픔을 면하고, 다 배불리 먹고, 차고 넘칠 때도, 남은 것을 천박 시 하지 않고, 매사를 소중하게 여기면서 남은 것(부스러기)을 모아서 바구니에 담는 사람은 성실한 사람이고 하나님께서 그런 분들을 불러서 당신의 능력을 나타내시는 줄 믿으시기 바랍니다.

우리가 우리들의 주변을 살펴보면 흡연을 하시는 분들의 길가에 버려진 담배꽁초를 보면 절반도 제대로 타지 않는 꽁초들이 길가에 버려진 것을 볼 수 있습니다.

기왕이면 담배를 피우는 것을 용인 하는 것이 아니지만 경제적 측면 자세를 말하는 것이며. 무엇이든지 알뜰 하게 사용하시는 것이 좋을 것 같습니다.

남은 시간을 잘못 사용하여 가정이 파탄이 되는 경우가 있구요,

남은 물질을 제대로 사용하지 못하여 타락과 방종의 덫에 걸려서 헤어나지 못한 이들도 있습니다.

내가 배부르고 나면 타인의 배고픔을 전혀 배려하지 못하는 경우도 비일비재합니다.

어떡하면 하나님께서 원대로 주십니까?

먼저는 내게 있는 것, 내 것이라고 하는 내손에서만 있으면 내 허기진 배만 채울 수 있지만, 그러나 내 것이 주의 손에 쥐어지면 놀라운 기적의 역사가 일어나고, 원대로 되어지는 은혜를 우리는 체험 할 수 있습니다.

그 다음은 동일한 것이고 보잘 것 없는 것을 두고도, 하나님께 감사하며 기도 할 때, 하나님은 그 작은 것으로 놀라운 기적을 표적을 나타내어 주실 줄을 믿으시기 바랍니다.

기도하는 곳에서 하나님 앞에 사례(기도)하는 장소에서 50명, 100명씩 잔디에 앉아서 웅성거리지 않고 질서를 지키며 감사기도 할 때 하나님께서 그 기도를 들으시고 모든 사람들이 다 배불리 먹고 남도록 축복 하셨습니다.

여러분의 현실 생활에서 감사의 기도로 하나님의 결재가 나게 되면 그것은 내 것이 아니라 우리 주님의 것으로 엄청난 역사를 기여이 이루어 주실 줄 믿습니다.

끝으로는 배고프다가 배부른 후에도, 다 먹고 난 다음에 내게는 필요하지 않아도 소중하게 여기며 성실하게 경영을 하는 이에게 하나님은 원하는 것을 주십니다.

남은 것도 버리는 것이 없도록 바구니에 가득 차게 담아서 간직하

는 성실하게 경영하는 사람에게 하나님은 그의 원하는 대로 주실 줄 믿습니다.

그러므로 오늘 우리들 나의 모든 것을 주님께 맡기고, 혼란하지 않게 질서 지키며, 기도하면 하나님은 오병이어의 기적을 우리에게 허락하시고, 배부르고 남아도는 것도 버리지 않고 성실한 경영을 하는 주역들이 오늘 이 자리에 계시는 우리 모두들이 될 수 있기를 간절히 주님의 이름으로 축원합니다.

(2011. 4. 10)

가고, 가고 가라, 가서 차지하라

신 1:1-8

이스라엘 백성이 400여 년 동안 타국에서 타향살이 노예로 종으로 살아온 민족의 그 마음의 소원은 꿈에도 그리워하는 조국 고향땅으로 가는 것이었습니다.

사람에게는 언제나 그리워하는 것이 있는데 크게는 조국이요, 그 다음에 잃어버린 부모, 놓쳐버린 자녀, 흘러버린 세월을 그리워하고, 아쉬워하고, 조실부모한 자녀의 마음을 누가 달래며, 자식은 잃은 부모의 마음을 무엇으로 위로를 하며, 고향 산천을 져버린 나그네의 서러움은 그 누구도 대신할 수가 없는 것입니다.

사람에게 상실감이라는 것은 참으로 감당할 수가 없는 힘에 겨운 고독이며, 자괴감에 빠지게 하는 무서운 증후가 나타나게 되는 것입니다.

신명기서는 출애굽의 결론이고, 그 목적을 달성하는 것이기 때문에 작지 아니한 위로와 말씀으로 반복이 되어지는 경우를 우리는 볼 수 있습니다.

400여년의 긴 세월을 이국에서 보내며, 말 할 수 없는 억압과 박해와 부당한 대우를 받으면서 살아 왔지만 그 세월 속에 400여년의 긴 긴 나날들이 저들에게는 아픔이었고, 고통이였으며, 또한 세월의 채찍을 받으면서 겨우 견디어 온 사람들이 바로 유대인들이었으며 그들이 바로 하나님의 택한 구원의 백성, 영생의 사람들이었습니다.

그러나 이 출애굽의 사건과 기독교 역사의 흐름은 결코 하나님의 오묘한 섭리와 결코 무관하지 않습니다.

400여 년의 노예와 종 노릇을 하면서 그렇게 고된 일을 해야 했고 차별 대우의 서러움은 타국에서 이방인으로 살아가는 이스라엘 백성들에게는 천추의 한이 되었던 것입니다.

그러기에 그들에게는 꿈에서라도 가나안에 들어가는 것이 저들의 소원이고 대를 이어 가면서 가나안을 향하는 것이 그들의 희망이고 꿈이며 삶의 목표였습니다.

그리하여 천신만고 끝에 하나님의 은혜로 모세를 지도자로 하여금 출애굽의 역사는 시작이 되었고 수 많은 역경을 겪으면서 적지 않는 반항에 가까운 원망, 불 순종 지도자를 탓하고 하나님에 대한 불순종은 결국 40년이 가깝도록 가나안을 들어가지 못하고 광야에서 맴돌게 하는 엄청난 시련으로 이어졌습니다.

지배를 받으면서 자유롭지 못하고 억압과 박해, 그리고 감시와 중노동에 시달리는 이스라엘 백성들에게는 그 같은 굴레에서 벗어나고 그 같은 곳에서 다른 곳으로 간다는 것은 굉장한 것이며 그 설렘은 말로 표현을 할 수 없는 것입니다.

오늘 본문은 모세가 시내산에서 십계명을 받고 세일산을 지나서 가데스 바네아까지 열 하룻길을 가서 이스라엘 백성들에게 말씀한(2절)

것입니다.

이 말은 이스라엘 백성들은 애급에서 가나안을 출발한 지 40년째 그 해 11월이라는 것입니다. 그러므로 40년을 채우는 것도 약 두 달 정도로 남은 시점임을 밝혀 주고 있는 것입니다.

애급의 종살이에서 400여년 그리고 출애급 여정에서 40여년을 다 보낸 이스라엘 백성들은 이제는 지칠 대로 지쳤고 저들의 인내에도 한계에 다 달으게 되었다.

여러분, 400년을 지배를 당하고 감시를 받으면서 살아왔고 40여 년 동안을 광야에서 나그네의 서러움을 겪었다면 이스라엘 백성의 고통은 감히 짐작이 될 것입니다.

모세가 시내산 머물 때 주께서 주시는 말씀을 이제 백성들에게 전하는 내용이 오늘의 본문의 말씀입니다. 그러면 호렙산정에 오래 머물러 있는 이스라엘 백성들에게 하나님께서 무슨 말씀을 하셨습니까?

그래서 오늘 본문 7절의 한절 가운데 "가고, 가고 가라"는 말씀이 나오고 있습니다.

이것은 출애굽하는 이스라엘 백성들에게 만이 해당이 되는 것이 아니라 오고 오는 세대의 영원한 출애굽의 백성이라 할 수 있는 오늘의 우리 성도들에게도 함께 주시는 말씀으로 믿습니다.

첫째 : 방향을 돌려 진행하라.

"…우리에게 말씀하여 이르시기를 너희가 이 산에서 거주한지 오래니."(신 1:6)

이 말씀이 무슨 의미입니까? 출애굽하여 40여년이 가깝도록 아직도 가나안에 들어가지 못하고 있는 출애굽한 이스라엘 백성입니다. 그런데 호렙(시내)산에서 시내산을 호헵산, 또는 시내산으로 성경에서는 혼칭하고 있으며 호렙산의 높은 봉우리를 시내산으로 부른 다고도 합니다. 아니면 같은 산에 호렙산 봉우리와 시내산 봉우리 두 개의 고봉이 있다는 설도 있습니다.

어쩌든 이 산에서 오래 머무는 것은 이스라엘 백성들로서는 너무나 조급해지게 하는 것입니다. 그래서 방향을 돌려서 진행하라는 것입니다. 그렇습니다. 우리들도 무엇이 제대로 되지 못하면 때로는 방향의 전환이 필요하고 고정관념에서 벗어나 되 돌려 생각하는 사고가 필요 할 때가 있습니다.

죄가 아니고 진리에서 벗어나지 않는다면 과감함 사고의 전환도 필요 할 때가 있습니다.

싫어하던 고정 관념에서 다시 한 번 생각 할 수 있는 여유로운 마음으로, 부정적인 사고에서 긍정적인 사고로, 소극적인 자세에서 적극적인 자세로, 약점만 바라보던 시야에서 장점들을 자랑하는 마음으로. 안 된다는 마음에서 한번 해보자는 마음으로, 할 수 없다는 마음 바탕에서 할 수 있다는 마음으로 방향을 전환 한다는 것입니다.

이스라엘 백성들의 사고의 전환은 저들의 고정 관념에서 방향을 돌리는 것은 가나안을 들어가는 첫 관문이 되는 것이었습니다.

그러기에 오늘 우리들에게는 힘이 들고 어려울 때, 될 것 같은 것이 되지 않고 어려워 질 때 우리들의 사고 전환이 필요하며, 방향을 돌려서 진행하라는 메시지로 생각을 하면 새로운 길이 분명히 펼쳐 질 줄로 믿습니다.

1. 산지로 가라.

그러면 방향을 돌려서 어디로 가야 하는가?

"… 아모리 족속의 산지로 가고"(신 1:7)

여러분, 산지에는 길이 아니며 길이 없습니다. 그리고 평지가 아니고 경사가 심하고 올라가야 하고 높은 봉우리도 있고, 깊은 골짜기도 있습니다.

숲이 가로 막히고, 나무가 우거져서 가는 길이 막히고 장애물이 많습니다. 방향을 잡기가 어렵습니다, 거리도 가늠할 수가 없습니다.

자신의 위치도 나타내기가 쉽지 않고 다른 이들의 위치도 전혀 알 수가 없습니다. 낙엽이나 눈이 쌓여도 전혀 구분을 할 수가 없어서 조난의 위험도 있습니다.

우리는 쉽고 편하고 안전한 길을 찾고 있지 힘이 들고 어렵고 위험성의 길은 어느 누구도 원하지 않을 것입니다.

아모리 족속의 산지는 훗날 유다와 에브라임 지파의 영토가 된 요단강 서편의 산악지대를 가르킨다. 아모리 족속은 함의 아들인 가나안의 후예로서 요단강 동편뿐 아니라 서편의 산악 지대도 흩어져 살았으며 가나안 땅의 여러 족속 가운데 강력한 집단을 형성하고 있었으므로 아모리 족속은 가나안 전 족속을 대표하는 자들로 종종사용되었다고 합니다.

조금은 불편하고 힘이 들어도 하나님의 명령이시라면 우리는 산지의 길로 가야 합니다.

다시 말씀을 드리면 교회에서 다른 이들이 꺼려하고 피하는 힘이 드는 일일지라도 주님의 명령이고 교회가 필요하다고 생각이 되어 지면 그 일에 기꺼이 자신을 드릴 수 있는 이러한 방향 전환을 우리 하나님을 기쁘시게 할 것입니다.

2. 가까운 곳으로 가라.

"… 그 근방 곳곳으로 가고…"(신 1:7)

여러분, 우리는 먼 곳에서는 선교도 하고 전도를 하면서 가까운 곳에서는 하지 못하는 안하는 그런 경우가 적지 않습니다. 구석구석을 살피면서 소홀함이 없도록 하는 것이 우리의 복음사역의 정신입니다.

내 가족, 내 형제, 내 이웃을 소홀하게 생각하지 않고 복음을 전하는 것을 바울사도는 자신은 끊어질지라도 원하는 것이라고 하였습니다. 우리의 측근에게 복음을 전하지 못함에는 상당한 이유가 있음을 우리는 알아야 합니다.

1) 내 자신이 속죄의 기쁨을 체험하지 못했거나 구원의 확신이 없을 때 전도하는 것을 그렇게 중요하게 여기지 않는 경우입니다.

2)평소 실생활에서 본을 보이지 못하고 덕을 끼치지 못한 경우입니다.

3)받은 은혜를 풀어 나누지 못한 연고로 교회와 가정이 별개로 인식된 경우입니다.

4) 기도하지 않으면 성령의 체험을 못하고 성령의 체험이 없으면 관심 밖으로 생각합니다. (전도는 성령의 능력으로 하지 경륜이나 말로 하는 것이 아니다.)

가까운 곳은 내가 머물고 있는 주변이며 나를 잘 아는 사람들이 사는 곳이고, 자주 만나는 곳을 의미하는 것입니다. 그러기에 우리의 사정을 나를 너무나 익히 잘 아는 사람들일 것입니다.

그런 이들을 찾아가서 복음을 전할 수가 있고 이 천국의 메시지를 말하고 그리고 권하고 함께 믿어보자고 하여야 한다는 것입니다.

등잔 밑이 어둡듯이 교회의 주변에 있는 이들이 복음을 접하지 못하는 경우가 많구요. 나의 사랑하는 가족들이, 내 주변의 이웃들 가까이 계시는 분들께 복음에서 멀어져 있고 교회와는 담을 쌓고 있지 않는지 살펴보아야 할 것입니다.

여러분, 가까운 곳은 나의 단점을 너무나 잘 알고 계시는 분들이고, 내가 어떤 존재인가를 내가 말하지 않아도 자신을 소개 하지 않아도 꽤 뚫어보고 있는 분들을 의미하는 것입니다.

가까이 있는 분들에게 흠이 없고 약점이 없고 떳떳하게 복음을 전할 수 있다면 위에 계시는 하나님, 그리고 멀리에 있는 분들이 당신은 참으로 하나님의 사람이라고 인정하여 주실 줄 확신합니다.

3. 큰 강 유브라데까지 가라.

"…아라바와 산지와 평지와 네겝과 해변과 가나안 족속의 땅과 레바논과 큰 강 유
브라데까지 가라."(신 1:7)

아라바에서 유브라데까지는 일찍이 하나님께서 아브라함에게 그의
후손 이스라엘 백성에게 주시겠다고 약속하신 가나안 땅의 개략적인
전체 지경을 말하고 있음입니다.

갈릴리 호수를 비롯한 요단강 동편에 있는 산지와 평지로 가라고
하였습니다.

우리는 주의 내리시는 명령이라면 어디든지 평지이든지, 산지이든
사막이든, 해변이든, 가리지 않고 우리는 가야 하고 그리고 그곳을 복
음화를 시켜야 하는 것이 우리 고유의 사명이며 책무라고 확신을 합
니다.

요단강 동편에서 끝없이 펼쳐지는 그 넓은 광야에서 우상을 물리치
고 하나님의 복음을 전해야 하고 헐몬산 레바논 산 흰 눈이 덮이고,
백향목 우거진 산림일지라도 우리는 그런 곳도 마다하지 않고 우리는
가야하고 그리고 전해야 합니다.

"네겝" 마르다 건조하다. 의 의미인데 오늘의 네게브 사막을 의미하
는 것입니다. 남방의 사막을 지칭하며 사해의 아래쪽에 더위가 대단
하며 조금만 걸어도 숨이 막히는 남쪽 사막일지라도 그리로 가라는
것입니다.

해변은 우상이 창궐한 곳이며 바다의 거친 물결을 가르며 사는 이
들이기 때문에 거칠고 그리고 타락과 방종의 상징인 해변의 항구도시
에도 가라는 것입니다.

그분들에게 하나님의 사람들이 해야 할 일들이 있음을 명받은 것입니다.

성도는 쓰다고 뱉고, 달다고 삼키는 사람이 아니라, 주님의 명하신 명령이라면 길이 없는 산지라도 장애물이 있고 때로 신변의 위협을 느껴도 우리는 그 명령을 따라야 하는 것입니다.

내 마음에 든다고 받아 드리고 자기의 마음에 들지 않는다고 거역하는 것은 성도의 자세가 아닙니다.

내게 힘들고 마음에는 내키지 않아도 그러나 우리 주님의 명하신 명령이며, 주의 일군으로 믿어 명하신 것이라면 주의 명령에 순복하는 성도의 기본자세입니다. 내 맘에는 내키지 않아도 사랑해야 하고 포용해야 하며 그리고 말없이 기도하여 주어야 합니다.

이런 삶이 기도하는 사람이요, 믿음으로 하나님을 의지하는 성도요 주의 직분을 받은 자의 증거라고 여러분 우리는 굳게 믿읍시다.

때로는 피가 거꾸로 설정도의 마음의 진통을 겪으면서 이 길을 도도히 걸어야 합니다.

내 약점과 단점을 너무나 잘 알고 때로는 비난의 화살을 퍼붓는 가까이 있는 이에게도 다가갈 수 있는 믿음과 용기가 우리에게는 필요합니다. 사막일지라도 해변의 항구도시일지라도 너는 가서 주의 명령을 수행하라는 것입니다.

"내가 너희 조상 아브라함과 이삭과 야곱에게 맹세하여 그들과 그들의 후손에게 주리라 한 땅이 너희 앞에 있으니 들어가서 그 땅을 차지할지니라."(신 1:8)

그렇습니다, 우리가 점령해야 할 믿음의 고지를 우리가 차지해야 할 하나님이 약속한 그 땅이 우리 앞에 한 사람 한 사람 앞에 있다는 사실을 꼭 기억하시기를 바랍니다.

믿음으로 기도의 힘으로 전도의 방법으로 사랑과 은혜로 그리고 성령으로 차지하여야 할 가고 가고 가서 들어가서 차지 할 땅을 그 땅을 믿음과 성령으로 점령하여 새로운 생명 영생의 사람으로 구원하는 역사가 오늘 여러분들로 말미암아 기여히 이루어지기를 하나님께서 기다리고 계십니다.

모세가 이스라엘 백성들에게 가고 가고 가라 그리고 가서 차지하라는 그곳은 이미 하나님의 약속한 땅이지만 그곳은 순조롭지 못하여 방향을 돌려서 진행하여야 할 정도의 험악한 산지이기도 하고, 때로는 평지이기도 하고 메마른 사막의 생명의 위협도 있고,

그리고 수많은 풍랑이 몰아치는 해변이기도 하고 그 보다 더 어려운 것은 나의 약점과 단점을 잘 아는 가까이 있는 이들에게 까지 주저 없이 다가서서 그 땅을 차지하여 복음화의 주역이 되는 역사가 있어지기를 간절히 소원합니다.

(2011. 4. 17)

아이들에게 최대의 축복은?

막 10:13-15

오늘은 2011년 5월 1일 첫 주일로서 우리 교회에서는 어린이 주일로 지킵니다.

이 땅에 태어나는 어린이들이 다 건강하고 부모님의 사랑을 받으면서 하나님의 은혜 가운데 구김 없이 성장을 하면서 하나님께로부터 태어나면서 받은 타고난 달란트를 마음껏 발휘하면서 뛰어난 인재들이 많이 배출되기를 간절히 소원합니다.

아마 이 땅에서는 기성세대 즉 어른들 가운데 가장 관심이 많고 그리고 투자의 대상이라면 부동산 투기를 생각하지만 그러한 것은 소수의 가진 자들의 욕심의 발로이고, 모든 어머니 아버지, 자녀를 둔 부모님들의 관심은 어떡하면 바로 가르치고 양육하느냐? 가 큰 관심이 될 것입니다.

자녀를 양육하는 것은 누구나 다 하는 것이지만 어떻게 가르치느냐 어떤 사람으로 양육하느냐는 사람마다 그 시대마다 도농의 차이, 교육 수준에 따라서, 지나온 배경과 환경에 의하여 다양한 목소리를 내는 것을 볼 수 있습니다.

사람이 태어나서 성장하는 것은 당연한 현상이지만 어떤 사람으로 성장하느냐는 대단히 중요한 결과로 나타나게 됩니다.

우리는 다 같이 자식도 되어 보았고, 부모도 되었고, 그리고 자식을 기르는 그 부모의 부모(조상)도 되었다고 할 수 있습니다.

그리고 우리 대대로 이어오는 조상들, 그리고 부모님들에게 뼈속 깊이 사무친 한이 있다면 그것은 나는 비록 못 배우고, 못먹고 못 누리고 살았지만, 내 자식에게만은 무식함과 가난을 대 물림 할 수 없다는 일념 하나로 이를 물고 살았고, 주경야독을 하면서 배웠고, 열사의 땅 중동으로, 독일의 탄광의 광부로 또는 간호사로 남의 나라에 갔으며 전쟁터로 경쟁 하듯이 나아 간 것입니다.

대학을 졸업하고도 광부로, 그리고 간호사로 4,50도의 열대 사막의 건설 노동자로, 죽음의 위협을 느끼면서 전쟁터로 간 것은 이는 가족을 위하고 부모를 위하고 자식을 위한 오직 일념이었습니다.

오늘 어린이 주일을 맞이하여 우리 어떻게 하여야 자라나는 어린이들에게 후회가 없는 삶이 되고 부모가 되고 인생 선배가 되고 조상이 될 수 있을까요? 어린아이들에게 먹을 것 입을 것, 놀잇감, 선물, 게임, 온갖 영상 매체 제공은 누구나 다하는 것이고, 아무나 거의가 누리고 있는 보편적이고 일반적인 것입니다.

어린이날 어린이주일을 맞이하여 특수를 누리는 사람들도 작지 않습니다. 그렇다고 선물을 사주고, 잘 놀게 하고, 먹게 하고, 그리고 어린이들을 즐겁게 하는 것이 잘못 되었다거나, 안 된다는 말은 아닙니다.

우리가 그리스도인들로서 무엇을 어떻게 더 첨가 하느냐? 우선적으로 하느냐가 오늘 우리들에게는 중요한 핫 잇슈가 되는 것입니다.

"아기가 자라며 강하여지고 지혜가 충만하며 하나님의 은혜가 그 위에 있더라."(눅 2:40)

여러분, 아이가 태어나면 자라야 합니다, 즉 성장하여야 한다는 것입니다. 만일에 아기가 태어나서 자라지 않고 성장 멈추게 된다면 부모로서는 그 이상의 걱정스러움이 없을 것입니다.

어느 한 부분이라도 덜 자라거나, 웃자라나도 부모로서는 걱정 아닐 수 없습니다. 그래서 아기가 이 세상에 태어나서 손발 이목구비 반듯하고 정상으로 태어난 것만 보아도 그것이 얼마나 큰 축복이고 은혜인지 미쳐깨닫지 못한 이들이 너무 많은 것 같습니다.

그래서 태어난 아기는 자라며 강하여지고(에크라타이우토 강하게 하다, 견고케 하다.)는 육체적 성장을 포함을 하고 있다.

지혜(소피아 호크마)가 충족하며 이는 정신적인 성장 충만을 의미하는 것으로 본다. 하나님의 은혜(카리스의 복을 의미함)가 그 위에 있더라.

이는 바로 신앙의 성장 영적 성장을 의미하는 것입니다.

세상 사람들은 육체적 성장과 정신적인 성장으로, 교육의 목표로 삼고 거기에만 매진을 하고 있고 그러한 교육 위주로 양육을 하고 있습니다. 그러나 우리 그리스도인들에게는 한 가지 부가된 교육, 성장을 하여야 할 것이 있는데 그것이 바로 영적 성장을 하여야 한다는 것입니다.

첫째 : 아이들에게는 가까이 있는 이들이 성장의 모델이 된다.

우리가 자녀 교육을 시키고 훌륭하게 키우고 싶은 것이 부모의 마음이고 가족의 바람이고 인생 선배들이 기대를 하고 온 인류의 희망이 저들에게 있다고 우리는 입에 침이 마르도록 강조를 하고 있습니다.

그래서 아직도 누워 있는 아가 방에도 그림이 있고, 영어가 있고, 한글이 있고, 각종 장난감으로, 오감을 통하여 배울 수 있는 것, 담을 수 있는 것들을 총동원을 하고 있습니다.

초등학교 저 학년 수업은 오전에 끝나는데 요즘은 점심도 주고 하니까, 오후 늦어야 집에 돌아오는 아이들의 힘겨운 모습을 우리 볼 수 있습니다.

여러분, 아이들의 교육은 자녀들의 교육은 그 부모 어머니와 아버지 그리고 그 가족들에 의하여 이루어진다고 하여도 결코 무리한 주장은 아닌 듯싶습니다.

학교에 우리 아이들을 보내고 있지만 실제적으로 인성적으로 닮고 배울 수 있는 시간은 거의 전무한 상태이며, 우리 그리스도인들은 교회 주일 학교에 대하여 상당한 비중을 두고, 교회로 보내서 예배를 드리고, 주일학교 교육을 이수하게 하지만 그것도 일주일에 하루 그 짧은 시간에 인성을 바꾸어놓기에는 시간적으로 너무 아쉬운 면이 있습니다.

물론 고학년이 되고 상급학교에 진학을 하면 환경이 다르기는 하지만 그래도 가정이 가족이 우리 자녀들 성장에 가장 지대한 영향을 준다고 할 수 있습니다.

그러므로 일반적인 교육은 인성 지성 육적 성장은 보편적으로 시간이 흐르게 되면 어쩌든 형성이 되게 되어 있고 흘러가는 대로 두어도 대충은 이루어진다고 하여도 굳이 반대하지 않지만 그러나 영적 성장은 그냥 내 두려두면 어떤 기대도 할 수 없는 것 같습니다.

시골에서 농사짓는 농부에게는 문전옥답을 그렇게도 좋아 합니다.

집 가까운 곳에 밭이 있고 논이 있으면 부러울 것이 없을 정도로 좋아합니다. 그러나 그러한 문전옥답 일지라도 농부의 손이 가지 않으면 잡초가 우거진 쓸모없는 것이 되어 지고 맙니다.

우리의 자녀들 어릴 적에는 순하디 순한 백옥 같고, 어린 사슴 같아서 저들이 어릴 적에 각인이 되면 그 일생 동안 지워지지 않는 믿음의 이정표가 될 것입니다.

이것이 우리 어른들에게 부모님들에게 먼저 믿는 가족들에 의하여 있어진다는 것입니다. 자녀들의 영적 성장은 가까이 있는 이들에게 그 책임 더 크다는 것은 부인 할 수 없는 현실이라는 것입니다.

세계적으로 추앙을 받는 성인이 되는 것보다 더 어려운 것은 가까이 측근에 있는 이들에게 인정받기가 더 어렵다는 말씀입니다.

지금 우리 주일학교 하면 초등등부를 생각 할 수 있는데 지금 초등학교 1학년부터 6학년까지의 학생의 수가 우리 장년들의 5분의 1 정도이라면 이들이 장년이 되었을 우리 교회 구성원들은 과연 어떻게 될 것 같습니까?

아주 심각한 문제가 아닐 수 없다는 것을 여러분들은 명심을 하셔야 합니다. 그래서 주일 학교만 생각을 하면 많은 고민을 하면서 미래 교회 상을 생각하면서 어두운 마음을 피 할 길이 없습니다.

금번 본 교단 목사 장로 기도회 때 어느 강사님이 말씀을 하시기를 주일 성수를 하기 위해서는 주일학교 토요학교를 잘 운영하여 주일 학생들이 재미를 느끼고, 은혜를 받게 되면 요즘의 부모님들은 자녀의 말을 듣지 않는 부모는 없다고 합니다.

토요 주일학교를 잘 운영을 하면 어른들이 주말에 어디 가려 하다가도 아이들이 안가고 교회 간다고 하면 어쩔 수 없이 떠나지 못하고 주일을 지키게 된다는 말씀을 하였습니다.

어른들의 주말 계획을 교회가 정면으로 막기에는 역부족이지만 자녀들이 교회 중심으로 떠나지 않으면 자연스레 주일을 지키게 된다는 것입니다.

둘째 : 성례의 참의미를 어린 영혼에 각인을 시켜라.

오늘 우리 교회는 어린이 주일과 더불어 성례식을 거행을 하게 됩니다. 우리 개신교의 성례는 우리 예수님이 이 땅에 계실 때 친히 세우신 성찬과 세례식입니다.

세례는 주께서 요단강에서 세례 요한에 친히 받으셨고 그가 물에서 올라오실 때 "…이는 내 사랑하는 아들이요 내 기뻐하는 자라 하시니라."(마 3:17)라고 하였습니다.

오늘 이 주일에는 성찬에 참여하는 성도 여러분, 우리 이 성찬을 드시면서 예수님의 십자가의 고난과 그 상하신 몸, 흘리신 피를 우리 기념을 하면서 우리는 영적으로 동참을 하면서 속죄함을 받은 하나님의 구원 백성이 되어서 믿음의 본과 덕을 끼치면서 거룩한 성도의 반열에 서야 할 우리 모두들입니다. 그리고 세례는 죄 씻음을 받은 증표로 세례를 받으시고, 우리들의 지난날의 죄를 깨끗하게 사함을 받고, 이제는 천국의 예비시민으로 살아가라는 우리 주님의 뜻입니다.

죄의 사함을 받은 사람은 그 마음이 깨끗하고, 순수하고, 정결 하고, 남을 나보다 낮게 여기는 흠이 없는 사람으로 이 땅에서 살아가게 될 것입니다.

학습을 받으시는 분들은 우리의 믿음의 도리를 배우고 익혀서 세례를 받고 흠과 티가 없는 믿음의 성도로서 살아 갈 수 있기를 바랍니다. 그리고 입교 하신 분들은 자신이 어릴 적에 부모님께서 흠과 티가 없을 때 유아 세례를 받고 신앙으로 살게 하여 주신 부모님의 신앙 고백을 자신의 것으로 받아 드리고 이제는 성숙한 믿음으로 입 교인으로 살아가겠다는 것을 하나님 앞과 많은 사람들 앞에서 고백을 하고 인정하는 순간입니다.

특별히 유아 세례를 지원하여 받게 하는 부모님들은 이 어린 아이는 아무것도 모릅니다. 그러나 구약 시대에 태어 난지 8일 만에 할례를 받게 하는 역사와 사무엘을 주의 제단에 드리듯이 어릴 적부터 주님께 드려진 자녀로 양육하겠다는 부모님 믿음의 다짐이 하나님과 모든 공중 앞에서 고백을 하는 예식이라 할 수 있습니다.

부모의 고백이 그 자녀에게 임하여 하나님이 함께 하시는 축복을 내려 주실 줄을 믿습니다. 여러분, 이 땅에서는 학습을 서고, 세례를 받고, 입교를 하는 것보다 이보다 더 중하고 귀한 축복은 없다는 것을 우리는 알아야 합니다.

세례의 학술의 정의나 의미보다도 더 우선 하여야 할 것은 성찬을 참여하고 세례를 받아 죄 씻음을 받은 사람은 이렇게 살아야 하노라고 삶의 본을 보여 주는 것이 참으로 중요한 것입니다.

셋째 : 성례가 축복이 됨을 가르쳐라.

세례와 성찬은 아무나 누구에게나 베푸는 것이 아니라, 하나님의 택한 백성 믿음의 자녀들에게 배설하는 지상의 최고의 잔치임을 바로 가르치고 알게 하여야 합니다.

지난 4월 29일(금) 영국에서 세기의 결혼식라고 언론에서 보도한 윌리암 왕자와 게이트미들턴 신부의 결혼식에 1900명의 초청 하객과 100만의 축하객(60만이 외국 관광객) 20억의 인구 지켜보았다는 그 예식보다도 더 귀한 것은 우리의 성례전입니다.

세례식과 성찬식은 거룩한 예식이고 우리 주님이 세우신 귀한 예전임을 의심하지 않는다. 그러나 이 예전이 얼마나 큰 축복인지는 잘 모르고 있으며 그 의미도 바로 알지 못하는 가운데 하나의 교회의 의식으로만 받아 드리는 경우가 대다수라는데 문제가 있습니다.

세례가 인류의 최대의 고민인 죄의 문제를 해결하여 준다고 생각을 하면 얼마나 귀한 것이며, 돈으로도, 권력이로도, 세상의 그 무엇으로도 해결을 할 수 없는 것을 믿음의 세례식으로 사함을 받고 죄 문제를 깨끗이 해결함을 바로 알게 될 때 언제나 기다려지고 무엇보다도 최우선적으로 해야 할 급선무가 될 것입니다.

이 세례식에는 대속의 도리를 나의 것으로 믿는 믿음과 그리고 그의 뜻에 순종함이 함께 요구 되는 구원 신앙의 중요한 과정입니다.

세례가 안 믿어지는 사람도 있기 때문에 믿음으로 받아 드리고 은혜와 감사가 아니면 자신과는 무관한 것으로 특별한 사람들에게만 해당이 되고 타의 영역으로 생각하는 경우가 많다는 것입니다.

예수님이 요한에게서 요단강에서 세례를 받으실 때

"…요한이 말려 이르되 내가 당신에게서 세례를 받아야 할 터인데 당신이 내게로 오시나이까"(마 3:14)

요한은 너무나 황송해서 자신은 할 수 없다고 거절을 하며 안절부절한 상태였다. 그럴 때 주님의 대답이 예수님이 세례를 받으심은 예수님 자신이 죄가 있어서가 아니라 세상 죄를 지고 가는 하나님의 어린양의 입장에서 세례를 모든 이의 의를 이루는 것을 의미함이며, 예수님은 세례요한에게 머리를 숙이고 세례를 받으시는 믿음의 순종의 도를 행하시는 모습이며, 요한은 자신이 절대로 예수님에게 줄 수 없다고 주장을 하다가 허락하라는 주의 말씀에 순종하여 세례를 베푸시는 모습을 우리는 볼 수 있습니다.

성찬은 주의 고난 십자가의 속죄의 은혜를 잊지 않고 언제나 마음에 담고 살아가게 하는 영원한 기념으로 삼을 우리는 주의 사랑, 주의 은혜를 잊지 않으며 날마다 감사하며 살아가는 영적으로 동참을 하게 만 된다면 이보다 더 감동적인 역사는 있을 수 없는 것입니다.

그러므로 학습을 서고, 세례를 받고, 입교를 하여 하나님의 자녀로 살아감이 얼마나 귀한 축복인지를 바로 깨닫고 믿음으로 사는 사람은 하나님께서 그 일생을 지키시고 함께 하여 주심을 믿으시기 바랍니다.

우리는 주의 성찬에 참여하여서 떡을 떼면서 십자가에서 나를 위하여 달리신 주의 찢기신 몸을, 잔을 받으면서 주의 흘리신 보혈을 생각할 때 은혜가 아니 될 수 없는 것입니다.

어떤 선물 어떤 교육, 어떤 돌봄보다도 가장 귀한 것은 최대의 축복은 세례와 성찬의 의미를 바로 알고 믿어서 은혜의 신앙생활을 하도록하는 것이 최대의 선물이며, 축복이 될 줄로 믿습니다.

(2011. 5. 1)

네 부모를 공경하라

출 20:12

  매년 맞이하는 어버이주일이지만 이 주일만을 맞이하면 마음이 가볍지 못하고 언제나 마음이 무겁고 그리고 죄송한 마음을 가지지 않을 수 없는 제 자신의 마음이고 우리들의 심정인 아닌가 생각을 합니다.

  사실 살아 계셔도 그렇게 효도도 제대로 못할 것이 뻔한데도 왜 이때만 되면 송구한 마음을 금할 길이 없습니다.

  그리고 지금 생존하여 계시는 부모님들에게 마음과 정성을 다하여 섬기느냐고 물으면 사실 그렇지 못하고 오히려 부끄럽고 마음껏, 실천을 하지 못한 자신들임을 우리는 너무나 잘 알고 있기 때문입니다.

  물론 우리 가운데 나는 내 부모님에게 할 것을 다하고 후회하지 않는다고 말 할 사람은 아무도 없다는 것은 동감을 합니다.

  자식이 아무리 부모에게 잘하여 드려도 내 어머니와 아버지가 나를 기르시고 그 사랑에 대등한 사랑으로 부모를 섬기는 사람은 세상에 없다고 봅니다.

  그런데도 내 자녀들이 내가 하던 효를 나에게 하는데도 아직도 나의 어머니가 그립고 보고 싶고 정성으로 섬기고 싶은 마음이 속에서 꺼지지 않는 이유는 무엇일까요?

걱정만 끼치고 속만 썩이든 자식, 무엇이든지 달라고만 하고 드리지 못한 자식이 천추에 한이 되어서 뵈옵고 싶으며, 사죄 하고 싶은 심정으로 가신 부모를 그리워하면서 모신 부모님에게 죄송한 마음을 감출 수가 없는 것입니다.

내가 부모가 되었을 부모님들의 마음을 어렴풋이 이해를 할 수가 있고 내가 나이가 들어가니 연로하신 어른들의 마음을 어느 정도 이해가 되어 간다고 보아야 할 것입니다.

사실 지금 생존해 계셔도 그렇게 효도도 제대로 하지도 못하면서 괜히 감상에 젖어서 눈물만 흘리는 자신의 모습이 가소롭다는 생각도 들었습니다.

특별히 우리 부모님의 아니 할아버지 할머니들의 피땀을 흘려서 닦아 놓은 기반위에 우리는 조금 늦게 태어나서 풍요를 누리면서 살아가면서 마치 자신들이 똑똑하고 잘해서 잘 사는 것처럼 착각에 빠진 이들이 적지 않습니다.

오늘의 여유를 누리고 세계의 수백의 국가들 가운데 경제 10위권 안에 들어간다는 것은 어느 한 세대만 노력만으로 이루어진 결과가 아니라는 사실을 우리는 깊이 인식을 하여야 합니다.

이는 할아버지 세대들의 허리끈을 졸라매면서도 자신들은 못 먹고 못 입어도 자녀들의 교육에 전력을 기우리고 부모님의 세대의 갖은 노력을 다하여 오늘의 경제 대국을 일구어 놓은 것입니다.

그리기에 이런 부모님을 우리는 자녀 된 도리로서 섬겨야 한다는 것이 이것이 인륜지 도이며 성경에서 우리에게 명하신 명령입니다.

첫째 : 부모를 공경하는 것이 명령(계명)입니다.

기독교의 효 사상, 효도하는 종교라고 할 수 있습니다.

우리가 믿고 있는 하나님을 아버지, 성부라고 부르며 그리고 우리 예수님을 아들 하나님 성자 하나님으로 우리는 부르고 있고 그렇게 믿고 있습니다.

그리고 우리는 국가적으로 부를 때는 하나님을 왕으로, 성도들은 그의 백성으로 부르지만 그러나 가정적으로 표현을 할 때는 하나님을 아바 아버지로, 우리는 그의 자녀 아들과 딸로 부르며, 남자 성도 간에는 형제로, 여 성도들 간에는 자매로 부르면서 살아온 것이 바로 오늘의 교회 구성원들이며 주님을 머리로 한 하나의 공동체를 이루고 있는 것입니다.

주님이 내 가정의 주인으로, 함께 섬기는 성도들은 한 가족으로서의 사랑으로 하나 됨을 표현하며 가장 귀중한 관계를 이루고 있는 것입니다.

위로 하나님 아버지께 효도하는 것이 믿음이라고 한다면 이 땅에서는 부모님에게 효도을 하는 것이 사람의 도리라고 생각하시면 자연스러울 것입니다.

> "네 부모를 공경하라 그리하면 네 하나님 여호와가 네게 준 땅에서 네 생명이 길리라."(출 20:12)

"네 부모를 공경하라."라는 말씀은 취사선택의 여지를 두고 하는 말이 아니라 하나님께서 명하신 명령이면 우리 기독교의 계명이며 그 계명 가운데 위로 향하는 하나님을 향한 계명 다음에 사람에 관여한 가운데는 첫째가는 계명이 부모님을 공경하라는 명령입니다.

이 땅에서 사람이 살아가는 도리 가운데 가장 우선적은 급선무가 부모님을 공경하는 것입니다.

자식 입장에서 부모에 대한 공경을 포기하거나 게을리 하는 것은 무엇보다도 용서 받을 수 없는 무서운 무거운 죄를 범한 것이 되어 지고 마는 것입니다.

우리가 알아야 할 것은 이 세상에서 부모 없이 이 세상에 존재한 사람은 아무도 없습니다. 그러나 자식 없이 부모만이 살아가는 경우는 두 가지가 있습니다.

자식을 낳지 못하고 기르지 못한 부모가 있는가 하면 자식을 낳고 길렀지만 그러나 자녀의 효를 받지 못하고 고독하게 서운한 가슴을 안고 내색을 하지 않고 살아가는 이들도 있습니다.

지난 주간에 어떤 분과 상담을 하면서 연로하신 어머님을 시설에 거하시는데 자신도 시설에 몸을 담을 입장이라면 구십을 넘기신 어머니 머무시는 시설에 함께 있어서 칠십을 훌쩍 지난 자녀가 그곳에서 섬기고 싶다는 말을 할 때 마음이 뭉클 했습니다.

부모를 공경하는 것이 자녀들이 하고 싶다고 하고 하기 싫다고 안 하는 그런 선택의 여지를 두고 명하는 것이 아니라 이것은 명령이고 사람으로서 기본의 도리라는 것입니다.

형편과 처지 따라서 이렇게도 하고 저렇게도 할 수 있다는 것이 아니라 자식 된 도리로서 당연히 하여야 하고 섬겨야 하고 책임을 져야 할 것임을 여기서 밝히고 있는 것입니다.

이것은 제가 제대로 효도하지 못하고 성경대로 살지 못하여도 효도를 하여야 할 당위성을 전달을 하고 강조하는 것이 오늘의 설교자의 몫이라는 사실을 여러분들은 이해를 하여 주셔야 합니다.

성경의 명령이고 그리고 계명이기 때문에 전하는 자가 그대로 살지 못해도 말씀은 전해야 하는 매신져의 사명이기 때문입니다. 만일에 내가 그렇게 살지 못했다고 불효하였다는 이유만으로 전하지 않으면 하나님의 메시지의 전달자의 사명을 망각한 결과가 되는 것입니다.

사람이 사람의 도리를 하지 않을 때는 사람으로 여기지 않으며 효도는 모든 예의 기본이요 상식이라는 것입니다. 그러므로 효(孝)는 백행(百行) 지(之) 본(本)이요 만복(萬福)지(之) 원(原) 이라 하였습니다. 다시 말씀을 드리면 모든 행실의 본이 바로 효이고 효는 복을 받는 근원이라는 것입니다.

우리는 부모를 공경하라는 말은 부모님이 계시는 분은 공경하고 효도하며 섬기면 되지만 부모가 계시지 않거나 이미 이 세상을 떠난 자녀들은 이 같은 명령과 계명에서는 해당이 안되고 자유로우냐? 그렇지 않습니다.

효도와 효사상은 백행지본이라고 하였습니다.

옛말에도 하늘과 부모와 스승은 대적 하거나 맞상대할 대상이 아니라고 하였습니다. 땅에 있는 백성이 하나님을 대적하거나 역행해서는 안 되고, 자식이 부모를 맞 대행하거나 불순종함을 용납할 수가 없고, 제자가 스승을 함부로 대할 수 없다고 하였습니다.

둘째 : 부모에게 불효하는 것을 성경은 용납하지 않습니다.

"그의 부모를 경홀히 여기는 자는 저주를 받을 것이라 할 것이요 모든 백성은 아멘 할지니라."(신 27:16)

그렇습니다. 부모님을 가볍게 여기고 근력이 쇠하여졌다고 가진 것
이 작고 물려받은 것이 없다고 또한 부모님이 못 배워서 모르신다고
무시 하거나, 경히 여기면 그 사람은 저주의 대상이라는 것입니다.

우리 가운데 저주 받아야 할 사람은 한 사람도 없어야 하는 것입니다.

"자기의 아버지나 어머니를 저주하는 자는 반드시 죽일지니라."(출 21:17)

우리는 부모를 원망하지도 말고, 탓하지도 말고 나를 낳아주신 부
모님에게 감사하고, 섬기고 효도하는 것이 우리가 복을 받는 길임을
성경을 밝히 말씀을 하여 주시고 있습니다.

우리가 불효하여서 저주의 대상이 된다면 이는 얼마나 슬픈 일인지
모릅니다. 이는 낳아 주신 부모님에게 더 큰 불효를 저지른 것이 되고
말 것입니다.

부모는 당신에게 잘하여 주고 위하여 주는 것을 흐뭇하게 여기시지
만, 형제간 동기간 자매간에 화목하고 사랑하고 도와주면 살아 갈 때
더욱 마음의 흐뭇함을 가지게 되는 것입니다.

"만일 누구든지 자기의 아버지나 어머니를 저주하는 자는 반드시 죽일지니 그가
　　자기의 아버지나 어머니를 저주 하였은 즉 그의 피가 자기에게 돌아갈지니라."(신
　　20:9)

저주와 축복이 멀리 있는 것이 아니며 남의 것이 아니라, 가장 가까
이 있으면서 우리들의 자신과 무관하지 않음을 성경에서는 밝히고 있
습니다.

요즘은 복지대책이 잘 세워져서 자격증을 취득하게 되면 자신의 부
모나 가족을 돌보면서 국가에서 수고비를 지불한다는 이야기도 들었

습니다. 오늘 국가도 복지대책을 세워서 연세가 많으시고 병약한 이들을 돕고 있는데 부모와 주변의 어른들을 살피고 섬길 수만 있다면 하나님께서도 기뻐하시고 우리의 이웃들도 우러러 보실 것입니다.

우리는 이 땅에 태어난 갓난 아기, 어린 아이로 장성한 사람으로 성장 하였다가 나이가 들어가면서 어린 아이가 되고 갓난 아기처럼 머물다가 이 세상을 떠나게 되는 과정은 누구나 동일하다는 사실을 잊지 않아야 저 연로하신 노년층을 바라 볼 때 우리들의 대하는 감이 달라지는 것입니다.

연세가 드시면 우리는 점점 아기처럼 되어서 천진난만 한 순수한 마음으로 우리는 하나님의 나라로 옮기어 갈 것을 우리는 믿습니다.

연세가 드신 어른들을 때로는 젊은이들이 평생 노쇠한 사람으로 무기력한 사람으로 착각을 하는데 우리 권사님들 그리고 장로님들 연만하신 집사님들 한 때는 그 시대를 주름 잡은 이들이라는 것을 잊지 말아야 하고 세월이 흐르면 여러분들도 이 자리에 이르게 된다는 사실을 잊지 말아야 할 것입니다.

셋째 : 효가 모든 행실의 본이며 복이 됩니다.

孝는 百行之本이요 萬福之原입니다.
우리가 하나님 아버지 앞에서 믿음의 효요, 육신의 아버지에게는 섬김과 순종이 효입니다.

"너희 각 사람은 부모를 경외하고 나의 안식일을 지키라 나는 너희의 하나님 여호와니라."(레 19:3)

우리는 성경에서 하나님을 경외하는 마음으로 네 부모를 공경 하도록 말씀을 펼쳐 나가는 것을 볼 수 있고 즉 하나님을 섬기는 마음으로 그 부모를 공경하므로 하나님을 경외하는 믿음이 삶 가운데 담겨 있고 부모를 공경하는 삶이 실천의 믿음의 증거로 드러나게 된다면 이는 참으로 귀중한 일이 아닐 수 없습니다.

> "너희는 이르되 사람이 아버지에게나 어머니에게나 말하기를 내가 드려 유익하게 할 것이 고르반 곧 하나님께 드림이 되었다고 하기만 하면 그만이라 하고."(막 7:11)

바리새인들이 부모에 대한 의무(효도)를 소홀히 하는 핑계로 장로들의 유전을 언급하여 쓰였다.

고르반(제물 헌물 드림) 즉 하나님께 드림이 될 때는 불효를 하여도 상관이 없다는 이 같은 예배 헌신의 구실로 부모 섬기는 일을 소홀히 할 때 주님께서 지적하여 책망을 하시면서 부모 공경하는 것을 더욱 강조 하셨음을 뜻합니다. 예배 때문에 기도 때문에 봉사와 헌신 때문에 부모 공경을 소홀하게 하는 것을 용납 할 수 없음을 강하게 어필하는 내용입니다. 부모를 공경하면서 주일을 지키고 하나님을 섬기고 믿음으로 살아야 한다는 것입니다.

> "네 부모를 공경하라 네 이웃을 네 자신과 같이 사랑하라 하신 것이니라."(마 19:19)

그렇습니다. 주일을 지키고, 예배를 드리고 하나님을 섬길 때도 부모님의 공경은 예외일 수가 없을 뿐만 아니라, 이웃을 내 몸과 같이 사랑하는 대 사회적 관계에서도 부모님의 공경은 우선 되어야 할 것을 말씀을 하고 있습니다.

다시 말씀을 드리면 집안에 계시고, 눈에 보이는 부모님 공경도 제대로 못하면서 보이지 않는 하나님을 섬긴다는 것은 기대 하기가 어려운 것이며.

나를 낳아 주시고 길러 주시고 자신보다도 더 끔찍히 나를 사랑하여 주시는 부모님도 제대로 공경하지 못하면서 이웃을 내 몸과 같이 섬기기고 사랑하겠다는 것은 말이 안 된다는 것입니다.

어버이 주일을 맞이하여서 우리는 부모로서 자녀로 그리고 조상으로 후손으로 어떻게 살아야 하는지를 지나온 자취를 더듬어 보면서 나이가 먹어가고 철이 들어가는 우리는 과연 어떻게 살아야 하는지를 한 번 더 생각해 보아야겠습니다.

우리는 하나님 앞에서는 영적으로 믿음의 효자가 되고 육신의 우리 이웃들에게는 부모님을 하나님 섬기는 마음으로 공경하고 섬겨서 효자녀가 되고 우리들의 이웃들에게는 한 몸처럼 여겨지는 형제와 자매처럼 살으라는 이 분부대로 살아 갈 수 있기를 간절히 소원합니다.

이제 사도 바울의 당부한 말씀을 우리가 마음 속 깊이 담아서

"자녀들아 주 안에서 부모에게 순종하라 이것이 옳으니라, 네 아버지와 어머니를 공경하라 이것이 약속 있는 첫 계명이니 이로써 네가 잘 되고 땅에서 장수하리라."(엡 6:1-3)

부모님에 순종하고 공경하여 주안에서 잘 되고 장수하는 축복을 받으시는 오늘 이 자리에서 예배를 드리는 성도 여러분들이 되실 수 있기를 주님의 이름으로 간절히 축원합니다. 할렐루야! 아멘.

(2011. 5. 8)

평강이 너희 마음을 주장하게 하라

골 3:12-17

오월은 가정의 달이고 일 년 열두 달 가운데 가족을 생각을 하고, 부모님을 돌아보며, 자녀들을 살피기에 어느 계절보다도 더 간절하고 관심을 가지게 하는 제반의 분위기가 이루어지는 절기라고 할 수가 있습니다.

우리들이 기분이 다운되거나 근심이나 걱정, 염려, 또는 마음이 상하고, 상처가 있거나 원망과 한이 맺히고 마음의 분노나 복수심이 가득 차 있으면 이는 참으로 사랑과 평강과 은혜로운 삶을 엮어 나갈 수가 없게 되는 것입니다.

주변의 환경이나 분위기를 말 할 것이 아니라, 나의 마음의 자세와 가짐이 무엇보다도 더욱 중요한 것입니다.

우리가 만일에 화가 난 마음의 상태가 지속이 되거나, 분노한 마음이라면 아무리 분위기를 조성을 하고, 여건을 조성을 하여도, 그다지 특별한 효과를 기대하기가 어려울 것입니다.

우리들이 분노하거나 화가 난 상태는 정상적이지 못하기 때문에 자칫하면 본의 아니게 돌출적인 행동을 하거나, 자신 속에 매설이 되어 있는 폭발물들이 건드리면 터지게 되듯이 폭발을 하게 되는 것입니다.

그러므로 마음에 숨겨진 복수심이나 원한 맺힌 마음이나. 분노 등은 우리들이 평소 지녔던 이성을 잃게 하고 폭발을 하게 되면 인격이 무너지고, 삶이 흔들리게 되어 있습니다.

어떡하면 우리들의 마음이 안정이 되며, 평안과 품성의 균형을 잃지 않고, 그리스도인으로, 기도하는 사람으로, 하나님의 말씀으로 은혜를 받음으로, 살아가느냐? 하는 것이 오늘의 우리들의 최대의 관심사입니다.

오월 가정의 달을 맞이하면서 5월 1일은 근로자의 날, 어린이 주일 (5일은 어린이 날), 어버이 주일(8일 어버이날), 11일은 입양의 날, 15일은 스승의 날(주일) 가정의 날, 16일은 성년의 날, 20일은 세계인의 날, 21일은 부부의 날, 24일은 우리 교회 입당의 날(1997년 5월 24일) 이렇게 가정과 관계 되는 날로 달력을 매우고 있습니다.

오늘은 바울 사도가 골로새 지역에 있는 성도들에게 보내는 옥중서신 가운데 가장 귀중한 부분을 소개 하고 있는데

골로새 지역은 는 에베소 동방 약 100마일 지점에 브루기아주의 북쪽은 히에라볼리스, 남쪽은 라오디게아, 동쪽에는 골로새 삼각 대열을 이루는 도시 가운데 한 곳을 의미하는 것입니다.

지난 3월에 성지 순례를 가서 안내하시는 분이 라오디게아 교회에서 설명하기를 동쪽에 있는 골로새 지역의 찬물이 라오디게아 교회까지 흘러나오면 미지근하여 지고, 히에라 볼리 온천지역의 뜨거운 물도 라오디게아 교회 쪽으로 흘러나오면 뜨거웠던 온천수도 식어서 미지근하여 지고, 라오디게아 교회 역시도 차지도 덥지도 않는 미지근

한 교회가 되었다는 설명을 우리가 들었는데 그 지역에 있던 골로새 교회 교우들에게 편지를 보낸 것입니다.

그 교회에 편지를 하면서 핵심 내용 가운데 한 가지가 오늘 본문 15절의 말씀입니다.

"그리스도의 평강이 너희 마음을 주장하게 하라 너희는 평강을 위하여 한 몸으로 부르심을 받았나니 너희는 또 한 감사하는 자가 되라."라고 하였습니다.

오늘 말씀의 제목을 "평강이 너희 마음을 주장하게 하라."라고 하였습니다. 평강이 우리의 마음을 주장하도록 우리는 살아야 우리가 평강의 사람이 될 수 있는 것입니다. 만일에 분노의 마음이 우리들의 마음을 주장하거나, 복수심이 불타는 마음이 우리들의 좌지우지 하게 되면 사람은 걸어 다니는 시한폭탄과 같아서 무슨 일을 저지를지 아무도 예측할 수 없게 되는 것입니다.(파키스탄 이라크, 아프가니스탄의 모슬렘들의 사는 지역의 자살 폭탄 테러를 떠오름)

사람은 감정의 동물이기 때문에 웃음이 나올 때도 내 맘대로 자제하거나 참지 못하지만, 화가 나거나 분노가 치밀어 올 때도 우리의 자유자제로 자제할 수 없는 것을 우리는 경험할 수가 있습니다. 그러기에 분노의 폭발이나 혈기때문에 얼마나 후회를 하고 괴로워하는지 모릅니다. 오늘 본문에서 화를 내거나 분노하지 말라 불평하지 말라고 엄명만 하는 것이 아니라 평강의 마음을 소유하는 방법을 제시를 하고 있습니다.

첫째 : 하나님의 택함을 받은 자신임을 명심하자.

우리는 그 어떤 어떠한 경우와 열악한 조건과 환경일지라도 하나님께서 선택 하시어서 불러 주셨다는 사실을 잊지 않아야 합니다.

하나님께서 우리를 불러주시고 나를 선택하신 것은 거룩하게 살고 사랑 받는 사람으로 살으라는 하나님의 의중이 담겨져 있습니다.

먼저는 거룩하고 하기오스는 "구별된, 따로 특별한 목적을 위하여 떼어 놓는" 성도는 거룩한 무리이고, 이 거룩한 무리로 우리를 택하신 것은 구별 되게 살라고, 우리 하나님이 특별한 목적을 위하여 따로 떼어 놓아서 하나님의 영광을 위하여 살게 하려는 특별한 목적을 가지고 있는 것입니다.

그 다음에는 사랑 받는 자처럼 예수께서 세례를 받으시고 요단강에서 올라오실 때 "… **이는 내 사랑하는 아들이요 내 기뻐하는 자라 하시니라.**" 라고 하나님께서 하늘 음성으로 들려 주셨습니다.

하나님이 선택하여 거룩하고 사랑 받는 이는 바로 예수 그리스도를 의미하는 것이며, 사랑하는 자 "에가페메노이" 단수가 아닌 복수를 쓴 것은 예수 그리스도를 믿어서 따르는 모든 이들에게도 거룩하고 사랑을 받은 사람으로 하나님께서 택하여 주셨다는 깊은 의미를 함축하고 있습니다.

우리는 누가 뭐래도 거룩하게 살아야 하고, 사랑 받는 자처럼, 예수님 같이 바르고 정직하게 사는 것처럼, 성별 되게 살고, 하나님 앞에서 사람들에게서 사랑을 받으면서 살아야 할 우리들임을 특별히 명심을 하여야 합니다.

1)긍휼 : 스프랑크나

창자나 내장을 말하는데 유대인들은 자비심이나 동정심은 배속 깊은 곳에서 울어 나온다고 생각을 합니다. 그러므로 긍휼은 마음 속 깊이에서 일어나는 상대방을 향한 동정심이라고 할 수 있습니다.

2)자비 : 크레스토테타

타인에게 친절하게 대하는 모습을 지칭하는 것입니다. 구약시대는 하나님의 백성 가운데 어려운 처지로 인해서 하나님의 특별한 관심을 받는 자들을 지칭 할 때 사용하였고 신약시대는 죄인이나 성도들을 향한 하나님의 인자하심을 가리킬 때 자비라는 단어를 사용하였습니다. 위에 분이 아랫사람들에게 용서와 사랑을 베풀 때 자비라는 말을 하였습니다.

3)겸손 : 타이페이노프 프로쉬넨

원래 자신의 약함을 인정하고 자신을 낮추는 것을 인정함인데 참된 겸손이란 오직 죄인된 자신의 모습을 깨닫고 그리스도로 인해 온전히 하나님께 나아 갈 수 있다는 사실을 아는데서 비롯됩니다.

4)온유 : 프라우테타

원래 지속적으로 흔들리지 않고 굳건하게 서 있는 신념을 지칭합니다. 결국은 막연한 조용한 성격이상으로 자신의 죄된 본성을 끊임없이 가다듬고 오직 하나님의 일하심을 인정하고 인내하는 모습이 온유입니다.

5)오래 참음 : 마크로뒤미안

병고를 참아내는 인내, 성령의 열매 가운데 한 가지로 어떤 어려운 상황 가운데서도 사람을 원망하거나 보복 하고자 하는 마음을 가지지 않고, 하나님의 의로운 판단을 기대하는 마음라고 할 수 있습니다.

하나님의 택함을 받아 거룩하고 사랑받는 자처럼 즉 예수님처럼 사랑하는 사람은 가슴에서 울어나오는 상대방을 배려하는 동정심과 어렵고 약한 자들을 베푸는 마음과 자신의 부족을 느끼면서 낮추는 겸손과 자신의 부족을 가다듬고 하나님을 바라보면서 온유하게 기다림과 하나님의 의로운 판단을 기다리는 마음으로 살아가는 이들이 마음의 평강을 얻을 수 있게 되는 것입니다.

둘째 : 서로 간에 용서하는 마음을 가질 때 마음의 평강을 가져옵니다.

"누가 누구에게 불만이 있거든 서로 용납하여 피차용서 하되 주께서 너희를 용서
하신 것 같이 너희도 그리하고,"(골 3:13)

사람과 사람들이 더불어 살아가는데 항상 좋고 즐겁지 만은 않다는 것입니다. 때로는 불만이 있고 불평이 있을지라도, 피차에 용서하며 살아가는 것이 우리가 세상을 살아가는 인간관계라는 것입니다.

어떻게 용서하느냐? 주께서 너희를 용서하신 것 같이 너희도 그렇게 용서하라는 것입니다.

주께서는 자기의 자신을 희생시켜 제물로 바쳐서 대신 죄 값을 받아 주셔서 잘못을 용서하시고 용납하시는 것으로 끝낸 것이 아니라 오히려 더 사랑하셨던 것처럼 그리하라는 것입니다.

사람이 사람을 대할 때 사랑의 눈으로 보면 모든 것이 아름답고 좋게만 보여 지지만 미움의 눈으로 보면 어느 것 마음에 드는 것이 없고 못 마땅하게 보인다는 사실을 우리는 분명히 알아야 합니다.

우리는 완벽한 사람이 못 되기 때문에 실수와 과오와 부실한 언행

이 반복됨으로 관용과 용서는 인간관계에서는 단골 메뉴입니다.

부부간에도 사랑하며 용서하고, 관용하면서 사랑하는 관계로 일생을 동반하며 살아가는 것입니다. 용서를 못하는 것이 아니라 사랑하지 못하기 때문에 용서가 안 되는 것입니다.

우리는 사랑하면 얼마든지 용서가 되고, 관용 할 수가 있지만 사랑하지 못하면 즉 미워하면 용서도 관용도 엄두도 못 내고 바늘구멍도 들어갈 자리가 없는 것입니다.

용서는 상대방을 사랑하는 것이기전에 자기의 자신을 사랑하는 것이 됩니다. 용서를 하게 되면 내 마음이 먼저 편하지만 용서를 하지 못하면 분노와 화가 자기의 자신을 긴장하게 만들고 정죄와 공격의 실탄을 가슴에 장진하게 합니다.

셋째 : 너희는 감사하는 자가 되라.

"…너희는 평강을 위하여 한 몸으로 부르심을 받았나니 너희는 또 한 감사하는 자가 되라."(골 3:15)

우리가 평강을 위하여 감사하는 자가 되어야 할 이유는 불평을 하게 되면 평강은 실종이 되고 마는 것입니다.

우리는 여기서 한 몸이라 함은 하나의 몸, 어느 한 사람을 지칭하는 것이 아니라, 그리스도를 머리로 우리 한 사람, 한 사람은 지체가 하나의 공동체를 이룬 한 몸이라는 것입니다.

그러므로 우리들의 한 명, 한 명이 몸의 한지체로서 서로 간에 조화를 이루면서 그리스도의 중심의 공동체를 이루어 나가는 것을 의미하는 것입니다.

나 같은 죄인이 주님의 부름을 받아 예수 그리스도를 머리로 한 공동체를 이루는데 하나의 지체의 역할을 하게 된다는 것은 참으로 영광 스러운 일이고 감사한 일이 아닐 수 없다는 것입니다.

성경본문에서 너희는 감사하는 자가 되라고 하였습니다.

고맙고 감사한 일이 있어서 감사하는 것은 누구나 할 수가 있는 것이지만 감사하는 자가 되라는 것은 때로는 감사의 조건이나 이유가 없어도 심지어는 불평과 불만을 할 수 밖에 없는 처지에서도 감사하는 것이 감사하는 자가 하는 것입니다.

내가 주의 복을 받고 있다고 생각하면서 감사를 하니 정말로 축복이 내게 쏟아 부어 주시는 경험을 하게 됩니다. 그리고 성경은 무엇을 하든지 감사하는 마음으로 하여야 하는 것입니다.

> "그리스도의 말씀이 너희 속에 풍성히 거하여 모든 지혜로 피차 가르치며 권면하고 시와 찬송과 신령한 노래를 부르며 감사하는 마음으로 하나님을 찬양하고."(골 3:16)

가르치고 권면하고 시를 읊고 노래를 부를 때도 감사한 마음으로 하라는 것입니다. 우리의 신앙의 생활에는 감사한 마음이 없으면 어느 것도 되는 것도 없고 아무것도 할 수 없습니다. 우리들에게는 감사한 마음은 우리 인생의 어마어마한 무형의 자산이라는 사실을 우리는 잊어서 아니 됩니다.

돈, 그것은 우리가 부지런히 노력하고 벌면 되지만 감사한 마음은 은혜를 은혜로 아는 이들에게 주시는 물질이나 물량의 가치를 초월한 엄청난 자산이라는 사실을 우리는 바로 알아야 합니다. 감사는 사람의 닫혀진 마음 문을 여는 유일한 열쇠라는 것을 명심합시다.

"또 무엇을 하든지 말에나 일에나 다 주예수의 이름으로 하고 그를 힘입어 하나님
아버지께 감사하라."(골 3:17)

우리는 주 예수의 은혜를 힘입고 하나님께 감사하는 자가 되어야
합니다. 우리의 주변이나 환경을 보아서는 감사보다는 불평을 해야
할 일들이 더 많이 일어 날 수도 있습니다. 감사는 난외의 주를 보면
은혜로 라고 번역 할 수도 있다고 하였는데 은혜를 아는 이들의 감사
하게 되고 감사한 마음을 가질 때 은혜는 우리는 받게 되어 있습니다.
그리고 우리들의 매사를 감당할 때 한 가지 더 할 것이 있는데 그것
은 바로 오늘 본문입니다.

"이 모든 것 위에 사랑을 더하라 이는 온전하게 매는 띠니라."(골 3:14)

우리는 가정의 달을 맞이하여서 어떡하면 보다 행복하고 단란한 믿
음의 복 된 가정이 될 수 있습니까?
우리는 하나님의 택함을 받은 거룩하고, 사랑을 받은 가정으로서,
긍휼과 자비와 겸손과 온유와 오래 참음으로 살고, 그리고 서로 간에
용서를 하면서 하나님의 은혜를 감사할 때, 그리고 매사에 사랑을 더
할 때 평강이 그 마음을 주장하게 되고 감사한 마음으로 그의 삶을 사
랑으로 담아 낼 때 복되고 성스럽고 사랑을 받는 하나님의 자녀로서
영원히 이 땅에서 그 역할을 감당하게 될 줄로 믿습니다.
이런 은혜와 축복이 감사함이 사랑함이 용서함과 겸손의 미덕이 여
러분들에게 넘치기를 주님의 이름으로 축복합니다.

(2011. 5. 15)

하나님이 우리와 함께 계시다(임마누엘)

마 1:23

오늘 여러분들이 설교의 본문이나 제목을 보시면 혹시 목사님이 착각을 하고 본문과 제목을 정한 것이 아닌가? 하는 생각을 하실 것 같고 아직 성탄절은 일 년 중 가장 멀리 남아 있는 오월 막바지에 무슨 임마누엘이 등장하느냐고 하실 수도 있습니다.

그러나 "하나님이 우리와 함께 계시다"를 헬라어로 번역을 하면 임마누엘이고 이 임마누엘을 한마디로 표현을 한다면 이는 "우리"라는 말로 표현을 하여도 무리가 되지 않을 것입니다.

일반적으로 상식적인 면에서는 너와 나. 즉 나 +너 = 우리 라고 할 수 있습니다. 그러나 기독교에서 성경에서 말하는 우리라는 개념은 세상적인 개념보다는 차원을 달리 하고 있다는 사실을 그리스도인들은 바로 알아야 합니다.

즉 기독교에서의 우리는 너+나에서 하나님을 곱하였을 때, 우리라는 정답이 나오게 되는 것입니다.

마태복음에 임마누엘(우리 라는)의 정신은 대단히 큰 비중을 차지하고 있다는 사실을 잊지 마시기를 바랍니다.

그리고 기독교의 정신은 임마누엘의 정신이며, 이 임마누엘의 우리는 세상에서 말하는 소위 우리라는 것과는 전혀 새롭고 차원이 다른 우리라는 사실을 바로 인식을 하여야 합니다.

세상에서의 우리는 너와 나, 나와 너희가 모이면 뭉치면 우리가 되고 그 우리가 수가 많으면 많을수록 엄청난 저력을 발휘하는 것입니다. 그러나 기독교의 크리스찬의 우리는 너와 내가 뭉쳐도 당신과 내가 하나가 되어도 임마누엘이 의미하는 우리가 될 수는 없습니다.

성도인 우리는 먼저 하나님과 내가 하나가 되어서 하나님 안에 내가 거하고, 내 안에 하나님이 계실 때 우리가 될 수 있고 나 혼자서도 우리 하나님으로 우리는 호칭을 하여도 조금도 주저하지 않습니다. 우리라는 개념은 성경에서 대단히 독특하고 그리고 포괄적으로 사용이 되는 것을 볼 수 있습니다.

"여호와 하나님이 이르시되 보라 이 사람이 선악을 아는 일에 우리 중 하나 같이 되었으니 그가 그의 손을 들어 생명나무 열매도 따먹고 영생 할까 하노라."(창 3:22)

하나님께서도 하나님, 당신 자신을 지칭 할 때도 "나"라는 단수를 쓰는 것이 아니라 "우리"라는 복수를 쓰셨습니다.

그리스도인들이 쓰는 우리는 세상에서 쓰는 우리와는 남다릅니다.

세상에서 나 외의 다른 이들과 뭉치고, 하나가 되면 복수가 되고, 우리가 되는 것이지만, 주안에서의 성도의 "우리"는 사람과 사람이 모여서 합하고, 그리스도와 하나가 되어야 기독교의 "우리"가 되는 것입니다.

세상의 우리는 나 외의 다른 이 즉 사람과 사람이 모이면 하나가 되고 우리가 되지만 그리스도인의 임마누엘의 우리는 사람과 사람이 아무리 하나가 되고, 일치가 되어도 주님과 하나가 안 되면 우리가 될 수 없는 것입니다.

이제 그 우리는 찾아야 하고 회복하여야 합니다.

현대사회는 우리는 상실하고 나만 있고, 너를 무시하는 살벌한 세상에 살고 있습니다.

겨우 너와 나만은 있어도 너희도 우리도 멀어져 간 세상이 되어서 이웃이 실종 되었고, 가족을 상실 했고, 연합이나 협동이 옛말이 되어서 조화를 이루지 못하는 살맛이 나지 않는 세상을 살고 있습니다.

제가 경험한 세상은 그렇게 길지는 않지만 늘 기억에 남는 세상은 어릴 적에 구정(설)이 되면 정월 초하루는 집안 어른들에게 세배를 하고 세배 돈을 받고, 그 다음 날부터 동네 어른들에게 세배를 하고, 음식을 대접받거나 세배 돈을 받은 것이 기억에 남고, 그리고 석유나 가스 전기로 난방을 하기 전 연탄 불로 난방을 하고 조리를 하던 시절이 참으로 좋았다,

제가 1982년도에 길신교회를 왔는데 교회 지하 외벽 창고에 연탄을 몇 백장 쌓아 놓으면 어느 부자 부럽지 않게 부자스러웠다. 연탄이 떨어지면 빌려주기도 하고, 빌리기도 하고, 연탄불을 갈아 주기도 하고, 불이 꺼지면 이글거리는 연탄을 주고, 새 연탄을 받기도 하고 이웃 관계가 참으로 좋았다.

주님과 더불어 이웃과 함께하는 우리, 살맛이 나는 세상이라 할 수 있습니다.

첫째 : 성도는 왜 우리가 되어야 하는가?

"우리"라는 단어 두 글자 흔히 쓰고, 누구나 사용하는 우리는 우리가 없는 세상은 세상이 아니고, 내가 아닌 우리가 될 때 최소한 사회라는 단어를 쓰게 되는 것입니다.

너와 나, 당신과 내가, 나와 당신이 하나가 되고, 협력을 할 때, 합할 때. 분명히 우리가 되는 것입니다. 그리고 당신과 나, 나와 너, 우리와 당신이 주님을 머리로 한 공동체가 될 때 비로서 그리스도인으로서의 우리가 되는 것입니다.

여러분, 오늘 본문 마태복음의 주제를 여러 가지로 생각 할 수도 있지만"우리"라는 주제로 잡아도 결코 틀리지는 않을 것입니다.

마태복음의 1장에서의 내용을 보면 임마누엘의 하나님을 말씀을 하고 있습니다.

그리스도의 족보에서부터 시작하여 낳고, 낳고 또 낳아서 아브라함에서부터 42대 째 예수가 탄생을 하셨고, 이는 그가 자기를 그들의 죄에서 구원 할 자라고 하였으며 이는 선지자의 말씀을 이루는 것이며 동정녀의 탄생을 의미하며 그의 이름은 임마누엘이라 하였으며 그 뜻은 하나님이 우리와 함께 계시다 함이라고 하였습니다.

다시 말씀을 드리면 하나님께서 사람의 몸을 입고 오신 것이 임마누엘이고 그 임마누엘은 하나님이 사람과 함께 하시어서 곧 우리가 된 것입니다.

"내가 너희에게 분부한 모든 것을 가르쳐 지키게 하라 내가 세상 끝날까지 너희와 항상 함께 있으리라."(마 28:20)

여러분, 보십시오. 마태복음 1장에서는 임마누엘 하나님이 너희와 함께 하심으로 시작하여 예수님께서 부활하여 승천하기 직전에 마 28:20 "…내가 세상 끝 날까지 너희와 함께 하신다." 는 임마누엘로 끝을 맺는 것을 볼 수 있습니다.

우리가 깨어지면 하나가 되지 못하고, 마음이 하나가 못 되고, 이념이 일치 하지 못 할 때, 남과 북이 우리가 못될 때 분단 조국의 아픔은 반세기가 지나도록 동족 가슴앓이를 하고 있습니다.

동족 간에 우리가 깨어지면 이 민족처럼 분단의 고통을 겪어야 합니다. 남북이 통일이 되면 북한도 우리가 되는 것입니다.

우리가 된다는 것은 갈라지거나 깨어지지 않는 하나가 되고, 합한 것이며, 남녀가 남남으로 있다가 결혼을 하면 우리가 되어서 우리 남편, 우리 아내, 둘이 아닌 하나가 되어서 세상을 동반하는 것입니다.

부부간에 우리가 안 되거나 깨어지면 이는 심각한 결과를 초래 할 수 있기 때문에 우리라는 단어를 말을 쉽게 하지만 우리가 우리 되지 못 할 때는 엄청난 불행의 늪에 빠지게 되는 것입니다.

우리가 안 되는 사회, 우리가 없는 의식 구조나 우리가 실종한 단체나 국가나 민족은 존재 할 수가 없는 것입니다.

여러분, 보십시오. 가정에서 가족 관계에서 우리 아버지 이는 숫자의 개념의 복수를 의미하는 것이 아니라 우리 아버지, 나와 둘이 아닌 우리라는 의미일 것입니다.

우리 아내, 우리 남편, 우리 아들, 우리 형님 우리 누나, 우리 동생 등등은 이 역시 숫적인 개념이 아니라, 우리는 함께 한 하나라는 둘이 아니라는 분리나 갈라진 독립 개체가 아닌 통합과 일치와 하나가 되는 개념을 뜻하는 것입니다.

그런데 안타까운 것은 이 같은 우리의 개념이 점점 사라지고 있다는데 상당한 우려를 하게 되는 것입니다.

조금은 살만하고 기갈을 면하고 여유로워지면 자기의 소리를 내고 개인의 욕구 충족에 빠져서 개인주의에 빠져서 모임이 안 되고 협동과 단체 활동이 저조해지는 것을 볼 수 있습니다.

만일에 우리라고 써야 할 호칭과 관계에서 우리를 쓰지 못할 때는 "우리"가 없는 후유증은 "우리"를 "우리"라고 못할 입장이 되고 나면 불행과 멸망의 징조가 엄습하여 온다고 표현을 하여도 결코 아니라고 부인 할 수가 없을 것입니다.

남과 북이 우리 민족이라는 말을 써도 반쪽 밖에 지나지 않고 우리나라라고 부르지 못할 때, 회갑이 지나도록 소식조차 알 수 없는 서로가 서로를 비방만 하면서 국방력에다가 엄청난 재정과 인력을 쏟아 붙고 있는 실정입니다.

둘째 : 우리가 되게 하라.

너와 나, 당신과 내가 우리가 되게 하는 것이 성도의 궁극적인 목표입니다. 우리 개개인이 모여서 우리가 될 때, 하나님의 역사는 그들을 통하여 이루어지고 있다는 사실을 우리는 잊지 말아야 합니다.

교회는 그리스도를 머리로 한 그리스도인 각인들은 지체가 되어 한 몸을 이루어서 믿음의 공동체를 이루는 것이고, 그 공동체가 주님을 주인으로 모시고 하나님이 함께하심을 믿고 살아 갈 때 임마누엘, 하나님이 우리와 함께하심이 되는 것입니다.

하나님이 함께 하심은 우리가 철저히 회개를 하고 구속의 주님을 확신 할 때 하나가 되는 것이고 우리와 함께 하는 것입니다.

하나님과 사람사이에서 우리를 깨는 것은 하나가 되는 것을 죄가 들어오면 하나님이 함께 하실 수 없고, 임마누엘이 안 되는 것입니다.

그러므로 죄의 유혹을 막아야 하고, 마귀 사탄의 궤계를 단호하게 물리쳐야 임마누엘의 역사가 하나님과 내가 우리가 되는 역사가 일어날 줄 믿습니다.

그리고 교회 안에서 성도 간에는 주 안에서 하나가 되고, 우리가 되어야 하지 나만 되고, 내가 되고, 나는 나고, 너는 너라는 지나친 개인주의나 집단 이기주의는 믿음 생활에 암적 존재입니다.

주의 이름으로는 모이는 모임에서는 "우리" 공통어가 조금도 주저없이 사용이 되어야 하고 분리 되거나 상충 되지 말아야 합니다.

그리하여 주님과 내가 합하여 내가 주 안에 주가 내 안에 계셔서 우리가 되고 믿음의 사람들이 주 안에서 하나가 되고 우리가 되어야 그리스도인으로 우리로 함께 살아가야 할 것입니다.

별거한 부부가 우리가 될 때 그 가정은 회복이 되고, 저 북한(측) 우리국민이 될 때, 우리나라는 통일이 된 나라요, 평화를 누릴 수 있을 것입니다.

성도와 성도 간에, 장로와 집사 간에, 교역자와 성도 간에, 하나 되게 못하고, 우리가 되게 하지 않고, 거리를 두게 하고 분열하게 하고, 특별히 말씀을 전하는 주의 종들과 성도 간에 우리가 못 되게 하면 큰 범죄가 될 것입니다.

우리 하나님, 우리 목사님, 우리 강도사님, 우리 전도사님, 우리 장로님, 우리 집사님, 우리 권사님, 우리 성도님, 우리 회장님, 우리 구역장님, 우리 대장님, 우리 부장님, 우리 지휘자님, 우리 선생님, 이 교회가 아닌, 우리 교회 우리가 그렇게도 중요하고 소중합니다.

마 6:9-13. 주님이 가르쳐 주신 기도 가운데, **우리 아버지, 오늘 우리에게, 우리가 우리에게, 우리 죄를, 우리를 시험에 들게 마옵시고,** 무려 6번이나 나오고 있습니다.

셋째 : 임마누엘의 우리가 될 때

주님은 세상 끝 날까지 우리와 함께 하여 주신다고 성경에서 약속을 하고 있습니다. 사람들만이 함께하는 우리가 될 때는 집단이기주의로 변질이 되고, 수적으로 힘으로 밀어 붙이는 거대한 세력이 되고, 무소불이 한 집단이 될 역사의 오점을 남기게 될 것입니다.

그러나 주안에서 하나가 되고 우리가 될 때는 놀라운 역사를 우리는 체험 할 수 있습니다.

"진실로 다시 너희에게 이르노니 너희 중의 두 사람이 땅에서 합심하여 무엇이든지 구하면 하늘에 계신 내 아버지께서 그들을 위하여 이루게 하시리라."(마 18:19-20)

다량의 숫자를 확보보다는 마음이 합해진 것을 주님은 더 원하신다. 마 18:20 **"두세 사람이 내 이름으로 모인 곳에는 나도 그들 중에 있느니라."**라고 하셨습니다.

비록 소수일지라도 주의 이름으로 하나가 되어 우리로 모이는 곳에 주님께서도 함께하여 주시는 임마누엘이 이루어지는 것입니다. 그리고 임마누엘 즉 하나님이 우리와 함께 할 때는 놀라운 역사를 이루는 것을 우리는 볼 수 있습니다.

"두려워하지 말라 내가 너와 함께함이라 놀라지 말라 나는 네 하나님이 됨이라 내 하나님이 함께하시면 임마누엘이 되면 사자 굴에 던짐을 받아도 사자가 해치지 못하고, 풀무 불에 던짐을 당해도 불이 그를 사르지 못합니다.

나와 함께하는 임마누엘, 여러분들의 기관 소속 부서에 함께 하시는 임마누엘의 하나님, 그리스도인들의 삶의 자취마다 일마다 때마다 임마누엘의 역사가 일어나기를 간절히 소원합니다.

오늘 그리스도인 한 사람, 한 사람에게 가장 중요한 것은 어떡하면 하나님이 우리와 함께 하는 임마누엘의 삶을 살 수있느냐? 하는 것이 그리스도인들의 최대의 관심입니다.

임마누엘하면 승리하셨고, 하나님을 멀리 할 때(no God team)는 실패하고 멸망을 당했다.

저와 여러분들이 하나가 되고, 우리가 되며, 주님 안에서 한 마음 한 뜻이 되고, 오직 주님을 머리로 한 우리 각자가 지체의 역할을 성실히 감당하게 될 때, 물의 위험도 불의 위험도 천재지변 자연의 재해까지도 하나님께서 막아 주시고 비록 사자 굴에 던짐을 당해도 풀무 불에 들어가도 우리 하나님이 상하지 않게 하시고 보호하여 주시는 은혜가 임마누엘의 하나님을 믿는 우리 모두에게 임할 줄 믿습니다.

(2011. 5. 29)

맡기고 사는 사람들

시 37:12-9

우리가 세상을 살아가는 것은 준비를 하고 예상을 하며 만약의 사태를 염두에 두면서 한 치의 차질 없이 살아가는 것이 현대인의 모습으로 비쳐지고 있지만 실상은 그 내면의 세계를 파헤쳐 보면 사람의 생각과 예상과 동 떨어지는 일들이 수 없이 많이 일어나고 있다는 것을 부인 할 수 없습니다.

그래서 이 땅에서 가장 행복한 사람은 맡기고 사는 사람들이며 맡긴다는 것은 그 상대방을 믿는 것인데 이는 우리들의 신앙과의 절대적인 관계를 가지고 있는 것입니다.

맡기고 사는 것이 속편하고 가장 쉬운 것 같지만 우리의 생각으로는 사리적으로 맡겨야 하는데 우리는 맡기지 못하여 자신들의 손에서 놓지 못하는 일들 때문에 마음의 고생을 하는 이들이 적지 아니합니다.

맡긴다는 것은 우리들의 감당하여야 하는 것이므로 이는 책임을 전가하는 것으로 오해하기가 쉬운데 맡김은 그러한 성격의 것이 아니고 사랑을 바탕으로 한 신뢰의 한 부분으로 보시면 실망하지 않을 것입니다.

우리가 잘못 생각하기를 맡기는 것은 약자가 맡기고 게으른 사람들이 맡긴다고 생각할 가능성이 참으로 많습니다. 그러나 약자는 체념하거나 포기하기가 일수이고 게으른 자는 태만하기 쉽습니다.

우리 인생에 있어서 맡기고 산다는 것은 가장 행복에 겨운 증거이며 아름다운 동반자의 삶을 예표하는 것입니다.

부부간에 서로 맡기고 살 때 그 가정이 행복한 가정이고 불행의 늪에서 벗어나는 유일한 돌파구이기도 합니다. 가족 간에 부부간에 형제간 자매간 우리 교우 간에 맡기지 못하고 산다는 것은 맡기지 못하는 그 자체가 불행이고 아픔이고 고통이며 괴로움이 될 것입니다.

그러므로 행복은 맡기고 사는 것과 무관하지 않으며, 사랑은 신뢰를 바탕으로 한 열매라고 하여도 과언이 아닐 것입니다. 그러나 분명한 것은 매사를 맡기고 살던지 아니면 평생을 자신의 생을 붙잡고 바둥되면서 살아가던지 어쩌든 우리들의 삶의 여정은 지나가고 있다는 것에 대하여서 부인 할 수 없습니다.

신앙생활이란 한 마디로 설명하기는 어렵지만 우리들의 삶의 여정을 주님께 맡기고 살아가는 것이라고 말 할 수 있습니다.

하나님께서 아시는 것 우리 알아야 하고 하나님을 믿는 것 우리 믿어야 합니다. 그러나 주님께 맡기고 살아가는 사람, 하나님을 알기는 알고 있지만 주님을 믿기는 믿고 있지만 그러나 나의 삶을 맡기는 것에서는 우리가 익숙하지 못하고 주저하는 경우가 참으로 많습니다.

어차피 우리는 맡기고 살아야 할 사람들이지만 그런데 맡기고 사는 것이 말처럼 쉬운 삶이 아닌데 그렇게 우리는 실천하지 못하는 경우가 참으로 많습니다.

물론 맡기는 삶이라고 하여서 자신의 져야할 책임과 짐까지도 상대방에게 전가 시키는 것을 가지고 맡긴다는 의미가 아닙니다.

인생을 살아보면 사람이 아무리 발버둥을 쳐도 사람의 마음대로 되는 것이 아니라는 사실을 우리는 나이가 들어가면 더욱 실감나게 느낄 수 있습니다.

우리가 가볍게 생각하면 맡기는 것은 무능한 사람의 소치 같고 미련한 이들이나 무관심한 사람들이 하는 것 같지만 사실은 그렇지 않습니다. 맡긴다는 것은 서로간의 신뢰성의 회복이며 사랑하고 믿는다는 증거인 것입니다.

여러분, 우리가 맡기고 나면 여유가 생기고 신용사회가 활성화가 되는 것입니다. 믿지 못할 세상은 살지 못할 세상이며, 믿지 못할 사람이면 가까이 할 수 없는 상대이며, 믿지 못할 의심 할 수밖에 없는 관계라면 맺지 않는 것이 상책이 될 것입니다.

다같은 환경과 조건일지라도 맡기고 편하게 사는 사람이 있는가 하면 그와 대조적으로 맡기지 못하고 불안하고 안절, 부절 하는 이들도 있습니다.

우리는 믿어야 할 것을 믿지 못하며 맡겨야 할 것을 맡기지 못하여 날마다 매달려 살아야 하는가하면 불신의 후유증으로 우리 사회는 지금 몸살을 앓고 있다.

지금 우리나라는 돈의 흐름을 잘 파악하고 잘못되지 않게 감독을 하게한 금감원(금융 감독원)의 부정으로 나라가 들썩 거리고 있는 시대에 우리가 살고 있습니다. 그런데 주님은 마음이 가난한 자가 복이 있으며 애통하는 자가 복이 있고 주린 자가 복이 있다고 하였습니다.

가난이 애통함이 주린 자가 복이 있다고 하였는데 가난과 애통과 굶주림은 불행의 원인이 되고 삶에 주름살을 더해 주는 것 밖에 없습니다. 그런데도 주님께서는 이 세상의 욕구와 육의 표준의 저 너머의 영의 세계와 새로운 하늘나라 백성의 충족성을 바라보면서 이 같이 복되다고 말씀하셨습니다.

오늘날 우리네는 육신의 조건이나 세상표준 한 가지 만이라도 목표에 충족시키지 못하면 영적인 많은 은혜까지도 쏟아버리는 경우가 많습니다. 속더라도 믿어 주는 것이 의심을 하고 믿어주지 않는 것보다는 훨씬 낫습니다.

첫째 : 우리(나)의 짐을 여호와께 맡기자.

"네 짐을 여호와께 맡기라 그가 너를 붙드시고 의인의 요동함을 허락하지 아니하시리로다."(시 55:22)

여러분, 현재 우리가 지고 있는 짐을 하나님께 맡기라는 것입니다.

여호와께 맡겨야 될 짐을 우리의 가슴에 안고 우리의 어깨에 짊어지고 십자가 아래 내려 놓지 않으려는 경우가 많습니다

성경에서 말씀 하시는 바에는 우리 성도 누구에게나 언제 어디서나 짐이 있다는 것을 전제를 하고 있습니다.

"맡기라"라는 말은 굴려 버리라는 뜻입니다.

굴려 버린다는 것은 자기의 손에서 멀리 떠나는 것을 의미합니다.

우리가 지고 있는 모든 짐은 하나님께 맡겨버립시다. 우리는 맡기고 짐에서 손을 떼어야 합니다.

그리스도인의 짐은 내가 지는 것이 아니라 하나님께 맡기는 것입니다. 우리는 짐을 지고 안고 끙끙 대고 괴로워하는 소비성 에너지를 더욱 주님께 맡겨 좀 더 적극적으로 하나님의 일에 동참을 하고 긍정적이고도 기쁜 마음으로 자신의 삶을 살아 갈 수 있기를 성경은 교훈하고 있습니다.

"너희 염려를 다 주께 맡기라 이는 그가 너희를 돌보심이라."(벧전 5:7)

현재의 우리가 가지고 있는 염려 근심 걱정은 내가 할 것이 아니고 주님께 맡겨야 될 것임을 성경은 분명히 그 선을 그어주셨습니다.

그런데 이런 염려를 맡기지 못하고 내가 지고 있을 때 자신의 능력을 발휘 할 수 없고 또 한 괴로움을 감뇌하여야 하고 근심과 걱정을 하게 됨으로 오히려 모든 질병의 근원이 될 수 있습니다.

우리가 맡기고 산다는 것은 믿고 산다는 의미며 믿음으로 산다는 것은 하나님의 축복의 삶을 산다는 뜻입니다.

"날마다 우리 짐을 지시는 주 곧 우리의 구원이신 하나님을 찬송할지로다."(시 68:19)

우리 주님이 우리의 짐을 져 주시되 한번 져 주시고 끝내는 것이 아닙니다. 날마다(매일매일) 삶이 지속 되는 동안에 주님이 져 주시겠다고 말씀하십니다.

우리는 사람의 생각만 하고 주의 은혜나 사랑을 약화시키거나 축소시켜서는 안 됩니다. 언제든지 우리들의 짐을(염려, 근심, 걱정, 해결할 수 없는 문제들을) 여호와께 맡기시면 주님께서 들어 주시고 대신 짐을 져주십니다.

둘째 : 너희 길을 여호와께 맡기라.

좁은 길이 있고 넓은 길이 있습니다. 굽은 길이 있고 곧은 길이 있습니다. 시온의 대로가 있고 죄의 유혹의 길이 있습니다. 세상의 길이 있고 믿음의 길이 있습니다.

"네 길을 여호와께 맡기라 그를 의지하면 그가 이루시고"(시 37:5)

우리 각자는 자신의 가야 할 길이 있습니다. 길을 맡기라는 말은 자신은 무책임하게 방관만 하고 무관심 하라는 뜻은 아닙니다. 나의 나아가는 길은 하나님께서 인도하여 주심을 믿고 방황하거나 집중력을 잃지 말고 자기의 할 일을 더욱 열심히 하라는 의미가 될 것입니다.

내가 나아가는 길은 주께서 허락한 길이라고 생각하면 방황 하거나 주저하지 않고 더욱 굳건히 자기의 길을 걸어가게 될 것입니다.

우리에게 분명한 것은 성도가 가야 할 자기의 길이 있습니다. 무엇이 옳고 무엇이 그른 것인지 압니다. 어떤 것이 신앙의 길인지 무엇이 불신앙의 길인지 우리는 알 수 있습니다.

탈선의 길, 정도에서 벗어나는 길, 세속과 범죄의 길들이 펼쳐 있지만 주의 말씀이 내 길에 빛이 되시고 내 발에 등이 되어야 합니다.(시 119:105)

"너의 행사를 여호와께 맡기라 그리하면 네가 경영하는 것을 이루리라."(잠 16:3)

우리의 하는 일중에 그리스도인들에게 가장 귀중한 일은 바로 하나님께 맡기는 일인데 이 맡기는 일은 기도와 믿음이 없으면 아무도 할 수 없는 일입니다.

내가 가볍게 할 수 있는 일일지라도 여호와께 맡기지 않으면 하나님께서 이루어 주시지 않습니다. 자신의 할 수 없는 불가능한 일도 하나님께 맡겨야 하지만 내가 단숨에 할 수 있는 단순한 일도 하나님께 맡기기가 더 어렵다는 사실을 알아야 합니다.

우리가 믿음의 조상 아브라함의 믿음을 보면 참으로 놀랍습니다.

우리의 눈에는 보이지 않고 손에는 잡히지 않지만 우리의 길을 걸어 갈 때 믿음으로 우리의 모든 행사를 맡기고 오직 주의 인도를 따르는 아름다운 성도의 삶이 될 수 있기를 바랍니다.

우리가 맡겨야 할 것(우리의 짐과 길)을 주님께 맡기지 못하여 걱정하고 염려하며 시간을 낭비 하고 헛수고를 하는 일들이 없도록 하여야 할 것입니다.

셋째 : 맡기면 하나님께서 책임져 주십니다.

하나님께서 해결 하실 수 있는 일들을 내가 움켜지고 바둥거리면 결코 그 일을 이룰 수가 없는 것입니다. 특별히 하나님께 맡겨야 할 것을 맡기지 않으므로 그 맡기지 못한 결과는 그 사람이 책임을 져야 할 것입니다. 그러나 사람으로 해결 할 수 있는 것도 하나님께 맡기면 하나님이 책임져 주십니다.

우리가 주님께 맡긴 후에 그 모든 결과는 하나님이 책임져 주시니 우리의 걱정 할 바도 책임 질 바도 못 되는 것입니다.

그런데 우리가 믿음으로 하나님께 맡기려 하면 방해하는 대상자가 있다는 사실도 명심하셔야 합니다.

1절 **"악을 행하는 자들 때문에 불평하지 말며 불의를 행하는 자들을 시기하지 말지어다."**라고 하였습니다.

성도들이 하나님 만 의지하고 믿음으로 살려고 하면 악한 사람들이 잘 못 된 방법으로 쉽게 빨리 성공하는 것을 보면 괜히 자신은 속은 것 같고 돌아가는 것 같고 그 사람들은 지름길로 가는 것 같아서 유혹을 받는 경우가 있는데 이를 경계하라는 것입니다.

악한 세상에서는 죄의 유혹이 많은 땅 위에서는 바르게 살고 진리대로 살아가는 것이 손해를 보고 어리석게 사는 것처럼 보이고 미련하게 보일 때도 있습니다. 그러나 결코 그렇지 않다는 것을 기억하시기를 바랍니다.

> "… 그를 의지하면 그가 이루시고 네 의를 빛 같이 나타내시며 네 공의를 정오의
> 빛 같이 하시리로다."(시 37:5-6)

우리가 하나님께 맡길 때 하나님께 의지 할 때 하나님께서 이루어 주시고 하나님께서 정오의 빛 같이 밝히 비춰 주실 것을 말씀하셨습니다.

성경은 분명히 말씀을 하고 계십니다.

7절 **"여호와 앞에 잠잠하고 참고 기다리라 자기 길이 형통하며 악한 꾀를 이루는 자 때문에 불평하지 말지어다."**라고 하였습니다.

우린 때로는 악한 일이 일어나고 불의한 자가 출세를 하고 성공을 하는 것 같을지라도 요동하지 말고 잠잠히 기다리며 하나님께서 그 사람의 길을 형통하게 하여 주실 것이라는 말씀을 하고 있는 것입니다.

그렇습니다. 맡겨야 할 것을 맡기지 못하여 의지 하여야 할 것을 의지하지 못하여 많은 고통과 어려움을 당하는 경우가 우리 주변에서 적지 않게 많이 발견할 수 있습니다.

지금 내가 지고 가는 삶의 짐 가운데 주님께 맡겨야 할 짐을 내가 지고 허덕이는 경우는 없는지 한번 살펴보시기를 바랍니다.

나의 나아가는 길, 내가 가는 길을 내가 먼저 걱정하고 근심하면서 갈등하는 발걸음이 있다면 그 길을 주님께 맡기고 주의 인도를 받으며 나아가는 믿음의 사람들이 될 수 있기를 기도하시기를 바랍니다.

우리의 행하는 일과 나아가는 길을 여호와께 맡기면 하나님께서 그 경영하는 것을 이루어 주신다고 하였습니다.

우리는 이 말씀을 믿으면 맡기고 기도하는 믿음의 문제는 내가 할 일이지만 그 일을 이루어지고 성사가 되는 것은 주의 손에 달려 있다는 것을 확실하게 말씀을 하고 있습니다.

저와 여러분, 오늘의 일과 내일의 일, 육적인 문제와 영적인 것 주님께 맡기고 살아가는 그만 의지하고 그만 바라보고 살아가는 우리 모두가 될 수 있기를 간절히 소원합니다.

할렐루야! 아멘.

(2011. 6. 5)

여호수아의 하나님께서는

수 1:1-9

우리는 여호수아서를 펴서 읽어 내려가면 어느 성경보다도 마음의 밝음을 주고 새 힘을 얻게 하는 성경을 꼽으라면 신구약 성경 가운데 본문을 생각하게 될 것입니다.

저는 가끔씩은 내 마음으로 나도 모르게 읊조리는 말 가운데는 여호수아의 하나님은 나의 하나님, 우리 하나님은 여호수아의 하나님이라는 말을 하게 됩니다. 구약의 그 하나님이 신약의 하나님, 신약에서의 하나님이 오늘 우리 시대의 하나님으로 확신을 합니다.

아무도 이 말씀에는 반대하거나 싫어하거나 아니라고 부인 할 사람은 없을 것입니다.

오늘 우리에게 더욱 궁금하게 여겨지는 것은 하나님께서 어떻게 여호수아에게는 특별한 말씀을 주신 것 같고, 남다르게 배려한 것 같아서 많은 것을 생각하게 하는 것입니다. 그리고 다른 이들에게는 해당 사항이 아니거나 나와는 관계가 없는 역사적인 사건으로 보아 넘길 수 없는 것이어서 많은 생각을 하게 되는 것입니다.

그러나 우리가 건성으로 보면 특별한 배려를 한 것 같고 남다른 혜택을 준 것처럼 보이지만 그러나 우리가 막상 주의 말씀을 오늘 본문을 주밀하게 살펴보면 이 같은 경우의 축복의 말씀은 오늘 우리들에게 수없이 선포를 하셨고 우리가 들어 왔던 것이라고 하여도 이는 과언이 아닙니다.

너가 밟는 곳은 너의 것이 되게 하고 평탄하게 하고 형통하게 하여 주시겠다는 보장을 보면 우리들의 평소의 바라던 모든 것이 하나님께서는 여호수아가 구체적으로 간구하기 전에 먼저 주시겠다는 약속으로 우리는 볼 수 있습니다.

이 땅에서 사는 성도들에게 이렇게만 된다면 여러분 얼마나 좋겠습니까?

우리는 이 부분에 있어서 부러워하고 그리고 그 같은 하나님을 섬기고 싶으며 여호수아의 축복을 받고 싶은 것이 사실입니다. 그러나 수 1장 본문의 말씀을 좀 더 심도 있게 그 내용을 살펴보면 하나님께서 여호수아에게 남다른 특혜를 주셨거나 어쩌다가 요행으로 하나님의 축복을 받아 누리는 운 좋은 사나이로 보아 넘길 수 없습니다.

이스라엘의 40여 년의 긴 세월 동안 출애굽을 이끌어 온 이스라엘의 지도자 모세가 죽은 직후는 영도자를 잃은 유대 민족들에게 큰 혼란을 가져오게 되는 것입니다. 자동차에 운전기사, 배에 선장, 비행기 조종사가 없는 것과 마찬가지일 것입니다.

이스라엘의 출애굽 가운데 최대의 위기를 만나는 것이 모세의 죽음일 것입니다.

본문의 내용의 일부분을 유추해 보아도 일부에서 상당한 동요가 있었고 출애굽 여정 자체가 흔들리는 것으로 볼 수 있습니다.

혼란과 갈등과 확실성이 없고 우리의 판단을 하기가 어렵고 힘이 들게 되면 우리들 스스로가 분명한 목적의식을 가지고 있을 때, 우리는 스스로 나아갈 방향을 잡을 수가 있을 것입니다.

우리가 살아가는 인생사에서는 위기는 불청객처럼 언제나 찾아오는 경우가 있을지라도 때로는 그 위기가 기회가 되는 경우도 많습니다. 그러면 본문의 주인공 여호수아가 지도자 모세가 죽은 이후의 출애굽의 역사 이래의 최대의 위기를 만났을 때 하나님은 그에게 무엇으로 교훈하였습니까?

어려운 위기를 만난 여호수아에게 권고한 교훈의 말씀은 우리가 살고 이 시대의 하나님을 의지하는 성도들에도 어려움과 위기를 만났을 때 주시는 교훈으로 믿습니다.

인생사에 어려움과 위기를 만났을 때 취할 태도

첫째 : 목표를 분명히 하라.

사람이 살아가면서 그 살아가는 것이 수월하지는 않지만 그 사람이 목표를 정하지 못하거나 목표가 흔들릴 때, 즉 목적의식을 상실하고 인생의 방향 감각을 상실 할 때가 가장 큰 위기입니다.

"내 종 모세는 죽었으니 이제 너는 이 모든 백성과 더불어 일어나 이 요단을 건너 내가 그들 곧 이스라엘 자손에게 주는 그 땅으로 가라."(수 1:2)

비록 지도자 모세는 죽었지만 그러나 여호수아에게는 그 모든 백성과 더불어 하나님이 약속한 가나안으로 가는 목표가 분명하게 정하여 주시는 것입니다.

사람이 무엇을 하든지 그 어떤 목표가 정해지면 그 일을 추진하면 되는데 목표를 정하지 못하여 인생을 낭비하고 기회를 놓쳐버리는 경우가 우리들의 삶의 여정에서 상당한 부분을 차지하고 있는 것입니다.

지도자를 잃어도, 선장은 쓸어져도 가나안을 향해하는 선박은 그 행선지가(이스라엘 자손에게 주시는 그 땅으로 가라) 바꾸어질 수 없는 것입니다.

우리가 때로는 시행착오를 범하고 실패를 거듭하여도 한번 정한 목표 그리고 주님께서 명하신 사명은 내가 맘대로 바꾸거나 포기 할 수 있는 것은 못 됩니다.

자기가 세운 목표, 주님께서 나에게 명한 사명, 이 땅에서 내게 주어진 직분을 함부로 뒤집거나 변절하거나 포기를 하게 되면 이는 아무것도 이룰 수가 없는 것입니다.

출애급한 이스라엘 백성에게는 원망도, 불평도, 하소연도 어느 정도 용납이 되었지만 그러나 출애급의 본래의 목적을 포기를 하고 돌아가자는 이들에게는 그 토록 사랑하는 하나님의 택한 이스라엘 백성들이지만 용납 할 수가 없었던 것을 우리는 잘 알고 있습니다.

그리하여서 여호수아 갈렙 외에는 가나안에 들어가는 것을 허락지 아니하시고 광야에서 그들의 생애를 마감하게 하시는 것을 우리는 볼 수 있습니다.

우리는 여기서 한 가지 분명한 교훈을 받아야 합니다.

아무리 어렵고 힘들고 상황이 나빠도 주님께 한 번 받은 명만은 끝까지 지켜야 하고, 정한 목표가 있고 꿈이 있다면 아무리 열악한 환경일지라도 포기하지 말고 끝까지 지켜 나가야 할 것을 오늘 본문에서 주시는 하나님의 엄위 하신 명령입니다.

우리는 살아가면서 내가 내 자신을 향한 목표가 있고, 내가 주님을 향한 목표가 있고, 나의 직장에서 인간관계에서 자기 나름대로의 목표를 가지고 있습니다.

사람이 목표를 너무 과도하게 높게 세워서 쉽게 좌절하지도 않아야 하지만 목표를 너무 낮게 설정하여 자기의 자신을 비하하지도 말아야 합니다. 그러나 주님께서 내게 주신 명령이고 사명이라면 인간적인 사사로운 일들로 인하여 함부로 바꾸거나 포기할 것은 아니라고 생각합니다.

여호수아는 주님께서 다시 한 번 말씀하신 그 명령을 받아서 어렵지만 불리한 조건이지만 그 분부에 어떠한 변명도, 이유도 말하지 않고 오직 가나안을 향하는 그 목적지를 향함에는 조금도 흔들림이 없는 모습을 우리는 발견 할 수 있습니다.

목표가 분명하면 어떤 경우에도 요동함이 없이 그 길을 갈 수 있는 것입니다. 내 맘으로 심사숙고한 정한 목표를 상황이 좋지 않다고 경솔하게 바꾸거나 뒤집지 말고 인내심을 가지고 잘 감당해 보시기를 바랍니다.

거기에 분명히 우리 하나님의 뜻이 담기어 있고 우리 주님의 오묘한 뜻을 우리가 깨닫게 될 때 하나님의 놀라운 도구로 쓰임을 받게 될 줄로 믿습니다.

둘째 : 우로나 좌로나 치우치지 말라.(어떤 경우에도)

우울 증세를 가진 사람이 조울증에 걸릴 가능성이 많고 조울증에 시달리는 사람이 우울증을 쉽게 앓을 수 있다는 것입니다.

우린 때로는 양극의 현상을 나타내는 경우가 적지 않습니다.

우리가 살아가는 삶 가운데는 치우치는 일 때문에 이웃이 벽이 되고, 부모와 자녀지간에 남남이 되고, 형제간에 불목하고, 고부간에 갈등하고, 시누이 올캐 사이에 원수처럼 살아가는 경우가 그 얼마나 흔한지 모릅니다.

우리들의 말 가운데 너무 좋아 죽을 지경이고, 때로, 너무 싫어서 죽을 지경이라고 표현을 하는 것을 볼 수 있습니다.

너무 좋아서 죽겠고, 너무 싫어서 죽을 지경이라고 말할 정도의 양극으로 치우치는 경우가 너무나 흔하게 접할 수가 있습니다. 말도, 감정도, 기쁨도 슬픔도 좋은 것도 나쁜 것도 너무 지나칠 정도로 치우치지 않고 정도를 걸을 수 있는 중심이 있는 자신의 생각과 견해를 피력하는 준수 하고 믿음직한 모습을 견지 하고 살았으면 하는 마음입니다.

즉 하나님이 우리의 중심에 계시고 주의 말씀을 삶의 기준으로 삼아서 경륜을 쌓아 갈수록 나이가 먹을수록 주님 앞으로 한걸음씩 다가 설 수 있는 성숙한 믿음의 모습을 우리는 자신의 삶으로 담아 낼 수는 없을까요?

때로는 나의 기분이 업이 되어서 상대방의 마음을 읽지 못하고 자기의 감정에 앞선 나머지 주변의 처지를 헤아리지 못하는 반쪽인생을 살아가는 경우도 있습니다.

저는 때로는 제 자신이 한쪽으로 치우쳐 있지 않느냐? 하는 반문을 하면서 조심스럽지만 말씀을 드리겠습니다.

제가 학생 때 믿음의 생활을 할 때 제게 세례를 주시고 신앙 지도하신 목사님이 신앙인은 경건하게 살아야 하고 안 믿는 가족들이나 세상 사람들에게 비난의 대상이 되면 안 된다면서 엄숙한 믿음의 생활을 많이 강조를 하셨습니다.

보수신앙의 엄격한 믿음의 생활을 하여야 한다는 것이 직·간접적으로 요청을 받으면서 자신도 모르는 사이에 몸에 배어 있는 것 같습니다.

우리 홈페이지를 열고 제가 설교를 보고 들으면서 내용면에서는 그렇게 부실하게 느껴지지 않는데 나름대로 아쉬워하면서 보완을 하고 싶은 것이 있다면 때로는 찬양으로 한 곡조를 부르기도 하고 그리고 좀 유머스러운 위트나 배꼽을 잡는 웃음을 줄 수 있는 재치만 가미가 된다면 상당한 영향력을 줄 수 있겠단 생각을 하기도 했습니다.

그래서 노래를 잘하는 이들이 부럽고 텔레비전에 나오는 코메디 프로보아도 웃기기는 웃기는데 왜 웃는지 모르다가 실컷 지나고 나면 아 그래서 웃었구나, 아니면 그 사람들이 왜 웃는지 아직도 모르고 있을 정도로 감각이 둔한 것을 절감합니다.

웃음만큼이나 타인에게 비춰는 좋은 이미지는 없을 것입니다.

어떡하면 내 인생을 미소로 꽃 피울 수 있을까 하는 것이 오늘의 우리들의 과제입니다.

여러분, 웃음에도 십계명이 있더라구요.

1)크게 웃어라.

2)억지로라도 웃어라.

3)일어나자마자 웃어라.

4)시간을 정해 놓고 웃어라.

5)마음까지 웃어라.

6)즐거운 생각을 하며 웃어라.

7)함께 웃어라.

8)힘들면 더 웃어라.

9)한 번 웃고 또 웃어라.

10)꿈을 이뤘을 때를 상상하며 웃어라.

긍정적인 마음과 미소를 담은 얼굴을 가지고 살아 갈 때 자기의 인생의 대 변역이 일어나게 되어 있습니다.

셋째 : 다 지켜 행하라.

다 지켜 행할 수 있는 비법은 무엇입니까?

"오직 강하고 극히 담대하여 나의 종 모세가 네게 명령한 그 율법을 다 지켜 행하고"(수 1:7)

마음이 강하고 담대하게 되는 것은 우리가 기압을 넣거나 군가를 부르거나 정신적인 몰입으로 강하고 담대한 사람이 되는 것은 아닙니다. 그것은 강하고 담대하게 되는 것은 우리 그리스도인들에게는 하나님이 함께 하실 때만이 가능한 것입니다.

우리 하나님이 나와 함께 하신다고 확신을 하게 되면 세상의 그 무엇도 두려워 할 것이 전혀 없게 되는 것입니다. 어떡하면 하나님께서 우리와 함께 하실 수 있을까요?

그것은 아주 간단합니다. 하나님의 말씀에 순종하게 될 때 우리 주님께서 우리와 함께 하시고 불순종하고 범죄하면 함께 하시던 하나님도 떠나게 되고 두렵고 떨리는 마음에서 벗어 날 수 없는 것입니다.

사실 어떤 의미에서 하나님이 우리를 부르시고 택하여 주시는 것은 우리와 주님이 함께 하시어서 순종하게 하시는 것입니다.(요 15:16)

하나님의 말씀을 거스르는 것은 하나님이 우리와 함께 하시는 것을 거부하는 것이며 또 한 하나님의 말씀을 믿음으로 순종 할 때 하나님이 우리와 함께 하신다는 믿음과 용기를 갖게 되며 두려움을 떨쳐 버리게 되는 것입니다.

오늘 우리들에게 가장 큰 고민은 우리가 하나님의 명령을 싫어하거나 회피하는 것은 아니지만 우리 나름대로는 최선을 다하고 지키고 행하려고 노력을 하고 있지만 다 지켜 행하라는 이 말씀에는 미치지 못하고 있는 것이 사실입니다.

"이 율법 책을 내 입에서 떠나지 말게 하며 주야로 그것 묵상하여 그 안에 기록된 대로 다 지켜 행하라…"(수 1:8)

그 어떠한 경우라도 아무리 열악한 환경 일지라도 하나님의 명령, 주님께 기도하며 도움을 청하던 우리의 목표는 흔들리지 않아야 합니다. 그리고 좌우로 치우치지 아니하고 믿음의 정도를 걸으며 하나님의 말씀의 기준에서 벗어나지 않아야 할 것입니다.

그 안에 기록 된대로 다 지켜 행하면 우리 주님께서 복을 주실 것을 오늘 본문에서 보장을 하고 있습니다.

"네 평생에 너를 능히 대적 할 자가 없으리니 내가 모세와 함께 있었던 것 같이 너와 함께 있을 것임이라 내가 너를 떠나지 아니하며 버리지 아니하리라."(수 1:5)

강하고 담대하면 너의 조상에게 주리라고 맹세한 것을 너희에게 주리라고 하셨습니다.

잘 믿는 사람, 은혜를 받은 사람들 무엇인가 모르게 다른 점이 있다는 것을 우리는 인정하여야 할 것입니다.

치우치지 아니하고 하나의 목표를 삼고 다 지켜 행하면 그리하면 네 길이 평탄하게 될 것이며 네가 형통하리라. 고 하였습니다.

평탄하고 형통하게 되는 길을 우리에게 오늘 가르쳐 주셨습니다. 그리고 네가 어디로 가던지 네 하나님 여호와가 너와 함께 하여 주신다고 하셨습니다.

여호수아에게 함께 하시던 하나님은 오늘 저와 여러분들의 하나님인 줄 믿습니다. 여호수아의 믿음을 가지고 여호수아의 평탄과 형통, 약속의 땅, 축복의 땅을 받아 누리는 우리 모두가 될 수 있기를 간절히 기원합니다.

(2011. 6. 26)

3부

당신은
감사와 찬송의
사람입니다

당신은 감사와 찬송의 사람입니다

시 100:1-5

성도란? 그리스도인이란? 하나님의 백성이란? 주의 은혜를 받은 사람이란 어떤 이들로 지칭을 할까 생각하여 여러 말로 표현을 할 수가 있고, 많은 이들이 각양각색으로 답변을 할 수가 있을 것입니다.

성도는, 그리스도인들은, 하나님의 은혜를 깨달아서 감사를 연발하며 즐거워하는 나머지 흥에 겨워 노래를 하고, 그 노래가 바로 찬송인 것입니다. 그래서 그런지 몰라도 시골에서 음악가가 나왔다면 그는 틀림없이 어느 모 교회 출신 누구라고 말하는 것을 우리는 볼 수 있습니다.

우리나라의 유명한 성악가나 음악을 하는 이들은 단연 우리 크리스챤들이 추축을 이루고 있음도 우리는 부인 할 수가 없습니다.

오늘 주일은 2011년 맥추감사절을 맞이하였습니다.

전반기 6개월을 은혜 가운데 보내고 감사해서 기독교의 3대 절기중의 하나인 맥추 감사주일을 맞이하였습니다. 물론 우리는 옛날 농경사회처럼 가축을 기르거나, 농사를 짓는 것도 아니며, 모맥을 거두는 농민도 아무도 없습니다. 그러나 맥추절은 그해의 가꾼 첫 열매의 수확을 거두는 것에 감사해서 하나님께 감사의 예배를 드리는 것을 의미하는 것입니다.

우리가 2011년 신년을 맞이하여서 출발 할 때는 참으로 불안하고 예측불가한 일들이 우리 앞에 산적해 있어서 심적으로 적지않게 불안한 마음으로 출발한 것이 사실입니다.

그러나 힘들고 어려웠지만 이 해의 절반, 상반기를 지나고, 이제는 후반기를 맞이하면서 우리들의 마음 가운데 감사하다는 말을 연발 할 수밖에 없는 주님의 은혜를 입은 우리들 모두입니다.

그리고 마음으로 긴장하게 만들었던 것은, 우리 교회가 돕고 있는 미자립 교회, 선교사 및 선교기관, 사회 복지기관과 개인들에게 돕는 것을 합하면 약 50여 곳(교회) 매월 상당한 액수이며, 선교 구제 장학금 기타를 합하면 우리 교회 전체 예산의 약 15%가 집행되고 있다는 사실입니다. 상당히 우려를 하였는데 상반기는 그런대로 잘 지나 갔고 후반기도 차질없이 집행이 될 줄로 믿습니다.

우리 노회 산하에 약 100여 교회가 있는데 교인이나 기타 비율로 보면 우리 교회가 선교 구제 미자립 교회 돕는 것과 복지 기관에 대한 협력하는 것은 단연 앞서고 있다는 사실을 여러분들이 아시고 긍지를 가지시기를 바랍니다.

우리 기독교의 믿음이란 하나님의 은혜와 사랑에 감사하여 주님의 사랑을 받고, 주님을 섬기고, 주의 받은 사랑으로 이웃과 나누는 것이 곧 기독교의 정신이라고 간단히 정의 할 수 있을 것입니다.

그래서 언제나 하나님의 은혜가 감사 하고, 그 감사한 마음이 우리의 노래로 표현이 되는 것이 찬송이며, 이 같은 찬송을 하면서 살아가는 이들이 이 땅에서의 행복한 사람들이라고 할 수 있을 것입니다.

그러나 하나님의 은혜를 잊어버리고 감사가 없으면 찢어 버림을 당한다고 성경은 말씀하였습니다.

> "하나님을 잊어버린 너희여 이제 이를 생각하라 그렇지 아니하면 내가 너희를 찢으리니 건질 자가 없으리라." (시 50:22)

그러나 감사가 있는 자에게 하나님의 은혜를 잊지 않고 감사하는 이들에게는 그 다음 절에는

> "감사로 제사를 드리는 자가 나를 영화롭게 하나니 그의 행위가 옳게 하는 자에게 내가 하나님의 구원을 보리라."(시 50:23)

감사의 제사는 하나님을 영화롭게 하고 그 사람(옳은 행위, 감사자)은 하나님께서 구원하여 주신다고 하였습니다.

첫째 : 감사는 성도의 기본입니다.

예수를 믿을 때와 믿지 않을 때, 은혜를 받은 사람과 은혜를 받지 못하는 사람의 차이는 엄청납니다. 예수를 믿고 은혜를 받으며 언제나 감사를 먼저 하게 되어있지만, 예수를 믿지 않고 은혜를 못 받으면 불평을 먼저 하고 매사를 부정적으로 보는 본능적인 표현을 쉽게 합니다.

마음에서나 말에서나 삶 가운데 감사가 있는 사람들은 대개가 그리스도인들이라고 하여도 그렇게 과장 된 표현은 아닐 것입니다.

여러분, 기도 안 하다가 기도하면 나도 모르게 감사합니다.

말이 입에서 무의식 가운데 나오는 것을 경험을 할 수가 있습니다.

그리고 감사는 그리스도인의 무형의 자산이며 가치를 측정 할 수 없는 삶의 보석과 같은 것입니다.

감사는 어떤 공적(功績)보다도, 우리를 흐뭇하게 하며. 감사는 어면 재물이나 물질보다도 부담감 없이 행복하게 하여주는 에너지원입니다.

감사는 사람의 마음을 여는 촉매제와 같은 것이지만 불평은 인간 세상의 오염덩어리고, 우리들의 건강을 해치는 행복을 파괴하는 독소와 같은 것입니다.

그리고 불평은 마음을 닫아, 이해도 설득도 전혀 할 수 없는 불행으로 이끌어가는 마귀의 하수인 격의 역할을 하게 되는 것입니다.

감사는 살아도 감사, 죽어도 감사, 있어도 감사 없어도 감사, 잘 되어도 감사 못 되어도 감사, 감사는 마음으로 몸으로 말로 표현 하는 것 만큼 행복의 바이러스입니다. 사람이 긍정적인 믿음으로 감사를 하게 되면 그리스도인들의 감사는 전천후의 감사가 되는 것이며, 언제 어디서나 무슨 일을 만나도 감사의 마음은 막 을 수 없을 것입니다.

오늘 날 우리들의 주변에서 불평을 하면서 문제를 제기 하고, 이유와 원인을 캐묻고, 공격성 발언하여야 똑똑한 사람으로, 알아주는 사람으로, 착각을 하는 경우가 더러 있습니다.

우리들의 마음에 감사의 소재를 담아서 우리들의 삶으로 풀어내면 기쁨의 알곡들이 차곡 차곡 채워지는 행복을 맛보게 될 것입니다. 그러기에 그리스도인들에게 감사는 본분이고 하나님의 명령입니다.

둘째 : 감사는 하나님의 명령입니다.

왜 불평이 없으며, 좋은 일만 있고, 나쁜 일을 전혀 없겠습니까?

우리들을 그냥 내버려두면 불평 할 수밖에 없는 우리들의 본성이 우리들의 환경이고 조건이라 할 수 있습니다.

감사 한 일을 두고 틀림없이 감사해야 한다는 조건이나, 약속이 아니라, 너는 그리스도인이기 때문에 하나님을 믿는 하나님의 자녀요 백성이기 때문에 너는 구원 받은 하나님의 택한 백성이기 때문에 감사하라는 것입니다.

그리스도인의 감사는 대가(代價)나 조건(條件)이 아니라, 우리는 그리스도인이기 때문에 감사를 하여야 하는 것입니다.

조건이나 대가가 있는 감사는 이 세상 사람들도 다 하는 것이지만 하나님께서 우리에게 감사를 요구한 것은 은혜를 잊어버리는 배은망덕(背恩忘德)의 사람이 되지 말라는 의미이고, 우리 그리스도인들은 범사에 감사하는 감사의 불씨가 되고 감사의 촉매제가 되고 어느 자리에서든지 성도는 감사의 시발점이 되어야 합니다.

"여호와께 감사하라 그는 선하시며 그 인자하심이 영원함이로다."(대상 16:34)

하나님께 감사를 명하는 것은 하나님은 선하시고 인자하신 분이기 때문입니다. 사도 바울은 에베소 성도들에게 언제나 감사한 말을 하라고 하였습니다.

"누추함과 어리석은 말이나 희롱의 말이 마땅치 아니하니 오히려 감사하는 말을 하라"(엡 5:4)

여러분, 우리 믿음의 사람들은 저와 여러분들은 언제, 어디서, 누구에게든지 말 한마디라도 감사한 말을 하여야 합니다.

"또 무엇을 하든지 말에나 일에나 다 주 예수의 이름으로 하고 그를 힘입어 하나
님 아버지께 감사하라."(골 3:17)

만일에 우리 그리스도인들에게 감사를 빼버리면 두 번 다시 거들떠
볼 수 없는 아주 흉물스러운 존재로 전락하고 말 것입니다.

그러므로 우리 믿는 사람들은 감사가 그리스도인의 보약이고, 믿음
의 스테미너이며, 많은 이들의 부러움의 대상이 될 것입니다.

"범사에 감사하라"(살전 5:18)

이 범사의 감사가 얼마나 광범하고 다양하고 무궁무지 한지 우리가
상상을 다 하지 못 할 정도입니다.

죽음에서도 감사를 하고, 질병을 안고도 감사를 하고, 자식을 잃고
도 감사를 하고, 아내를 보내고도 감사를 하고, 남편을 보내고도 감사
를 잊지 않으며 부모님을 여의고도 감사하는 경우 등 등에 현장을 목
격했습니다.

그리스도인의 감사는 조건이 아니라 명령이며 그 명령에 순종하는
것이 감사라고 할 수 있습니다.

"그 안에 뿌리를 박으며 세움을 받아 교훈을 받은 대로 믿음에 굳게 서서 감사함
을 넘치게 하라."(골 2:7)

사도바울은 옥중서신을 골로새 교회 성도들에게 보내면서 주안에
서 뿌리를 박고 믿음의 교훈을 받은 대로 굳게 서서 감사함이 넘치게
하라고 당부를 하는 것을 볼 수 있습니다.

조건 반사적 감사는 세상에서 얼마든지 볼 수 있지만 그러나 범사
에 감사는 무조건의 감사는 믿음 안에서 은혜 안에서 통하는 감사를

의미하는 것을 뜻합니다.

여러분, 성도의 감사는 존재 자체가 감사이며, 믿음과 은혜가 감사의 반응으로, 감사가 믿음의 사람, 은혜를 받은 이들의 증거가 되는 것입니다.

만일에 우리들의 생활에서 감사가 없으면 불평과 불만 그리고 소외감, 시험에 빠지는 무서운 결과를 초래 할 수가 있는 것입니다.

우리를 이 주일에 예배를 드리는 이 자체가 감사이며, 서로간의 만남과 주의 전에서 봉사와 헌신을 하는 것이 믿음의 반열에 선 것이 감사가 아닐 수 없습니다.

저 같은 경우는 불신의 가정에서 특별히 예수를 믿게 하여 주시고 목회자의 이 길을 가도록 인도하여 주신 것이 여러분들을 만나고 길신교회를 섬기는 자체가 감사가 아닐 수 없습니다.

저는 이 길을 걸어오면서 때로는 힘들어 하고, 괴로워하고, 아파하고 눈물을 흘렸지만 한 번도 후회해 본 적은 없습니다.

셋째 : 감사는 축복입니다.

감사만큼이나 더 중요한 자원이 없고, 감사는 감사 자체로만 우리의 믿음을 업그레이드 시킨다는 사실을 여러분은 다 알고 계시지요.

감사가 없는 생활은 너무나 지긋 지긋하고 두려움과 불안한 세상이 될 것입니다. 감사를 내 것으로 만들고, 감사가 우리의 것이 될 때, 우리가 사는 세상은 참으로 아름다운 세상이 될 것이요 살만한 세상이 펼쳐질 것입니다.

1. 감사하는 생활로 살아가는 사람이 복입니다.

4절 **"감사함으로 그의 문에 들어가며 찬송함으로 그의 궁정에 들어가서 그에게 감사하며 그의 이름을 송축할지어다."**라고 하였습니다.

출입에 감사가 있는 사람, 주의 전을 들어오면서 찬송하는 사람, 주의 전에서 하나님께 감사하는 사람, 여호와의 이름에 찬송을 보내는 사람만큼이나 복 받은 사람이 있을까요?

우리들이 예배드리기 위하여 교회로 출발을 하면서 언제나 감사하는 마음을 가지고 있고, 교회의 문을 들어오면서 찬송을 하고, 주의 전에서 여호와 우리 하나님의 이름에 영광 돌리는 찬송하는 사람이면 그 사람 정말 복 받은 사람이 아닐까요.

성도가 복을 받은 증거는 재물이나, 명예나, 이 세상에서 출세를 한 것으로 복을 받았다고 하기에는 아무래도 꺼림찍 할 것입니다. 그러나 우리들의 생활 가운데 감사가 넘치고, 그 감사가 찬송으로 표현이 되어 지고, 우리 주님께 영광을 돌릴 수 있다면 아마 이 이상 바랄 것이 없을 것입니다.

우리들의 입에서 찬송이 있고, 우리들의 마음에서 감사가 넘치게 될 때, 불평은 발을 붙이지 못하고, 불행은 흔적도 없이 사라지게 되어 있습니다. 감사를 마음으로, 입으로, 삶으로 바라고 찾고 문을 두드리는 사람이 감사한일을 접하게 되고 감사의 조건들이 직 간접적으로 이어 지고 있는 것입니다.

2. 하나님과 자신을 바로 아는 것이 복입니다.

3절 **"여호와가 우리 하나님이 신줄 너희는 알지어다 그는 우리를 지으신 이요 우리는 그의 것이니 그의 백성이요 그의 기르신 양이로**

다.”라고 하였습니다.

하나님을 나의 하나님으로, 우리의 하나님으로 바로 아는 것이 중요 하며 그분은 나를 지으신 창조주라는 사실 더 분명히 알아야 하는 것입니다. 우리는, 나는, 그의 피조물이며 우리는 그의 것이요(하나님은 나의 주인) 그의 백성이요(왕 임금) 우리는 그의 양이(그는 우리의 목자, 인도자)라는 것입니다.

하나님이 어떤 분인지? 내가 어떤 존재인지 바로 알고 살아가는 것이 복중의 복이라는 사실을 우리는 바로 깨달아야 합니다.

하나님이 어떤 분인지, 내가 어떤 존재인지, 바로 깨닫지 못하여 믿으면서도 바로 살지 못하고, 복을 받지 못하는 이들이 적지 않습니다.

3. 주의 인자와 성실로 대대에 이르게 하십니다.

5절 **“여호와는 선하시니 그의 인자하심이 영원하고 그의 성실하심이 대대에 미치리이다.”**라고 하였습니다.

우리가 하나님의 은혜, 주의 사랑을 마음으로, 입으로, 삶을 감사하는 이들에게는 좋으신 우리 하나님께서 그의 백성들에게 영원히 베풀어 주시고, 주님의 성실하심으로, 이스라엘은 변덕을 부리고, 약속을 어기고, 배반을 하고, 범죄를 하여도, 그대로 갚지 않으시고 당신의 약속을 신실하게 끝까지 지키시는 하나님이 라는 것입니다.

그러므로 우리 모두는 일생동안 감사하며, 찬송하며, 살아가는 감사와 찬송의 백성이 될 수 있기를 간절히 기도합시다.

(2011. 7. 3. 맥추절)

나그네의 인생

히 11:13-16

우리가 이 땅에 살아가면서 매사를 지혜롭게 대처를 하고 만물의 영장으로서의 그 위치를 확고히 하면서 양육 지배 운영하고 있지만 그래도 아직도 바른 의식을 가지고 있지 못한 부분이 있다면 인생의 종말성과 미래에 대한 대처에는 아직도 원시적인 입장에서 벗어나지 못하고 있다고 할 수 있습니다.

우리의 신앙의 선진들은 우리 인생은 이 땅에서 외국인과 나그네라고 말씀을 하고 있는데 우리는 머리로서는 이해를 하면서도 실제적인 삶에서 그렇게 예비 된 삶을 살아가지 못하고 있습니다.

우리가 외국인이라면 언젠가는 본국으로 돌아가야 하는 것이 너무나 당연하고, 나그네라면 나그네의 서러움에서 고향을 찾아가야 하는 것이 마땅한 일이거늘, 우리는 외국을 본국처럼, 객지를 본향처럼, 착각하며 살아가는 모습에 오늘 본문은 깨우쳐 주시는 말씀입니다.

그런데 우리말 사전에 나그네의 사전 적인 의미는 제 고장을 떠나서 객지에서 있거나 여행 중에 있는 사람을 말한다고 하였습니다.

우리는 고향에 대한 향수는 세계 어느 민족보다도 강한 집념을 가지고 있습니다. 일제 강점기에 남양 군도로, 동남아로, 사할린 탄광으로 강제 노역으로 끌려간 우리 할아버지들이 조국을 고향을 얼마나 그리워했는지 모릅니다.

여러분, 지금도 강원도 고성이나, 강화도나, 파주나, 철원 등지에서 휴전선 이북에 고향을 두신 분들이 한 자락이라도 가까운 곳에 둥지를 틀고 통일만 기다리는 고향지기들이 얼마나 많은지 모릅니다.

고향을 그리워하는 마음은 자기 실존에 대한 추구입니다.

고향은 어머니의 품안 같은 따뜻한 모정의 샘과 같은 곳이며, 피곤하고 지친 이들의 안식처이며 고향의 냄새는 어머니의 젖 내음과 같은 것이며, 고향의 파운다리는 어머니의 품안과 같은 곳이기도 하다.

하나님께서는 아브라함을 부르셨습니다.

"여호와께서 아브라함에게 이르시되 너는 너의 고향과 친척과 아버지의 집을 떠나 내가 네게 보여줄 땅으로 가라."(창 12:1)

본토, 친척, 아비 집을 떠나라는 것은 지금까지 연관되어 오고 보호를 받던 모든 것 인간관계를 끊어버리는 것을 의미합니다.

고향을 떠나는 것은 나그네가 되는 것이며, 조국을 떠나는 것은 외국인으로서 국제적인 나그네를 의미하며, 심지어는 난민으로서 국제적인 객으로, 고아로 전락하는 것입니다.

외국인으로, 나그네로, 사는 것이 행복하거나 호화스러운 생활도 아닌데 하나님께서는 당신의 택한 백성으로 무엇 때문에 외국인(이방인)으로 나그네의 삶을 살아야 하는지 주님의 의중을 바로 아는 것이 중요합니다.

우리말에 집 나가면 고생이라는 말이 있습니다.

우리가 집을 나가, 타향 객지로, 외국으로 가게 되면 마음으로는 많이 긴장이 되지만 나그네의 외로움이나, 서러움은 시간이 지날수록 피부에 닿도록 실감을 하게 되는 것을 볼 수 있습니다.

가끔씩은 선교 사역으로 인하여 혼자서 해외로 나가게 되는 경우 출발부터 긴장을 하게 되고, 마음으로 상당한 불안감으로 가득 차 있습니다. 그래서 오히려 더 기도하게 되고, 본분에 충실하게 하려고 애를 쓰는 경우를 몸소 경험 할 수가 있습니다.

첫째 : 하나님은 믿음의 사람들을 외국인과 나그네로 만드신 이유.

"이 사람들은 다 믿음을 따라 죽었으며 약속을 받지 못하였으되 그것들을 멀리서 보고 환영하며 또 땅에서는 외국인과 나그네임을 증언하였으니"(히 11:13)

아브람과 이삭과 야곱, 이들의 가문들이 이 땅에서 나그네로 살다가 간 믿음의 선진들의 삶의 모습은 고향과 친척과 본향을 떠나서 나그네와 외국인의 생활을 하는 이 땅에서의 최고의 유랑민의 생활이라고 할 수 있습니다.

현대인은 고향을 잃어버린 실향민의 삶을 살고 있는 것이 인구의 7,80%의 사람들이라고 하여도 틀리지 않을 것입니다.

실향민으로, 또는 수몰지구로, 산업화로, 등등으로

예를 들어서 오늘 우리 교회가 있는 길동의 출신으로 우리 교회에서 믿음의 생활을 하는 사람은 제가 알고 있기에는 구영회 장로님 한 가정으로 생각되지만 구 장로님 가정도 지금은 이곳에 머물지 않고 용인에서 거주를 하고 있는 것입니다. 엄밀한 의미에서 수백 명의 교인들 가운데 자기의 출신, 고향에서 믿음 생활을 하는 사람은 한 가정도 없는 것입니다.

현대인은 고향을 상실한 실향민으로 산다고 하여도 이는 과장 된 말이 아닌 줄 믿습니다.

믿음의 조상 아브라함이 갈 바를 알지 못하여 고향 친척 아비의 집을 떠났으며. 이삭 역시 살만한 곳에서 우물을 파서 자리를 잡으면 불레셋 사람들에게 빼앗기고, 아비멜렉에게 쫓기어 정착을 하지 못하고 이곳저곳을 헤매며 살았던 사람입니다.

야곱 역시도 20여 년 동안 외삼촌의 집에서 머슴살이 하면서 정함이 없이 살았고, 요셉 역시도 형들의 시기와 미움을 받아 애굽의 팔려가서 종살이, 가정 노예, 옥살이까지 하는 파란만장한 산, 그 모습은 외국인으로의 서러움과 나그네의 외로움을 한 몸으로 담아냈던 사람으로 보고 있습니다.

하나님은 믿음의 족장들 대부분의 사람들에게 이 땅에서 안주 할 땅과 시간을 주시지 않으시고 외국인으로, 나그네로 살게 하신 이유를 우리는 바로 알아야 합니다.

"그들이 이 같이 말하는 것은 자기들이 본향을 찾는 자임을 나타냄이라."라고 하였습니다.(히 11:14)

하나님의 택한 백성, 그리스도인들에게는 우리가 가야 할 본향이 있기 때문이라는 본문의 말씀을 우리는 마음 속 깊이 간직하여야 합니다.

이스라엘 백성이 애굽에서 400년 동안 노예 살이를 할 때도, 안주

할 땅을 주시지 않으셨으며, 또 홍해를 건너 40여 년의 광야생활을 거쳐 가나안에 들어갔지만 그 가나안도 저들의 안주할 땅은 아니었습니다.

저들이 가나안 땅에서 안주하려고 하면 하나님께서 저들을 흔들어서 앗수르로, 바벨론으로 포로민이 되게 하여 오직 주의 복음을 전파하는 움직이는 씨앗으로 들어 쓰셨습니다.

때로는 저들은 바벨론의 강변에 앉아서 고향을 그리워하며 울어야만 했던 것입니다. 실로 이스라엘 민족들은 땅에서 정착하지 못 한 채 하늘을 지붕을 삼고 오늘은 이곳 내일 저곳으로 유랑의 생활로 일관되게 하셨습니다.

또 다른 의미에서 이스라엘 민족을 목축을 하는 민족으로, 양떼들의 먹이를 위한 풀을 따라서, 계절 따라 한 곳에 정착하지 못하고 이동하는 목축업의 생활이 외국인과 나그네로 살아가는 준비하는 생활로서 보아도 좋을 것 같습니다.

예루살렘 성전을 짓고도, 포로 잡혀가기도 하고, 포로에서 돌아와서 다시 성전을 재건하였지만, 로마의 침공으로 예루살렘성이 무너지고 성전이 파괴되어 유랑하는 민족으로 디아스포라 짚시 인생으로 살게 하시는 하나님의 섭리를 우리는 생각하지 않을 수 없는 것입니다.

그것은 이스라엘 민족, 하나님의 택한 백성을 외국인으로 나그네로 만들어서 오직 하나님만을 의지하게 하시려는 주님의 섭리를 우리는 외면 할 수 없습니다.

"그 날에 예루살렘에 있는 교회에 큰 박해가 있어 사도 외에는 다 유다와 사마리아 모든 땅으로 흩어지니라."(행 8:1)

박해로 인하여 흩어지는 사람이 누구입니까?

그리스도인들입니다. 왜 흩어져야 합니까? 그것은 나그네가 되게 하는데 있습니다. 진정한 의미에서 이 땅에서 나그네가 될 때, 선교의 사역이 시작이 됩니다.

이스라엘의 민족의 역사는 고난과 핍박의 연속이었고 그 와중에 저들은 나그네로 살 수 밖에 없었고, 하나님께서는 그 나그네를 당신의 복음전파의 도구로 사용하셨습니다.

둘째 : 신앙인에게는 이 세상은 외국인과 나그네입니다.

이 세상에서 고향처럼 살 수 있는 사람은 쾌락과 타락 방종을 재미로 삼고, 죄를 매력으로 알고, 거르낌 없이 살아가는 하나님을 모르는 세상 사람들입니다.

하나님의 사람들이 살기에는 불편하고, 이방인처럼 나그네처럼 살 수밖에 없는 곳입니다.

아브라함이 헷 족속에게 말하였습니다.

"나는 당신들 중에 나그네요 거류자이니…" (창 23:4)

믿음의 조상 아브라함도 당시의 자신의 생애를 나그네요 잠시 머무는 거류자라고 말하는 것을 볼 수 있습니다.

여러분, 오늘 우리는 이 세상에서 영원히 살 것처럼 생각하지만 나그네요 잠시 머물다가 떠나는 거류자에 불가한 것입니다.

"야곱이 바로에게 아뢰되 내 나그네 길의 세월이 백삼십 년이니이다 내 나이 얼마

못 되니 우리 조상의 나그네 길의 연조에 미치지 못하나 험악한 세월을 보내었나
이다 하니."(창 47:9)

야곱은 자신의 생애도, 그의 조상들의 삶도, 나그네의 길이요 험악
한 세월이라고 바로 왕 앞에서 말하는 것을 우리는 볼 수 있습니다.

다윗도 말하였습니다.

"우리는 우리 조상들과 같이 주님 앞에서 이방 나그네와 거류민들이라 세상에 있
는 날이 그림자 같아서 희망이 없나이다."(대상 29:15)

다윗은 자신과 그의 조상들은 이방의 나그네와 거류민 같아서 세상
에 머무는 것이 그림자 같아서 희망이 없다고 하였습니다.

우리 인생은 나그네요, 지나가는 행인들이요 지나가는 객이라는 것
입니다. 그래서 나이 70세이면 70객이요 80이면 80객이라고 합니다.

인생의 객이 되는 어느 유숙지에서 숙박계를 다음과 같이 써야 할
것입니다.

1. 당신은 어디서 왔습니까?(출신지)

2. 당신은 무엇하려 여기에 왔습니까?(용무, 목적)

3. 당신은 어디로 갈 것입니까?(행선지)

이와 같이 우리는 지구라는 유숙지에서 잠시 쉬어 갈 때 이 질문에
대답 할 수 있어야 합니다.

당신은 어디서부터 왔습니까?

우리는 하늘로부터 왔습니다.

우리가 살고 있는 세상은 객지와 같습니다.

무엇하러 왔습니까?

아버지의 뜻대로 살려고 왔습니다.

우리는 이 밤이 밝아오며 하늘나라로 가야 합니다.

우리의 행선지는 하늘나라입니다.

그러기에 외국인과 나그네로 살아가는 것이 지금은 고생스럽고 불편할지 모르나 장차는 더 소망적이고 더 좋은 나라를 향하는 초입입니다.

셋째 : 그리스도인들에게는 더 나은 본향이 있습니다.

15, 16절 "그들이 나온바 본향을 생각하였더라면 돌아갈 기회가 있었으려니와 그들이 이제는 더 나은 본향을 사모하니 곧 하늘이 있는 것이라…"라고 하였습니다.

육신의 고향 친척 아비 집을 돌아가려고 하였다면 얼마든지 돌아갈 기회가 있었지만 이제는 더 나은 본향을 찾아가려고 한다는 것입니다.

우리 성도들에게는 더 나은 본향 하늘나라가 있다고 하였습니다.

하늘의 본향을 사모하는 이들에게는 이 땅 위에서의 고향과 친척, 아버지의 집은 떠나지 않을 수 없는 것입니다.

특별히 우리나라는 더 나은 하늘의 본향을 사모하면서 혈혈 다신으로 월남한 실향민들의 수에 자손을 합하면 그 숫자는 천만 이상을 돌파하고 있지만 그러나 1세대의 실향민들은 이제는 생존하신 분들보다는 먼저 하늘나라로 옮기어 간 사람의 수가 더 많을 것입니다.

그 대표적인 인물로는 고 장기려 박사님, 평안 교회 원로 목사이며 본 교단 증경 총회장 인 이성택 목사님, 증경 총회장이며 부산 부전 교회의 고 한병기 목사님, 같은 분은 북에 처자식을 두고 더 나은 본향을 사모하며 사시다가 가셨고 지금도 하늘의 본향을 사모하면서 주님의 부르심을 기다리시는 분들입니다.

특별히 장기려 장로님께서 생전에 특별히 북에 있는 가족들과 상봉할 수 있는 기회가 주어졌는데도, 실향민 모두가 그리워하고 있는데 자기 혼자서만 특별히 만날 수 없다는 심정을 표현하면서 사양하시고 만나지 않으신 분이었습니다.

물론 오늘의 우리들은 이러한 분들처럼 하늘나라를 사모하면서 자신의 일생을 송두리째 주님께 드리는 삶을 굵직한 절제적 생활은 못하지만 말 한마디라도 작은 행동 하나라도 주님 앞에 부끄럽지 않으려고 부단히 노력을 하고 있음을 우리는 부인 할 수 없습니다.

우리가 언젠가는 이 땅에서 삶을 마감을 하여야 할 것이고, 그리고 주님 앞에서 나의 삶의 보따리를 풀었을 때 부끄럽지는 않아야 할 것입니다.

사람이 혹여 실수를 하거나, 시행착오는 범할 수 있지만 고의적으로 죄를 범하지 않아야 되겠다는 마음은 우리들 모두가 가지고 있는 간절한 바람일 것입니다.

우리 믿음의 생활은 사람 앞에서 하는 것이 아니라, 결국은 하나님 앞에 서야하는 삶의 소재를 남기는 것이라고 저는 굳게 믿습니다.

언젠가는 주님 앞에 섰을 때 부끄럽지는 않아야 겠고, 수치를 당하거나 책망의 대상은 안 되어야 겠다는 마음으로 이 땅에서 믿음의 생활을 하는 것이지요?

"도리어 하나님의 백성과 함께 고난 받기를 잠시의 죄악의 낙을 누리는 것보다 더 좋아하고 그리스도를 위하여 받는 수모를 애급의 모든 보화보다 더 큰 재물로 여겼으니 이는 상 주심을 바라봄이라."(히 11:25-26)

하나님께서 당신의 택한 백성 성도들을 이 땅에서 외국인과 나그네로 살게 하신 것은 더 나은 본향 하늘 나라를 예비하시고 그 곳으로 인도하시기 위함임을 명심하시기를 바랍니다.

오늘 우리 모두는 이 땅에서의 나그네의 서러움을 하늘 본향의 예비 시민이 되심으로 위로를 받으시고 새 힘을 얻으시는 성도 여러분들이 될 수 있기를 바랍니다.

(2011. 7. 10)

하나님의 마음에 맞은 사람

행 13:22-23

우리가 살아가면서 가장 바람직스러운 삶이라는 것은 그 시대와 환경과 처지와 여건에 따라서 많이 다를 수가 있겠습니다 마는 그래도 누구나가 함께 동감할 수 있는 것은 서로가 마음이 맞고 마음이 합하고 뜻이 통하고 가치관이 같으면 참으로 보람되고 행복하게 살아 갈 수 있으리라 생각이 됩니다.

여러분, 부부간에도 마음이 맞지 않으면 참으로 난감하고, 부모와 자녀 간에도 서로 간에 마음이 통하지 않으면 깊은 정을 나누기가 어렵고, 교우 간에도 뜻이 맞지 않으면 서로 간에 거북한 경우도 생기고, 친구와 동료 간에 가치관이 같지 못할 때 상당한 거리감을 가지게 되는 것을 볼 수 있습니다.

서로의 마음이 통하고, 뜻이 하나이고, 가치관이 동일할 때, 격이 없는 사랑을 주고, 받으며 서로가 의지의 대상이 되어서 인생을 건강하게 살아가는 기틀이 마련이 될 것입니다.

그런데 우리가 살아가면서 실감하는 것은 나와 마음이 맞은 사람이 그리 많지 못하다는 것입니다.

많은 이들을 만나고 교제를 하고 동고동락을 하고 있지만 마음에 맞은 사람을 만나는 사람이 그리 쉽지 않고 또 한 내 자신도 상대방의 마음에 맞추어 가면 살아간다고 자신 있게 말 할 수 있는 사람도 흔하지 않습니다.

여러분, 인생을 한 평생을 살아도 자기의 마음에 맞은 친구의 이름을 대라고 한다면 여러분 몇 명이나 될 것 같습니까?

아마 그러한 친구나 동료나 친구나 가까운 사람을 찾기가 그렇게 쉽지 않을 것입니다. 그래서 우리는 우리들의 주변을 살펴보면서 지나온 사람들을 살펴보면서 때로는 실망을 하고 원망을 할 수도 있을 것입니다.

내가 여유가 있고 좋을 때, 잘 나갈 때는 모든 사람들이 좋은 것 같고 둘도 없는 가까운 관계 같다가도 조금은 힘이 들고 어렵거나 난감한 일을 만나게 되면 막상 의지할 대상이 없고 터놓고 하소연을 할 상대도 찾기가 쉽지 않습니다. 그래서 세상을 원망을 하고 주변을 보고 식상해 할수도 있을 것입니다.

그러나 이것은 우리가 되돌려 놓고 생각해 보아야 할 것이 나는 내 자신은 지금껏 살아온 내 주변의 사람들, 누구에게 어느 상대의 마음에 맞은 사람으로 낙점을 받을까를 객관적인 입장에서 살펴보면 자신 있게 그 대상을 말하기가 어려울 것입니다.

그리고 우리들의 주변이나 이웃이 어려운 일을 당하였을 때 내 몸처럼 생각하면서 살펴주고 도와주었던 경우가 얼마나 있었는가를 살펴보면 상대방이 냉혹한 반응을 보인 현실을 어느 정도는 이해 할 수 있으리라 생각이 됩니다.

우리는 상대방을 보거나 이웃만 바라볼 때는 이 세상을 원망하고 사람을 탓 할 수 있지만 그러나 나 자신이 지나온 처세를 돌이켜 보면 냉혹한 이웃도 마음에 맞는 사람이 없는 인간 세상을 어느 정도는 이해를 할 수가 있을 것입니다.

아내와 남편 부부간에 마음에 맞기만 하면 형제와 동기간에 마음이 맞기만 하면 교우와 교우 간에 마음이 맞으면 마음에 맞은 친구 직장. 동료가 있다면 참으로 살만한 세상을 우리는 구현 할 수가 있습니다.

오늘 본문에서는 하나님의 마음에 맞은 사람을 원하시고 찾으시고 계십니다.

"폐하시고 다윗을 왕으로 세우시고 증언하여 이르시되 내가 이새의 아들 다윗을 만나니 내 마음에 맞는 사람이라 내 뜻을 다 이루리라 하시더니."(행 13:22)

오늘 우리가 믿음의 생활을 하면서 늘 마음의 간절한 바람이 있다면 그것은 어떡하면 내가 우리가 하나님의 마음에 맞은 사람으로 주님의 마음에 합한 사람으로 살아 갈 수 있을까 하는 생각을 하게 되는 것입니다.

하나님이 쓰시는 사람, 하나님께서 세우시는 사람은 어떤 사람인가?

"… 여호와께서 그의 마음에 맞는 사람을 구하여 여호와께서 그의 백성의 지도자로 삼으셨느니라 하고."(삼상 13:14)

구멍가게에 점원을 하나 써도 주인의 마음에 맞아야 하는데 주의 일군이 되려면 주님의 마음에 맞아야 하나님께서 그런 분들을 크게 사용 하시는 것을 볼 수 있습니다.

그런데 주님의 마음에 맞은 사람은 전혀 죄를 범하지 않는 무죄한 사람이어야 하는가?

한 번도 실수도 하지 않는 완벽한 사람이어야 하는 가? 아니면 매사에 모든 사람들 보다는 뛰어나고 남다른 천재성을 지닌 분이어야 하는가?

여러분, 그런 것은 아닌 것 같습니다. 하나님은 다윗을 일컬어 말하기를 그는 내 마음에 맞는 사람이라고 하였습니다. 다윗이 무죄한 사람이거나. 흠과 티가 없는 완벽한 사람은 아닙니다.

오늘 우리 가운데 다윗처럼 엄청난 범죄를 한 사람은 아마 없을 것입니다. 그러면 하나님의 마음에 맞는 사람은 하나님의 마음에 합한 사람은 어떤 사람들인가?

첫째 : 다윗은 자신의 일에 성실한 사람이었다.

다윗은 아브라함의 14대 손이요 이새의 여덟째 막내 아들이였으며, 그는 자신의 맡은 일에는 어떠한 경우에서라도 책임을 다하는 사람이었습니다.

"또 사무엘이 이새에게 이르되 네 아들들이 다 여기 있느냐 이새가 이르되 아직 막내가 남았는데 그는 양을 지키나이다…"(삼상 16:11)

선지자가 와서 왕을 간택한다고 하여 형들 일곱은 다 우르르 몰려 갔지만 다윗은 자신의 양을 지키는 일을 끝까지 감당하는 책임감이 있는 사람이었다.

하나님의 마음에 맞는 사람은 평소에 자기 일에 책임 있게 성실하게 감당하는 사람들이고 주님은 그러한 사람을 당신의 일군으로 사용하시는 것을 우리는 보아야 합니다.

무책임하거나 불성실한 사람은 하나님의 마음에 맞지 않고 그런 이들을 하나님께서 불러서 쓰시지도 않습니다. 그래서 세상에서 바쁜 사람들이 교회에서도 바쁘게 쓰임을 받는 것을 볼 수 있습니다.

그러므로 세상에서 바쁘고 자기의 직장에서 일이 많은 이들을 하나님께서 불러서 쓰실 때 절대로 몸 사리지 말고, 거절하지 말고, 순종하시기를 바랍니다.

만일에 주의 일을 거절하다가 세상일에도 거절당하기가 일수라는 사실을 잊지 마시기를 바랍니다. 사람은 바쁘고 여기저기서 불러서 쓰임을 받는 것이 하나님의 축복중의 축복이라는 사실을 명심하시기를 바랍니다.

자신의 맡은 일에 최선을 다하는 사람이 바로 다윗이었습니다.

> "다윗이 사울에게 말하되 주의 종이 아버지의 양을 지킬 때에 사자나 곰이 와서 양 떼에서 새끼를 물어가면 내가 따라가서 그것을 치고 그 입에서 새끼를 건져 내었고 그것이 일어나 나를 해하고자 하면 내가 수염을 잡고 그것을 쳐 죽였나이다."(삼상 17:34-34)

위험과 죽음을 무릅쓰고 양을 지키는 목동의 일을 다 하는 다윗의 모습이 그것이 하나님의 마음에 맞았고 좋았던 것입니다.

둘째 : 다윗은 분수에 맞게 사는 사람이었습니다.

사람은 누구나 자기 분수에 맞게 사는 것이 무엇보다도 중요한 것입니다. 유행을 따른다고 몸에도 격에도 맞지 않은 차림을 하고 처세를 하는 것을 보면서 때로는 민망스러운 일들이 적지 않게 일어나는 것을 목격할 수 있습니다.

사람은 유행 따라 사는 것도 아니고, 남이 한다고 나도 그렇게 하여야 한다는 격식에 매일 이유는 없다고 봅니다.

> "다윗이 칼을 군복 위에 차고는 익숙하지 못하므로 시험적으로 걸어보다가 사울에게 말하되 익숙하지 못하니 이것을 입고 가지 못하겠나이다 하고 곧 벗고"(삼상 17:39)

비록 왕이 하사한 군복이고 무기라고 할지라도 그것이 몸에 맞지 않을 때는 과감하게 벗어 던지고 자신의 몸에 맞게 무장하는 것을 볼 수 있습니다.

그리고 40절 **"손에 막대기를 가지고 시내에서 매끄러운 돌 다섯을 골라서 자기 목자의 제구 곧 주머니에 넣고 손에 물매를 가지고 불레셋 사람에게로 나아가니라."**라고 하였습니다.

목동의 손에 익은 막대기와 매끄러운 돌 다섯 개 물매가 그가 가진 무기의 전부였습니다.

모세는 믿음으로 장성하여 바로의 공주의 아들이라 칭함을 받기를 도리어 거절하고 하나님의 백성과 함께 고난 받기를 잠시의 죄악의 낙을 누리는 것보다 더 좋아하였습니다.

믿음의 사람들은 세상적인 가치나 영광에 연연하지 않고 초개 같이 버리고 오히려 하나님께서 기뻐하시는 일들을 과감하게 선택하는 것을 볼 수 있습니다.

불신 때의 습관이나 가치관을 버리지 못하면 믿음의 것을 선택하여 성장하는 것은 엄두도 낼 수 없습니다. 세상적인 것, 물질적인 것, 인간적인 것을 단호하게 청산하지 못하면 믿음의 것이 정착이 될 수 없는 것입니다.

자신의 위신이나 자존심이나 체면, 여론을 감안한다면 믿음의 결단은 불가능한 것입니다.

셋째 : 말씀에 의지한 믿음으로 산 사람이다.

다윗의 무기는 베틀채 같은 창도 아니고, 니본도 같은 칼도 아니고 총알 같은 단창도 아니고 오직 여호외의 이름으로 나아간다고 했습니다.

장군의 위용이나 무기의 우열에 따라서 전쟁의 승패를 가늠하는 것으로 생각하지 않고 구원은 칼과 창과 무기에 있지 않고 전쟁의 승패는 여호와 하나님께 속한 것으로 확신하는 것입니다.

기름부음을 받은 종을 해치지 아니하는 믿음의 사람이 다윗이었습니다. 사울은 다윗을 죽이려고 삼천명의 군사를 이끌고 엔게디 광야에 머물다가 엔게디 굴에 다윗을 수색하려고 들어갔을 때 다윗의 일행은 단칼에 사울을 죽일 수 있었지만 부하들에게 못하게 하고 겉옷 자락을 베었다.(삼상24:4-5)

그리고 십 광야 하길라 산길에서 사울왕과 아브넬 장군과 군사들이 잠들어 있을 때 단숨에 저들을 처리할 수 있었지만 창과 물병을 가지고 오고 해하지 아니하였습니다.(삼상 26:6-12)

자기를 죽이려고 따라다니는 사울 왕 일행을 단숨에, 한 칼에 멸할 수가 있었지만 하나님께서 특별히 기름 부어 선택한 종을 자신이 해할 수 없다는 믿음에서 이렇게 처세를 하는 것입니다.

왕과 제사장과 선지자는 하나님이 선택하여 세운 직분이요 일군이기 때문에 사람의 판단대로 하지 않고 하나님께 맡기는 것을 볼 수 있습니다.

그러므로 사울은 전쟁으로 말미암아 자신의 생애가 마감이 되는 것을 볼 수 있습니다.

넷째 : 범죄를 하였지만 회개하는 사람이 다윗입니다.

삼하 12:1-7에서 한 성읍에 부자와 가난한 사람이 살았는데 부자는 양과 소가 심히 많으나 가난한 작은 암양새끼를 자식처럼 길렀는데 부자 집에 손님이 오니 가난한 한마라의 어린 암양을 빼앗아서 대접을 하였습니다.

다윗이 나단 선지자의 말을 듣고 여호와께 맹세하노니 그 사람은 마땅히 죽일지니라, 라고 하였을 때 나단이 당신(다윗)이 바로 그 사람이라 고 하였습니다.(삼하 12:7)

우리아를 전쟁에서 죽게 하고 그의 아내 밧세바를 빼앗아 자기의 아내로 삼은 간접 살인과 칠계명과 남의 가정을 파탄 시키는 무서운 죄를 범하게 된 것입니다.

다윗은 변명하거나 부인하거나 핑계하지 않고 자신의 범한 죄를 시인을 하고 회개하는 모습입니다.

"내가 탄식함으로 피곤하여 밤마다 눈물로 내 침상을 띄우며 내 요를 적시나이다."(시 6:6)

다윗의 회개는 참으로 처절하였습니다.

때로는 아들 암살놈의 반란을 겪으면서도 그의 마음속에는 하나님의 진노의 징벌을 받은 것으로 간주를 하면서 원망하지 않고 묵묵하게 받아드리는 것을 우리는 볼 수 있습니다.

삼하 16:5절 이하를 보면 사울의 친족의 아들인 게라의 아들 시므이가 산비탈로 달아나면서 먼지을 날리면서 피를 흘린 사악한 자라고 하면서 여호와께서 이스라엘 나라를 압살롬에게 넘기셨다면서 저주를 합니다.

그때 군대 장관 아비새가 저 죽은 개 같은 시므이를 단칼에 없애버리겠다고 하니 당시의 다윗은 자신의 몸에 낳은 아들도 내 생명을 해하려 하는데 하물며 베냐민 사람 시므이가 연고 없이 그렇지 않다는 것입니다.

여호와께서 명하신 저주라면 달게 받아야 된다는 것입니다.

회개하는 사람은 남의 책망이나 저주까지도 달게 받은 사람이 참으로 회개한 사람의 자세입니다. 요약을 하면

1) 하나님의 맞는 사람은 주변 환경이 어떻게 돌변 할지라도 부화뇌동하지 않고 자기의 자리 지키기를 다하는 사람이 하나님의 마

음에 맞습니다.

2) 자신의 분수에 맞게 사는 사람을 하나님은 귀하게 여기십니다. 비록 왕이 착용한 갑옷과 무기일지라도 자신의 겪에 맞게 사는 사람이 주의 마음에 맞은 사람입니다.

3) 말씀에 의지하여 사는 사람, 즉 어떤 군사력이나 무기보다도 하나님을 더 의지한 다윗이 하나님의 마음에 맞은 사람입니다. 자신을 죽이려고 수단 방법을 가리지 않는 사울 왕을 엔게디 굴에서 겉옷 자락을 베고, 십 광야에서 물병과 창을 가지고 오면서 하나님의 기름 부은 종은 자기의 손으로 해하지 않는 믿음의 사람입니다.

4) 비록 범죄를 하고 과오를 저지르고 난후에도 철저히 회개를 하면서 나단의 회개의 촉구도, 시므이의 저주도, 달게 받으면서 침상이 젖도록 회개하는 다윗이기에 하나님의 마음에 맞는 사람이고 하나님께서 그를 사용하셨습니다.

여러분, 우리 모두 한사람 한 사람이 이 시대의 다윗의 믿음으로 살아가는 축복이 있으시기를 간절히 축원합니다.

(2011. 7. 18)

삶을 더욱 풍성하게 하라

요 10:9-10

우리 인생의 삶에서 가장 아쉬운 것이 무엇이냐고 묻는다면 우리 모든 이들이 하나 같이 느끼는 것은 인생사에서 연습이 없다는데 참으로 아쉬움이 남습니다.

실수하기 전에 실수에 대한 경험이 있거나, 실패를 하기 전에 실패의 그 고통을 실감을 하고 준비를 하고 연습을 할 수 있다면 우리들의 인생의 시행착오는 상당한 부분이 줄일 수가 있는데 그렇지 못함으로 인한 고통이 우리들의 인생들을 난장판으로 만들어 놓는 결과를 가져오는 것입니다.

실수가, 범죄가, 게으름이, 경솔함이 그렇게 독침을 맞는 것 같이 치명적인 상처를 입고, 자신들의 한 몸을 가누지 못할 정도의 어려움을 겪는 경우가 때로는 너무나 가혹하게 보여집니다.

그러기에 삶의 경륜이 쌓아지고 쌓아질수록 삶 자체가 두려움과 공포 가운데 겁에 질린 사람처럼 제 능력을 제대로 발휘하지 못하는 경우가 참으로 많습니다.

좀 더 여유를 가지고 자신이나 앞만 보지 말고, 주변도 살피며 상대방도 배려하면서 오늘 보다는 내일에 꿈을 가지고 주어진 여건에서 최선을 다 하면서 후회가 없는 삶의 실현은 불가능한 것일까 하는 생각을 하게 하는 것입니다.

경제적으로는(국민소득 측면에서) 이제는 어느 정도 의식주 해결에서 맵도는 자리에서 이제는 주변의 어려움을 당하는 이들을 돌보아야 하는 상당한 책임을 져야 하는 수준에까지 이르게 된 것으로 볼 수 있습니다.

우리는 이러한 부분에 상당한 고민을 하고 보다 나은 삶을 구현하는 것이 자신은 현실적으로 어느 정도까지 가능한 것일까를 살펴보아야 할 때라고 생각이 됩니다.

해외의 생활을 장기간 해보거나 함께 살아보지는 못했지만 그러나 짧은 기간이라도 선진국으로 꼽히는 나라들을 보면 참 질서가 있고 장애인이나 노약자들에 대한 세심한 배려가 그 사회에서 무슨 켐패인을 벌리거나 법적 제도적인 장치를 마련한 것이 아니라 상식적으로 통하는 것을 볼 수 있습니다.

한 번 뿐인 인생을 살아가면서 보다 나은 풍성한 삶을 어떻게 하면 살아갈 수 있을까? 하는 것이 우리 모두들이 가지고 있는 간절한 바람이기도 합니다.

물론 우리가 더욱 풍성한 삶을 누린다는 것은 많이 소유하고 가진 자의 입장에서 누리고 떵떵 거리고 사는 것을 의미하는 것은 아니라고 봅니다. 그리고 남이 하지 못하고 가지지 못한 것을 내가 소유한 것으로 인생을 풍성하게 산 것이라고 그렇게 말한 것도 아닙니다.

성경에서 말하는 더 풍성한 삶이라는 것은 소유의 개념도 아니며,

지배의 개념이 아니라 때로는 누리 못하고 지배하지 못하고 지배를 받고 산다고 하여도 풍성하게 살아가는 차원 다른 세계의 개념의 도입으로 보아야 할 것입니다.

오늘 우리에게는 문제가 되는 것은 우리 신앙의 모습이 우리 믿음의 내용이 어떤 것이냐에 따라서 믿음의 자세와 가치가 측정이 되어지고 그 같은 표준에 의하여 신앙인의 존귀성과 영적인 기준이 마련이 될 것입니다.

기도의 응답은 믿음의 축복을 세상적이요, 물질적인 기준에 둔다면 하나님을 믿는 것보다는 능력 있는 CEO나, 대기업의 총수에게 인정을 받는 것이 현명할 것이며, 성경보다는 성공 사례담을 읽는 것이 더 효과적일 수 있습니다.

우리의 삶을 풍성하게 하는 것은 풍성한 삶이란 재력이나, 권력이나, 세상에 미치는 영향력을 의미하는 것은 아닙니다.

정신적으로 영적으로 그리고 정서적으로 얼마나 여유와 배려와 섬김이 있는 삶을 살아 갈 수 있느냐가 중요한 관건입니다.

> "사랑하는 자여 네 영혼이 잘 됨 같이 네가 범사에 잘 되고 강건하기를 내가 간구
> 하노라."(요삼 1:2)

잘 되는 것이 성공적인 삶을 사는 것이 우리 개인의 사람의 힘으로나 노력으로 만 이루어지는 것은 아니라는 것입니다.

우리가 잘 되고 성공하기 위하여서는 우리의 소원과 비젼을 이루기 위하여 우리 그리스도인들은 하나님은 잘 믿고 잘 섬겨야합니다.

하나님은 하나님의 자녀들이 더 풍성한 삶을 살기를 원하십니다.

더 은혜스럽고 더 성령 충만하고 더 잘 되고 더 복되게 살기를 원하

십니다.

그렇다면 우리가 어떻게 살아야 더 풍성한 삶을 살 수 있습니까?

첫째 : 주님께로 들어가야 합니다.

아마 우리 가운데 자신은 주님 안에 들어와 사는 사람으로 자부 할 수도 있습니다.

주일을 지키고 새벽으로 기도하고, 삼일 밤도 나와서 예배를 드리고, 거의 나의 삶은 교회에서 사는 것 같다고 말 할 수 있는 사람도 있을 것입니다.

몸은 주안에 있는 것 같은데, 마음은 주와는 거리가 멀고 주님의 뜻대로 사노라고 하면서 모든 일은 자신의 생각과 주장대로 하면서 그것이 마냥 주님의 뜻인 양 포장을 하는 경우가 참으로 많습니다.

자기 생각을 가지고 기도 하고는 그것이 주님의 뜻으로 주장을 하거나 고집하는 경우도 있다는 것을 우리는 부인 할 수가 없습니다.

"내가 문이니 누구든지 나로 말미암아 들어가면 구원을 받고 또는 들어가며 나오며 꼴을 얻으리라."(요 10:9)

겉으로 보기에는 예배를 드릴 때, 기도 할 때, 말 할 때는 예수 안에 있는 것 같은데 예배를 드린 후에, 기도한 후에, 교회 밖에서의 생활은 주님께로 들어가서 사는 사람으로 보이지 않을 때가 너무나 많습니다.

짜증과 염려와 근심과 감정 조절이 안 되고, 혈기 부리는 순간은 우리가 세상 사람들과 그렇게 다를 바가 전혀 없다는 것입니다.

우리가 예수 안에 들어가 사는 사람이 아니기 때문에 나타나는 하나의 반증이라는 것입니다.

우리가 살아가면서 피부로 느끼는 것은 매사를 주님의 기쁘신 뜻대로 하면 될 일을 인간적인 방법과 사람을 의식하고 배려 하다가 보니 하나님의 깊으신 뜻을 저버리고 역행을 하여 일어나는 부작용들이 그리스도인들의 삶을 어둡게 하는 것입니다.

저는 가끔씩은 혼자서 엉뚱한 발상을 해보기도 합니다.

내가 평생 동안 복음을 전하고 구원과 영생에 대하여 수 없이 많이 내 입으로 강조하여 왔는데 이 땅에서 육의 생명을 마감하는 마지막 순간에는 두려워하지 말고 고향 찾아가는 마음으로 평화스러운 마음으로 기대감을 가지고 옮겨 갔으면 하는 마음입니다.

본 교회 주우순 권사님을 얼마 전에 만나고 요즘은 전화로 기도를 합니다 마는, 저는 권사님의 말씀을 들으면서 제게는 큰 감동을 주었습니다.

병원에서 급성 골수종이라는 말을 듣고 자신을 정리를 하였다는 것입니다.

수년 전에 이미 하나님의 나라에 갈 몸이였는데 하나님께서 연장하여 주시어서 지금까지 살았는데 항암제를 맞고 부닫기면 살다가 가는 것보다는 차라리 하나님의 손에 맡기고 하나님이 부르시면 조용히 가면 좋겠다는 마음의 정리를 하였는데 자녀들이 울며 불며 애원을 해서 항암 치료를 받았는데 지금도 그 마음은 변함이 없다는 말씀을 제게 하셨습니다.

여러분, 환자 자신이 당신의 입으로 그렇게 말하는 것은 결코 쉽지 않습니다.

그래서 그 권사님을 참으로 마음으로 존경을 하면서 한편으로는 내 자신이 부끄러움을 느끼면서 생사의 길목에서 저렇게 말 할 수 있는 목사가 되어야 겠다는 생각도 해 보았습니다.

우리는 천국에 들어가기 전에 천국시민증을 부여 받으려면 내 마음이 주님께로 들어와야 하고 우리의 삶이 주님 안에 들어가 살아야 하는 것이 우선이 되어야 할 것입니다.

둘째 : 주의 문이 아니면 출입을 삼가야합니다.

여러분, 해외 나가는 비행기를 탑승을 하여도 자기 목적지로 가는 탑승구가 게이트가 정해져 있는 것이며 탑승권에 분명히 명시를 합니다. 하물며 하늘나라의 소망을 두고 살아가는 사람들이 자신이 통과할 문을 분명히 알아야 하고 자기의 지정 게이트를 이용을 하고 통과를 해야 합니다.

"내가 문이니"

여기에서 내가 누구를 의미합니까?

이는 선한 목자 되시는 우리 예수님을 뜻하는 것이며, 천국에도 문이 있고 지옥에도 문이 있고, 왕궁에도 문이 있고 오두막집에도 문이 있습니다.

그리스도인들에게 출입의 문이 있는데 그 문은 우리 주 예수 그리스도를 의미하는 것입니다. 그런데 그 문은 넓고 큰 문이 아니고 지극히 협소 하고 좁은 문이라고 하였습니다.

세상으로 향하는 문은 넓고 쉬워서 그리로 가는 사람은 많지만 그러나 주님께로 향하는 믿음의 문은 너무나 협소하고 좁아서 그 길과 문을 찾는 사람은 그 수가 지극히 작을 수밖에 없습니다.

우리는 지금껏 말씀을 듣고 읽고 믿음 안에서 살려고 부단한 노력을 하였습니다.

주님이 기뻐하시는 것이 어떤 것이고 주님이 싫어하시는 것이 무엇인지 우리는 거의 다 알고 있습니다. 그러므로 믿음의 경계선을 넘거나 믿음을 넘어가면 절도요 강도가 될 수 있습니다.

때로는 몰래하는 일들이 주님을 노하게 하고 내가 하는 은혜이고, 남이 하는 것은 계명을 범하는 범죄로 간주하기도 하는 것입니다.

사학자 조지 경의 말을 빌리면 목자는 문이다 라는 말을 하게 됨은 중동 지방에 목양을 하다가 밤이 되면 사방이 벽으로 쌓이고 출입구는 하나 밖에 없는 우리가 있는데 날이 어두워지면 양들이 우리 안으로 들어가면 목자는 그 출입구에 가로 눕는 다는 것입니다.

아무 양도 목자의 몸을 밟지 않고는 나가지 못하며 심지어 이리나 늑대도 목자의 몸을 통과하지 않고는 양이 있는 곳으로 들어 갈 수가 없다는 것입니다. 고로 목자는 문입니다.

더 나아가서는 예수는 우리의 문인 동시에 그분은 우리의 길이라고 하였습니다.

그렇습니다, 예수님은 우리의 문이요 길이요 우리의 하나님이요 우리의 생명이 되십니다.

"내가 문이니 누구든지 나로 말미암아 들어가면 구원을 얻고…"

여러분, 예수로 말미암아 교회의 문으로 들어오면 즉 주안으로 믿음 안으로 들어오면 구원을 받고 들어가고 나오면 출입을 할 때 꼴을 얻는 다고 하였습니다.

믿음 생활을 잘하면 천국만 가는 것이 아니라 이 땅에서 먹을 것도 하나님이 주십니다.

셋째 : 분명한 목표가 있어야 합니다.

"… 내가 온 것은 양으로 생명을 얻게 하고 더 풍성히 얻게 하려는 것이라."(요 10:10)

우리들에게 중요한 것은 시간입니다. 그러나 시간관리 보다 더 중요한 것은 방향관리라는 것입니다. 방향이란 그 사람의 목표를 의미하는 것인데 바른 목표를 세우고 매진 할 때 놀라운 역사를 이루어 낼 수 있는 것입니다.

하나님은 목표를 세우고 열심히 사는 사람들을 부르시어 크게 사용하셨습니다.

다윗은 좋은 목동이 되기 위하여 열심히 양을 쳤고, 결국 하나님의 부르심을 받아 왕이 되었으며, 기드온은 부자가 되기 위하여 열심히 농사를 지어 타작 할 때 천사의 부름을 받아(삿 6:11-12) 사사가 되었고, 사울도 잃어버린 나귀를 찾으라는 아버지의 말씀에 순종하여 나귀를 찾아야 된다는 목적을 가지고 밤새도록 나귀를 찾다가 부름을 받고 이스라엘의 초대 왕이 되었습니다.

한나도 아들을 얻기 위하여 눈물로 흐느끼며 방언 기도를 하였을 때 술에 취한 사람으로 오해를 받을 정도로 열심히 목표를 정해 놓고 기도 할 때 아들 사무엘을 주셨습니다.

성 어거스틴의 어머니 모니카도 방탕한 아들을 구하기 위해 눈물로 기도 했습니다. 하루 이틀 기도한 것이 아니라 아들이 돌아 올 때까지 분명한 목적을 끊임없이 기도 했을 때 결국은 어거스틴은 거룩한 성자가 되었습니다.

노만 빈센트 필 박사는 "열심이 변화를 만든다."고 하였습니다.

목표를 분명하게 정하고 열심히 믿음으로 사노라면 영감을 얻습니다. 지혜를 얻습니다. 방법이 생깁니다. 세상이 감동합니다. 하나님이 도와주십니다.

하나님이 은혜와 복을 주십니다. 하나님이 길을 열어주십니다.

그리스도의 명령에 순종을 그리스도의 자취를 따르면서 나의 삶의 그리스도화가 되어 갈 때, 수많은 우리의 이웃들을 구원을 받게 하는데 목표를 세우고 살아간다면 우리 앞에는 보다 풍성한 삶을 이루어 나갈 수 있을 것입니다.

무엇보다도 우리는 주님께로 들어가야 합니다. 그리하여서 내가 주 안이 살고 주님에 내 중심에 계시는 삶이여야 합니다. 그리고 그리스도가 우리의 출입에 생활의 문입니다.

그리스도가 아니면 들어 갈 수도 없고, 나올 수도 없는 그리스도로 말미암아 활동을 하고 삶을 살아가는 것입니다.

마지막으로 내 자신이 그리스도화가 되는 것이며 그리고 내 주변에 있는 이들을 영원한 생명을 얻게 하고 더 풍성한 삶을 살아가는 것이 우리의 궁극적인 목표입니다.

동일한 조건과 환경 가운데 내가 그리스도께 들어가고 그리스도가 우리 출입의 문이 되시고 자신이 그리스도를 닮아 가고 뭇 영혼들에게 생명을 주고 그리스도 중심으로 살아 갈 때 우리들의 삶은 더욱 풍성하여 질줄 믿습니다.

(2011. 7. 24)

본받아야 할 좋은 습관

눅 4:16-19

습관이란 무엇인가? 습관은 우리들의 평소의 생활가운데 익숙해진 태도를 의미하는 것인데 이는 유전적인 것도 있고. 때로는 익숙해지고 몸에 베인 태도가 그 사람의 습성이 되고, 그 습성은 우리들은 흔히 제2천성이라고 합니다.

그래서 좋은 습관이 몸에 익숙한 사람과 나쁜 습관에 익숙해져 있는 사람이 있는데 좋은 습관이 그분의 습성이 되고 그 습성이 또 한 고매한 인품으로 승화 된다고 보아야 할 것입니다.

그러나 나쁜 습성에 익숙해진 사람은 악습을 반복하게 되어 있고 악습에 반복이 되어지면 그 습성에서 벗어나지 못하고 비인격적인 사람으로 전락을 하고 마는 것입니다.

지금의 세대는 좀 다르긴 합니다, 만은 중매로 혼사를 할 때는 그 가정에 대한 환경 가운데 층층시하를 두고 사는 가문을 선호를 하고, 그런 가문에서 부모나 가족이 하는 것을 보면 어른을 섬기는 모습, 가정 예절을 지키는 것을 보면, 자연스럽게 그렇게 살아야 되는 것으로 알고, 부모를 섬기고 형제 동기간에 의가 있게 지내고, 가족들이 화목한 모습을 보고 그대로 살려고 하지만 그렇지 않으면 자기만의 고집이나 주장을 꺾을 줄 모르고 포용과 융통성이 없으며 참으로 난감합니다.

특별히 술을 마시는 사람이 처음 술을 배울 때는 어른들 앞에서 마시는 것이 예의를 지키고 술주정을 하지 않는 것이라는 말을 들었습니다.

오늘 날 우리들의 주변에서 좋은 습관을 가지고 예의범절을 지키면서 자기 절제를 하면서 품위 있는 습성을 가지고 있는 사람이 있는가 하면 어떤 이들은 잘못된 습성으로 자신의 인격이 깨어지고 완전히 바닥인생의 나락으로 떨어진 사람도 있습니다.

우리가 살아가는데 습관이라는 참으로 무섭습니다.

어떤 습관을 가지느냐에 따라서 성공적인 삶을 살수도 있고, 나쁜 습관으로 말미암아 원치 않는 불행의 늪으로 빠져서 일생 동안 불행을 자초하는 경우도 있습니다.

그러므로 오늘 우리 신앙인들에게도 하나님을 믿는 믿음의 사람들에게 좋은 습관으로 믿음생활을 하는 사람과 잘못된 습성으로 일생동안 힘들게 그리고 고통을 동반한 삶을 살아야 하는 경우도 있습니다.

저는 오늘 본 교회 담임을 하는 목사로서 여러분들에게 몇가지의 습관을 여러분들에게 말씀을 드리고 싶습니다.

오늘 제가 권면하는 몇 가지의 습관이 여러분들의 몸에 배이고, 자연스럽게 생활화가 되어 지면 믿음 생활이 그렇게 부담스럽거나 힘에 겨워 할 필요가 없다고 보여집니다.

"망령되고 허탄한 신화를 버리고 경건에 이르도록 내 자신을 연단하라 육체의 연단은 약간의 유익이 있으나 경건은 범사에 유익하니 금생과 내생에 약속이 있느니라."(딤전 4:7-8)

우리 성도들은 좋은 습관을 익혀야 하고 우리 몸에 생활에 젖어야 합니다. 그리고 좋은 습관이라는 것은 성경에서 나오는 것이며, 주님께로 향하는 것이며 믿음의 큰 유익을 주는 것이며 우리 주님께서 주시는 습관을 의미하는 것입니다.

믿음 생활을 하면서 나쁜 습관 때문에 쉽게 그리고 기쁨으로 믿음의 생활을 못하고 어렵게 힘들게 고통스럽게 마지못하여 하는 이들도 있습니다.

믿음 생활을 하면서 나쁜 습관 가운데는 모이기를 싫어하는 폐하는 습관이 가장 나쁜 습관 중에 하나라고 말하고 있습니다.

"모이기를 폐하는 어떤 사람들의 습관 같이 하지 말고 오직 권하여 그 날이 가까움을 볼수록 더욱 그리하자."(히 10:25)

"… 네가 어려서부터 내 목소리를 청종하지 아니함이 네 습관이라."(렘 22:21)

이스라엘 백성들이 하나님의 말씀을 청종하지 아니함이 옛날부터 초기부터 습관이라고 하였습니다.

"…어떤 이들은 지금까지 우상에 대한 습관이 있어"(고전 8:7)

우상 숭배하는 습관도 있다고 합니다.

모이기를 싫어하는 습관, 불순종하는 습관, 우상 숭배를 하는 습관 등은 우리들의 믿음의 생활에 치명타가 된다는 것을 우리는 깊이 인식을 하여야 합니다.

첫째 : 안식일(주일)을 거룩하게 지키는 습관

우리가 무엇을 하던지 간에 시간 확보가 가장 중요하다.

믿음의 생활에서 가장 기본적인 것이고 필수적인 것이면서 놓치면 다시 회복 할 수 없는 것이 바로 시간, 즉 안식일 곧 주일, 예배드리는 날을 확보하는 신앙인의 관건입니다.

이 날 주의 날을 잃어버리면 우리의 믿음의 생활은 지속 할 수가 없는 것입니다. 주의 날을 확보하는 것이 어쩌면 내가 신앙인으로 살아가는 첫 단계입니다.

오늘 본문 눅 6:16 **"예수께서 그 자라나신 곳 나사렛에 이르사 안식일에 늘 하시던 대로 회당에 들어가사…"**라고 하였습니다.

안식일에 회당에 들어가는 것은 우리가 주일에 교회에 가는 것과 같다고 볼 수 있습니다. 교회로 가는 것, 예배드리러 가는 것이 우리들의 일상생활 가운데 습관이 되어야 합니다.

누구의 부탁이나 당부로 예배를 드리는 것은 신앙의 초보 때 그럴 수 있으나 지속적인 믿음의 생활은 습관(생활)화가 되어야 합니다.

우리는 주의 날 예배드리는 날을 확보하지 못하면 그 날을 세상에 양보 하고 나면 우리의 믿음은 바로 세워 질 수가 없는 것입니다. 예배 시간을 빼앗기면 믿음의 모든 것을 다 빼앗기는 결과를 초래하는 것입니다.

여러분, 어떤 경우이든 간에 주일을 놓치거나 양보하거나 포기하면 안 됩니다. 그러므로 주의 날을 예배를 드리는 날을 훼손 당하지 않으려고 갖은 노력과 방법을 총 동원하게 되는 것입니다.

지금은 주 5일 근무제가 되어서 얼마나 좋은지 모릅니다.

처음 주 5일 근무제를 실시하려고 할 때, 우리 기독교 교계에서 반대를 하였습니다.

금요일부터 교외로 산으로 들로 바다로 나가서 주일은 교회가 빈다는 이유에서 반가워하지 않았습니다. 그런데 지금은 그렇지 않습니다.

5일 동안은 부지런히 일하고 6일 째 되는 날 토요일은 주일을 지키기 위하여 제반의 모든 일을 하고 주일을 온전히 준비하고 그리고 주일을 지키면 토요 휴무제가 그리스도인들의 믿음의 생활에 장애가 되는 것보다 유익하게 하는 경우가 더 많다고 생각 할 수 있습니다.

둘째 : 성경을 읽는 습관

ＴＶ 시청에는 눈을 떼지 못하면서 성경을 읽는 데 일주일에 30분도 시간을 할애 하지 않는다면 우리의 믿음의 생활은 건강하지 못한 것이며 문제가 있습니다.

본문 16절 **"…회당에 들어가사 성경을 읽으려고 서시매"**라고 하였습니다.

여러분, 우리 성경을 읽어야 합니다. 요즘은 영상 매체가 있고, 교회에 성경을 비치하고 있으니까 아예 성경을 가지고 다니지 않습니다.

성경을 가지고 다니지 않으니 성경을 읽는다는 것은 더 멀어져 있고 성경에 무식하고 이단에 넘어가는 사례가 비일비재 합니다.

마4:4 **"사람이 떡으로만 살 것이 아니요 하나님 입으로부터 나오는 말씀으로 살 것이라 하였느니라 하시니."**라고 하였습니다.

우리는 하나님의 말씀을 바로 알고 그 말씀을 먹어야 사는 것입니다.

육은 떡을 먹어야 하지만 우리의 영혼은 주의 말씀을 먹어야 합니다.

우리가 구약 성경을 읽으면서 느끼는 것은 하나님의 택한 이스라엘 백성이 말씀을 듣지 않고 불순종 할 때마다 하나님의 진노가 그들에게서 떠나지 않았다는 것입니다.

우리가 다 같이 믿음의 생활을 하면서 말씀에 불순종 하고 말씀을 읽지 않고 듣지 않으면 하나님의 복을 받아 누릴 수 없는 것입니다.

주의 말씀(성경)을 읽고, 듣고, 행하는 자가 복이 있다고 하였습니다.

"이 예언의 말씀을 읽는 지와 듣는 자와 그 가운데 기록한 것을 지키는 자가 복이 있나니 때가 가까움이라."(계 1:3)

"너희는 내게 배우고 받고 듣고 본 바를 행하라 그리하면 평강의 하나님이 너희와 함께 계시리라."(빌 4:9)

그리고 주의 말씀을 배우고, 듣고, 본 바를 지키는 자에게 평강의 하나님이 함께 하여 주신다고 하였습니다. 그래서 우리는 말씀을 배워야 하고 들어야 하고 읽어야 하고 지켜야 하는 것입니다.

그리하여야 하나님이 우리와 함께 하시고 그리고 복을 주십니다.

셋째 : 전도하는 습관

전도는 자신의 신앙의 고백이며 구원받은 이의 증거가 전도이며, 그리스도의 지상의 최대의 명령을 수행하는 것입니다. 전도가 부끄러운 것은 자신의 믿음이 부끄러운 믿음의 소유자라는 반증이라는 것입니다.

진정한 그리스도인이라면 구원의 확신을 한 성도라면 전도는 기본입니다. 하나님의 성령을 받은 증거가 전도가 된다는 것을 우리는 명심을 해야 합니다.

본문 18절 **"주의 성령이 내게 임하셨으니 이는 가난한 자에게 복음을 전하게 하시려고 내게 기름을 부으시고 나를 보내사 포로 된 자에게 자유를 눈먼 자에게 다시 보게 함을 전파하며 눌린 자를 자유롭게 하고 주의 은혜를 전파하게 하려 하심이라."**라고 하였습니다.

여러분, 전도는 자기 신앙의 고백이며 구원의 확신이며 주님의 명령에 순종이며 성령 받은 이의 증거이며 우리 믿음의 본분입니다.

"그러므로 믿음은 들음에서 나며 들음은 그리스도 말씀으로 말미암느니라."(롬 10:17)

말씀을 소리치고 전파하는 자가 있어야 들을 것이요 그 들음에서 믿음이 생성되어진다. 는 것입니다.

"너는 말씀을 전파하라 때를 얻든지 못 얻든지 항상 힘쓰라 범사에 오래 참음과 가르침으로 경책하며 경계하며 권하라."(딤후 4:2)

전도는 때가 안 되었다고 여건이 불리하다고 미루거나 포기 할 것이 아니라 주님의 지상 명령이므로 전하는 것을 우리가 할 일이고 그 다음 결과는 우리 주님께서 하실 일이기 때문에 명령대로 준행을 하면 되는 것입니다.

넷째 : 기도하는 습관

"예수께서 나가사 습관을 따라 감람산에 가시매 제자들도 따라 갔더니."(눅 22:39)

주님은 평소에 기도하는 습관을 쫓아 기도하는 습관 속에서 사시는 것입니다.

여러분, 기도 좀 하는 사람은 가만히 앉아 있어도 몸을 앞뒤로 흔들거나, 좌우로 흔드는 습관을 가지고 있고, 눈만 감으면 손을 모으고 기도 하고, 방송에서 교외로(도심 밖으로) 나간다는 말은 내 귀에는 교회로(예배당) 나오는 것으로 들려지고 있습니다. 아멘도 할렐루야도 습관이 되어서 아멘이 나오고 할렐루야를 연발하는 것입니다.

"새벽 아직도 밝기 전에 예수께서 일어나 나가 한적한 곳으로 가사 거기서 기도하 시더니"(막 1:35)

산으로 가서 기도 하고(장소), 새벽(새벽) 미명에 일어나 기도하는 것이 습관이 되어 사시는 주님의 모습으로 우리는 살아야 할 것을 의미하는 것입니다. 기도하는 마음으로 살고 기도함으로 우리의 영적 영양을 공급을 받는 것이 오늘의 우리들의 일상적인 믿음의 생활입니다.

다섯째 : 봉헌과 헌신의 습관

믿음의 생활은 섬기는 삶이고 드리는 생활이고, 헌금하는 것이 즐거워야 하고 봉사하는데 보람되어야 교회 생활이 진부하지 않습니다.

헌금을 드리는 것이 아까우면 아직도 믿음 생활이 성숙한 단계에 이르지 못한 것입니다. 돈을 얼마를 버는 욕심보다는 십일조를 좀 더 욕심을 내고 픈 마음이 생길 때 믿음은 상당한 수준에 이르게 된 것입니다.

우리가 알아야 할 것은 누구든지 교회에 손해를 끼치는 사람 치고 하나님에게서 복을 받는 사람은 없다는 것을 우리는 기억을 하여야 합니다. 그리고 교회에서 하는 봉사가 부끄럽거나 움추려들지 않아야 합니다.

봉사도 주님을 위하여 하는 것이고 헌금도 주님이 주시는 것으로 주님께 드리는 것으로 확신을 하여야 합니다.

십일조는 그리스도인의 하나님 주권을 확신하는 증거이며, 경제 논리의 기본이고, 하나님의 말씀대로 축복을 받는 성경적 원리입니다. 십일조는 누가 뭐래도 많이 하는 사람이 축복을 받은 사람이고 하나님이 붙들어서 쓰실 사람들입니다.

봉사는 성숙한 신앙인의 삶에서 나오는 열매이며, 이웃을 위한 사랑이며, 자신을 나누어주는 섬김이요, 그리스도인의 긍지요 자부심입니다.

본을 받아야 할 좋은 습관은

1)주일 성수 주의 날을 우리가 확보하는 것이며,

2)성경을 읽고 듣고 보고 지키는 것이며.

3)전도는 자신의 신앙의 고백이 구원의 확신이 전도입니다.

4)기도하는 습관 기도하는 자리가 습관화가 되어야 합니다.

5)헌금생활과 봉사 생활이 습관이 되어야 한다는 것입니다.

이 다섯 가지 주일 성수 – 성경 읽고, 전도하고. 기도하고, 헌금하고 봉사하는 것이 습관이 되어지면 믿음의 생활에 막힘이 없을 것입니다. 이것이 습관이 될 수 있도록 여러분 한번 우리 최선을 다하여 하면 먹든지 마시든지 무엇을 하든지 하나님께 영광된 삶을 사시기를 주님의 이름으로 축원합니다.

(2011. 7. 31)

기도는 신앙의 고백

삼상 2:1-10

　믿음과 기도는 구분하거나 독립적인 관계가 아니라 믿음의 기도로 표현이 되어지고 기도는 믿음의 내용인 동시에 기도는 그 사람의 신앙의 고백이라고 하여도 틀리지 않습니다.

　믿음과 기도, 기도와 믿음은 동전의 양면과 같아서 어느 것의 먼저와 나중도 아니며, 덜 중요하고 더 중요함도 아니며, 겉과 속의 관계도 아니며, 영적인 것과 육적인 것의 구분도 아닙니다.

　우리가 다 같이 하나님을 믿으면서 인격과 삶의 무게가 실린 신앙인이 된다는 것은 결코 쉬운 일이 아니며, 그 믿음의 비중을 가늠하는 것은 쉬운 일이 아니지만 대체적으로는 믿는 이들이 기도하는 것을 보면서 어느 정도의 믿음의 경중을 가릴 수가 있으며, 신앙의 인격은 기도하는 사람이 자신이 기도한　만큼의 삶으로 담아내는 것으로 말미암아 자리 매김이 되는 것입니다.

　물론 다른 이들의 믿음의 중심이나, 비중은 함부로 속단을 하거나, 가볍게 여겨서는 아니 될 일이 지만 그 사람의 기도와는 불가불의 관계가 있고 기도의 무게는 기도한 사람의 삶 가운데 실천하는 것이 절대적 바로미터입니다.

오늘 본문은 한나의 기도입니다.

한나의 기도가 한나를 기도의 사람으로 삼으셨고, 한나의 기도는 드디어 응답이 되었고, 그 응답의 기도는 오늘의 기도하는 이들의 효시가 된 것입니다.

우리에게 중요한 것은 한나는 무엇을 기도하였으며, 어떻게 기도하였으며, 한나는 하나님을 어떤 분으로 믿고 기도하였으며, 기도한 결과 기도의 응답이 무엇으로 나타났으며. 기도한 이후에 한나는 과연 어떻게 살았느냐 하는 것이 오늘 우리 모두들의 관심사가 아닐 수 없는 것입니다.

오늘날 우리들에게 기도하는 것이 참으로 귀하고 중요한 것입니다. 쉬지 말고 기도하라고 하였고, 기도는 신앙인의 호흡이라고 까지 하였습니다. 그러나 기도하는 가운데 우리가 더욱 바로 알아야 할 것은 기도의 내용이 기도의 고백이 어떤 것이냐가 대단히 중요하고 귀합니다.

기도의 내용이 우리들의 상상 이외로 부실하고, 믿음이 없이 인간적이고, 세상적인 것이 예수의 이름이 부쳐지고, 사람의 생각이상의 발상을 뛰어넘지 못하는 경우가 이외로 많다는 것입니다.

하나님을 우리의 참고인이나, 고문 격이거나, 조력자의 역할 정도의 하나님으로 생각하는 경우가 생각 이상 많다는 것을 우리는 알아야 합니다.

주도권을 주님께 맡기지 못하고, 자신의 생각과 능력으로 움켜쥐고, 하나님은 자신 일에 도우시는 분으로만 믿는 이들도 있다는 것입니다.

첫째 : 여호와로 말미암은 믿음(기도)

1절 "한나가 기도하여 이르되 내 마음이 여호와로 말미암아 즐거워하며 내 뿔이 여호와로 말미암아 높아졌으며 내 입이 원수들을 향하여 크게 열렸으니 이는 내가 주의 구원으로 말미암아 기뻐함이니이다." 라고 하였습니다.

우리의 기독교의 신앙은 여호와(하나님)로 말미암음의 믿음입니다.

여호와로 말미암음의 믿음이 저와 여러분들의 믿음임을 우리는 분명히 하여야 합니다.

여호와로 말미암아 - 바 여호와

바 여호와 - 여호와 안에서, 여호와로 인하여, 여호와로 말미암아,

1) 즐거움(기쁨)도,

우리의 마음에 여호와로 말미암아 즐거워한다고 하였는데 이는 어떤 사연의 즐거움이냐 하면 지금까지 자식을 낳지 못하여 무자한 자신의 처지로 말미암아 매우 괴로워하고,

삼상 1:10 **"한나가 마음이 괴로워서 여호와께 기도하고 통곡하며."** 라고 하면서 슬퍼하였던 한나가 하나님의 은혜로 사무엘을 낳고, 이제 그를 하나님께 바치면서 마음속에 모든 슬픔과 고통이 사라진 대신 기쁨이 넘치게 되는 그 기쁨을 의미하는 것입니다.

2) 내 뿔(카렌)

뿔을 가진 동물은 그 뿔이 힘을 상징하는 것입니다.

1절 **"···내 뿔이 여호와로 말미암아 높았졌으며···"**라고 하였는데

뿔은 힘, 권위, 긍지 등을 상징적으로 표현을 하는 것입니다. 그러므로 뿔은 한나 자신의 자존심과 긍지를 회복하였음을 의미하는 것입니다.

한나가 무자할 때, 하나님의 저주나, 아니면 축복을 받지 못한 박복한 사람으로 무시를 당할 수밖에 없었는데 사무엘을 낳음으로 말미암아 하나님의 축복을 받은 사람으로 증거가 되면서 믿음의 자존심과 긍지를 회복한 것입니다.

3) 하나님의 사랑을 받은 사람으로 확증이 되는 것이다.

"여호와께서 그에게 임신하지 못하게 하시므로 그의 적수인 브닌나가 그를 심히 격분하게 하여 괴롭게 하더라."(삼상 1:6)

그러기에 **"···이는 내가 주의 구원으로 말미암아 기뻐함이니이다."**라고 하였습니다.

기쁨도, 힘도, 자존심도, 사랑도, 우리 하나님 여호와로 말미암아 회복이 되고, 새 힘을 얻게 되는 것입니다.

둘째 : 우리의 행동을 달아 보시는 하나님

"···여호와는 지식의 하나님이시라 행동을 달아보시느니라."라고 하였습니다.

하나님은 지식의 하나님, 즉 전지하신 하나님, 모르시는 것이 없이 다 아시는 하나님을 의미하는 것입니다. 맹세를 하고, 다짐을 하고,

서원을 하여도, 입장을 밝히고, 성명을 내어도, 그래도 우리의 행동을 달아보시는 하나님이라는 사실을 잊어서는 아니 됩니다.

그러므로 하나님 앞에서 함부로 교만한 말을 하여도 안 되고, 오만한 말을 입에서 내 뱉으면 절대로 안 된다는 것입니다.

어떤 말이 교만하고 오만한 말이냐? 오늘 본문에 브닌나처럼 한나가 무자한 것을 하나님의 사랑을 받지 못하고 저주를 받아서 그렇다면 궁지에 몰린 사람을 격분을 시키는 그 마음이 교만과 오만한 자의 마음의 표현입니다.

우리 하나님께서 사람이 행하는 행동의 외모만 보시는 분이 아니라 교만함에서 나오는 행동인지 아니면 겸손하고 성실한 자세에서 나오는 행동인지, 믿음의 행동인지 불신앙의 언행인지를 하나님을 그 행동을 달아 보신다는 것입니다.

마치 자기 자신은 하나님의 축복과 사랑을 모조리 다 받은 것처럼 하면서 다른 이들은 사랑을 받지 못하고 심지어는 저주 받은 사람으로 취급하는 교만을 삼가야 합니다.

우리의 믿음도, 우리의 기도도, 삶으로 담아내어야 하고, 그 삶이 우리의 행실이고, 이 행실은 우리 하나님께서 달아보신다고 하셨습니다. 사람이 보기에는 거의 비슷하게 보이지만 그러나 우리들의 행실의 내면의 깊은 면까지 꽤 뚫어 보고 계시는 분이라는 사실을 우리는 알아야 합니다.

셋째 : 강한 자는 꺾으시고 넘어진 자에게 새 힘을 주시는 하나님

본문 4절 **"용사의 활은 꺾으시고 넘어진 자는 힘으로 띠를 띠도다."**

라고 하였습니다.

용사는 용감한 군사 잘 훈련이 되고 완전무장한 전쟁에 뛰어난 군인을 가르키는데 그런 용사의 활을 꺾으시는 하나님이시라는 것입니다. 용감한 군사, 용사는 활이 꺾인 무장 해제를 당한 군사는 용사 일 수가 없습니다. 군인이 가진 무기 활이 꺾인다면 포로가 되거나 전쟁에 패배한 군대를 의미하는 것입니다.

다시 말씀을 드리면 인간적으로 강한 자, 교만한 자는 하나님께서 꺾으신다는 것을 우리는 명심을 하여야 합니다.

힘이 있다고, 강하다고, 지나치게 자부 하거나, 과신을 하면 하나님에게서 꺾이는 경우가 있다는 사실을 기억하면서 신앙인들에게는 교만은 금물입니다. 그러나 **"넘어진 자는 힘으로 띠를 띠도다."** 라고 하였습니다.

넘어진 자는 앞에서의 "용사"와는 대조적인 사람으로 힘이 없고, 연약해서 활을 가진 용사에게 짓밟혔던 자들을 가르킨다. 고 볼 수 있습니다. 그러나 "힘으로 띠를 띠도다."라는 넘어진 자 이들이 일어나서 자신들이 회복이 되어서 전열을 가다듬어 다시 전쟁을 할 준비를 갖춘 상태를 의미하는 것입니다.

그렇다면 본 절(4) 가운데 용사는 누구를 상징하며 넘어진 자는 누구를 의미하는가?

여기에 용사는 부모의 최대의 힘이요 무기인, 자녀를 둔 브닌나를 의미하는 것이고, 넘어진 자는 결혼 생활을 하면서 자녀를 낳지 못한 한나는 그 시대의 넘어진 여인으로 지칭을 하는 것을 볼 수 있습니다.

인간적으로 자기의 힘을 자랑하고, 교만하면 하나님께서 꺾으시지만 남들처럼 자신이 할 수 없어서 괴로워하고, 울며 금식하며, 기도

할 때, 하나님께서 넘어진 자리에서 세워 주시고 영광의 찬송을 할 수 있도록 축복 하실 것입니다.

혹여 잉태하지 못하였다고 목적을 이루지 못했다고, 낙심하거나, 포기하지 말고 기도하시면 하나님께서 한나처럼 소원을 이루어 주실 줄 믿습니다.

넷째 : 전화위복(轉禍爲福)의 하나님

하나님의 역사는 참으로 놀랍습니다.

5절 **"풍족하던 자들은 양식을 위하여 품을 팔고 주리던 자들은 다시 주리지 아니하도다 전에 임신하지 못하던 자는 일곱을 낳았고 많은 자녀를 둔자는 쇠약하도다."**라고 하였습니다.

풍족한 자들 또는 유족하던 자들 "시베아" 풍성하다, 유족하다. 의미인데 여기에

1) 풍족한 자들은

"양식에 부족함이 없이 잘 먹고 포식하는 자들을 가르킴인데 이들은 하나님의 도우심 없이 스스로 얼마든지 잘 먹고 살 수 있다고 자부하는 교만한 자들을 의미하는 것입니다.

여러분, 배가 부르면 아무리 맛이 있는 요리를 주어도 맛있게 먹지 못한 것처럼, 자신이 풍족하다고, 부족하지 않다고 배가 부른 사람들은 하나님의 은혜의 필요성을 전혀 느끼지 못하는 것입니다.

이렇게도 풍부하고 유족한 이들도 하나님께 의지하지 않고, 교만하게 되면, 저들을 자신들의 먹을 양식을 위하여 품삯을 팔아야 할 정도

로 가난하게도 하신다는 하나님이십니다.

그래서 예수님의 산상수훈 가운데 마5:3 **"심령이 가난한 자가 복이 있나니 천국이 그들의 것임이요."**라고 하였습니다.

2) 가난한 자(주리던 자들) 배 곯은 이들.

즉 배곯은 이들이 먹을 것을 찾는 간절성, 목마른 이들이 물을 찾는 갈급함이 있는 믿음이 하나님의 마음을 움직이게 합니다. 반면에 배고파 주리던 이들은 다시 주리지 아니하도다. 라고 하였는데 이는 하나님께서 풍족하게 유족 하도록 축복하심을 의미하는 것입니다.

인간 세상에서 부가 부를 낳게 하고, 가난은 대물림이 되는 세상이지만 하나님께서는 풍부한 자도 가난하게도 하시고, 가난한 이들을 부하게 하시는 분이 하나님이시라는 것입니다.

하나님은 전화위복을 시키시는 하나님이라는 사실을 성경은 분명히 말씀을 하고 있습니다.

음지가 양지가 되게 하시고, 바다를 육지가 되게 하시고, 마른 땅이 바닷물로 덮이게도 하시는 분입니다. 조건도 여건도 분위기도 무시할 수 없고, 대단히 중요 하지만, 그보다도 더 중요 하고 우선하는 것은 우리 하나님이 함께 하시고, 축복하여 주시는 것이라면 우리는 그 이상의 무엇을 갖추어야 할 이유가 없는 것입니다.

하나님께서 언제 한번 우리 교회를 들어서 축복을 하시고, 성도들에게 복을 더하여 주시는 때가 언제인지를 마음으로 기다리고 있습니다.

그냥 이대로 마치게 하거나, 그만 두게 하시지는 않으실 것이라는 믿음이 제게는 가슴 깊이 자리를 잡고 있기 때문입니다.

3) 무자한 여인에게 태의 문을 열어 주신다.

시편 기자는 여호와가 주시는 기업이라고 하였습니다.

"보라 자식들은 여호와의 기업이요 태의 열매는 그의 상급이로다."(시 127:3)

다시 말씀을 드리면 자식은 우리가 낳고 기르고 교육을 시키지만 그러나 그 생명의 근원은 하나님이 주셔야 한다는 것입니다. 그리고 태의 열매 자식은 우리 하나님이 성도에게 주시는 상급이라는 것을 우리는 명심을 하시고 성경은 분명히 그렇게 말씀을 하십니다.

태의 열매는 하나님의 상급인데 그 상급을 받으려면 믿음 생활을 잘하여야 하는 것이 우선적으로 전제가 되어야 합니다.

태의 열매 바라는 사람, 자녀를 기다리는 사람은 기도를 많이 하면서 오히려 사람에게 오해를 받아도, 그것 때문에 흔들리지 않고 자신의 믿음의 생활을 잘 하시기를 바랍니다.

한나는 자식이 없어서 기도(통곡 기도 10절)하며,

무성 기도를 열심히 할 때(삼상 1:13), 엘리 제사장이 술 취한 사람으로 오해를 받고 충고를 듣고도(삼상 1:14), 자신의 입장만 밝히고(삼상 1:15-16), 하던 기도를 계속적으로 하여서 드디어 사무엘을 생산케 하셨습니다.

"여호와께서 그를 생각하신지라 한나가 임신하고 때가 이르매 아들을 낳아 사무엘이라 이름하였으니 이는 내가 여호와께 그를 구하였다 함이더라."(삼상 1:19-20)

5절 "…전에 임신하지 못하던 자는 일곱을 낳았고 많은 자녀를 둔 자는 쇠약 하도다."고 함

한나가 낳은 사무엘은 일곱 아들 못지않는 기쁨이며, 브닌나는 여러 자녀를 두어도 초라할 수밖에 없음을 암시합니다.

1) 한나의 믿음은 즐거움도 풍족함도 여유로움도 여호와로 말미암으며,

2) 우리의 행동을 달아보시는 하나님이라고 확신을 하며 믿음의 생활을 하고,

3)강한 자는 꺾으시고 넘어진 자, 약한 자에게 힘을 주시는 하나님을 확신을 하며.

4)전화위복의 하나님을 믿는 한나의 믿음이였습니다.

그렇습니다. 한나의 하나님은 오늘 우리들의 하나님이시며 주님으로 말미암아 즐거움도 있고 능력도 받으며, 우리의 행동을 달아 보시는 하나님 앞에서 진실되게 살며 교만한 자를 꺾으시고, 넘어져 약한 자를 일으키시는 하나님을 믿으며, 부한 자를 가난하게도 하시며 가난한 자에게 풍부케 하시는 하나님,

임신 못한 이에게 자녀를 주시는 하나님을 우리가 그대로 믿으면서 하나님께 영광을 돌리시는 축복이 임하시기를 바랍니다.

(2011. 8. 11)

한나의 하나님, 우리의 하나님

삼상 2:1-10

　지난 주일 낮에 본문의 성경의 말씀을 가지고 "기도는 신앙의 고백"이라는 제목으로 말씀을 드렸지만 한 주에 다 말씀을 드릴 수가 없어서 동일한 본문으로 "한나의 하나님, 우리의 하나님"이라는 제목으로 함께 은혜를 받고져 합니다.

　같은 본문으로 연거푸 설교를 하는 것도 그리 흔하지 않았는데 우리 모두에게 은혜가 될 수 있기를 기도하면서 준비를 하였습니다.

　기도는 신앙의 고백이고 신앙인은 기도 가운데 자신의 속내의 믿음이 담기어 있다고 확신을 하면서 기도는 신앙의 고백이라고 하였는데 그 신앙의 고백은 바로 우리가 하나님을 어떤 하나님으로 믿느냐하는 의미를 함축을 하고 있다고 봅니다.

　한나의 기도 가운데 우리 성도의 즐거움도 여유로움도 풍족함도 여호와로 말미암으며, 우리의 일거수, 일투족의 행동을 달아보시는 하나님으로 믿으면서 강한 자는 꺾으시고 약한 자에게는 힘을 주시는 하나님으로 확신을 하며 전화위복의 하나님으로 부한 자를 가난하게도 하시고, 가난한 자에게는 풍부하게 하시는 하나님으로 임신을 못한 자에게는 일곱 아들을 주시는 하나님으로 확신을 하면서 우리 생활 가운데 매사를 주장하시고 간섭하시고 인도하시는 하나님으로 믿는 한나의 믿음의 에 대하여 말씀을 상고 하면서 은혜를 받았습니다.

하나님께서는 우리의 생활을 주장을 하시고, 매사가 여호와로 말미암은 정도만이 아니라, 우리 행동을 달아보시는 분으로 만이 아니라, 우리의 삶 자체가 여호와로 말미암은 정도만이 아니라, 인생의 근원문제가 우리 하나님께 달려 있음을 여기 말씀을 하시는 내용으로 말씀을 하고 있습니다.

목회자가 목회를 하면서 대외적으로 많아 활동하고 자주가고 누구보다도 많아 가는 곳은 병원, 예식장, 장례식장(화장터 납골당 공동묘지 등), 식당 등 많이 가는 편입니다.

우리는 지난 주일에 함께 은혜를 받은 매사가 여호와로 말미암고 우리의 행동을 달아 보시는 하나님으로 교만하고 강한 자는 꺾으시고, 겸손하고 약한 자들을 들어 쓰시는 하나님을 우리가 믿고 그리고 전화위복의 하나님을 우리가 공감을 하고 믿습니다.

그리고 한나는 하나님을 어떠한 하나님으로 믿었습니까?

첫째 : 빈부귀천(貧富貴賤))을 주관하시는 하나님

가난과 부요도 우리 하나님에게서 좌우 된다는 것을 우리는 분명히 알아야 합니다. 우리들의 인식에는 부하게 사는 것을 잘 사는 것으로 빈하게 사는 것을 못 사는 것으로 우리의 의식 가운데 깊이 뿌리가 내려 있습니다.

그렇습니다. 우리 하나님께서는 우리를 가난하게도 하시고 부하게도 하신다는 것입니다. 이것은 사람의 말이나, 누구의 지론이 아니라, 하나님께서 성경의 말씀에서 주시는 오늘 본문의 내용을 의미합니다.

그렇습니다. 우리 하나님께서 도우시지 않으면 우리는 가난 할 수밖에 없고, 우리 주님께서 도우시고 축복하시면 부하게 되는 것이 그것이 우리의 축복의 한 부분입니다.

분명한 것은 가난이 죄는 아니지만 그렇다고 복이 되는 것은 아닙니다,(영적인 면을 제외) 그러므로 가난에서 벗어나고 싶은 것이 우리 모두들의 바람일 것입니다.

찢어지게 가난하게 사는 것을 원하는 이는 없을 것입니다.

그 가난, 빈곤에서, 부족하고 넉넉하지 못한 여건에서 벗어나고 싶어 하는 것이 우리들 모두의 희망 사항일진데 노력은 다같이 하지만 벗어나게 하실 분은 우리 하나님이시라는 것입니다.

그리고 가진 소유. 누리고 있는 부를 유지하는 것도 하나님의 몫이라는 사실을 우리는 잊어서는 아니 되는 것입니다.

빈부귀천의 우리 인생의 제반사는 하나님께 달려 있다는 것이 한나의 믿음이고, 하나님의 주권 하에 있다는 것을 의미하는 것입니다.

우리 그리스도인들은 하나님 앞에서 하나님의 것을 맡아서 잠시 관리권을 받은 청지기라는 사실을 꿈속에서라도 잊어버리면 안 됩니다.

북한은 우리의 한반도의 지형적인 면이나 기후나 모든 조건은 거의 대동소이 하지만 한 가지 크게 다른 것이 있다면 그것은 우리나라 남쪽에서 2만 명 이상의 선교사를 해외로 파송한 것이며, 북쪽은 한 사람도 보내지 않을뿐더러 교회 자체를 용납하지 않는 것이 큰 차이점이라는 것입니다.

우리나라가 선교사 5천 명 보낼 때, 국민소득 5천불이었고, 1만 명을 파송하였을 때, 1만 불이었고, 2만 명을 보낼 때, 2만 불이고, 선교사 3만 명을 파송 할 때, 국민 소득 3만 불이 될 것이라고 어느 선교학자의 주장입니다.

지난 주일에 우리 청년들이 단기 선교 파송을 준비 하면서 성도들에게 냉커피로 섬기면서 자발적인 선교후원을 목적으로 했는데 놀라운 사실은 자기들의 이정도만 후원이 되었으면 좋겠다고 한 꼭 그 만큼 후원금이 그대로 되었다는 것입니다.

그러면서 저들의 이야기가 좀 더 큰 비젼을 가졌더라면 하는 아쉬운 생각을 했다는 후문입니다. 낮추는 것은 음부에 내리게 하시는 것이므로 이는 천하게 되는 길이요 높이시는 것은 음부에서 올라오게 하는 것인데 이는 귀하게 되는 것입니다.

우리 믿는 이들에게 건강을 주시고 물질을 주실 때는 그냥 좋아라고 만 생각지 마시고 배후의 하나님의 뜻을 살필 줄 아는 영적인 지혜가 필요합니다.

둘째 : 생사의 문제도 하나님께 있습니다.

오늘의 우리 일반적인 사람들에게 가장 큰 관심의 대상은 건강 및 생사의 문제와 교육(자녀)의 문제와 그리고 물질(돈) 문제로 나눌 수 있다고 합니다.

그 중에도 가장 심각한 것은 생사의 문제(건강)라고 할 수 있습니다.

본문 6절 **"여호와는 죽이기도 하시고 살리기도 하시며 스올에 내리기도 하시고 거기에서 올리기도 하시는 도다."**라고 하였습니다.

하나님께서는 우리를 살리기도 하시고 죽이기도 하시며 스올(무덤, 음부, 지옥 구덩이 등) 캄캄하고 답답한 요나가 들어간 큰 고기 뱃속 같은 곳, 그런 곳에서 지옥으로 내려가게도 하시고 그 지옥에서 건져 올리기도 하신다는 것입니다.

저는 병원에 문병을 가면서 그 수많은 병상을 채우면서 집에 머물지 못하고 투병하는 환우를 보면서 많은 것을 생각하게 하고 깨닫게 하시는 하나님의 메시지를 받을 때가 참으로 많습니다.

그렇게도 싫어하고 피하고 싶은 병동에서 장비에 의지하여 호흡을 하는 이들, 입으로 영양을 공급받지 못하고 의료장비와 다른 부분으로 양식을 공급을 받고 있는 것을 보면서 코로 호흡을 하고 입으로 맛있는 음식을 먹는 것이 얼마나 감사한지 모릅니다. 그리고 장례식장에서 집례를 하거나 조문을 갔을 때도 예상하지 못한 생을 마감한 이들을 바라보면서 때로는 허탈한 마음이 들 정도로 비통한 자리가 있습니다.

그리고 선하고 보람되게 살아온 분들이 먼저 가시는 것을 보면서 생의 회의를 느낄 정도로 안타까운 일들이 우리들의 현실 앞에서 할 말을 잃게 되는 경우가 많습니다.

생과 사의 문제는 하나님의 관활이라고 우리는 분명히 믿습니다.

그렇습니다. 이 땅에서 살아서 활동하는 우리들은 참으로 감사하고 그리고 내가 복을 받았다고 생각 할 수 있는 것들이 수 없이 많이 있습니다.

우리가 교회를 오고 예배를 드리고 은혜를 받고 봉사를 하면서 섬기면서 살아가는 이 자체가 엄청난 축복이요 감사의 대상입니다.

생사의 문제 주님이 주관 하신다는 의미는 인생의 생명의 시작과 종말을 하나님이 주관하신다. 함은 매사의 시작과 끝도, 일의 성패도, 사업의 존폐도 하나님께 달려 있다는 의미가 되는 것입니다.

다시 말씀을 드리면 가난한 자들을 일으키시는 것도 빈궁한 자들을 거름 더미에서 존귀한 자리에 앉게 하시는 것도 이는 주님께 달려 있다는 것입니다. 심지어는 본문에 아래와 같이 말씀하셨습니다.

"…땅의 기둥들은 여호와의 것이라 여호와께서 세계를 그것들 위에 세우셨도다."
(삼상 2:8)

이 지구(땅 덩어리)가 여호와의 것이고 여호와께서 세계를 그 위에 세우신 분이라고 하였습니다.

하나님은 창조자이시고 이 세상 주관자이시고 그리고 섭리자이십니다. 그러므로 우리의 생사의 문제는 우리들 자신의 소관이 아니라 우리 여호와 하나님의 소관이므로 우리가 조금도 걱정 할 것이 없을 것입니다.

우리가 하나님께 맡길 것을 우리가 안고 있으면 정신적 육체적 과부하가 걸려서 결국은 견뎌 나지 못하고 결국 쓰러지게 되어 있습니다. 부모가 할 부분을 어린 아이가 감당할 수 없듯이 하나님이 주관을 하시는 것을 우리가 그 부분에 관여하면 일을 그르치게 하고 상당한 부작용이 나타나게 되는 것입니다.

저는 이 부분에 대해서는 조금은 실제적인 경험으로 말씀을 드릴 수 있습니다. 제가 월남전에 파병 명령이 떨어졌을 때 그 때의 믿음으로는 전쟁터이지만 죽고 사는 것은 주님께 맡겼기 때문에 그렇게 마음이 우울하지 않았고, 그렇다고 귀국 준비를 한다고 무엇을 모으거나 욕심을 부리지도 않았습니다.

막상 귀국하여 집에 도착하니 집안의 가족들에게 아무것도 나누어 줄 것이 없어서 가족들에게 미안한 마음이 들었습니다. 그래서 어머니에게 죄송하다고 하였더니 무슨 말을 하느냐? 너가 건강하게 살아 온 것 이상의 더 큰 선물이 어디에 있느냐면서 오히려 제 마음을 어루만져 주셨습니다. 그러므로 우리가 하나님께 어떠한 자세로 살아야 하느냐?

셋째 : 여호와를 대적하지 말라.

이 세상에서 어떤 사람이, 그리고 하나님을 섬기는 성도가 감히 하나님을 대적하며 하나님에게서 역행하는 일들을 어떻게 할 수 있습니까? 있을 수도 없는 일이고, 있어서도 안 될 일입니다.

그러나 오늘의 성경 10절에 **"여호와를 대적하는 자는 산산이 깨어질 것이라 하늘에서 우레로 그들을 치시리로다 여호와께서 땅 끝까지 심판을 내리시고 자기 왕에게 힘을 주시며 자기의 기름 부음을 받은 자의 뿔을 높이시리로다."**라고 하였습니다.

여기에 보시면 여호와 하나님을 대적하는 자가 있다는 것을 전제하는 것을 우리는 볼 수 있습니다. 하나님을 대적한다는 것은 있을 수 없는 일이지만 무엇이 하나님의 대적에 해당하느냐가 참으로 중요합니다.

"대적하다" 히브리어로 "리브"이는 주로 악인들이 하나님에게 하는 짓으로 '다투다, 쟁론하다.' 등의 의미를 가지고 있습니다.

그렇다면 여호와를 대적 하는 자는 하나님의 절대적 주권을 무시하고 오히려 하나님께 대항하여 자기의 의를 내세우는 교만한 자를 가르킨다고 하였습니다.

아멘으로 화답하지 못하고 자신의 주장과 견해를 피력하면서 주의 일에 순종하지 아니한 상태를 한 마디로 대적자라고 할 수 있습니다.

우리가 유념을 하고 조심하야야 할 것은 빈말이라도 꿈에서라도 하나님의 뜻에 반하거나 역행을 하는 일이 생기지 않도록 우리는 정신을 차리고 자신을 살펴야 할 것입니다.

만일에 하나님을 대적하는 일이 생기면 산산이 깨어질 것이라고 하였습니다. 산산이 깨어진다는 어원의 의미는 부서지다, 파괴하다, 꺾이다, 라는 의미입니다.

이 같은 하나님의 진노의 직격탄을 맞는 경우도 있지만 상당한 세월이 지나간 다음에 후폭풍이 불어오는 경우도 있음을 잊지 말아야 합니다.

"하늘 우레로 치시리로다.

이 말은 "바사마임(하늘) 야르엠(우뢰로 치시리로다)의 의미로 하늘에서 그분께서 천둥을 발하셨다 라고 직역을 할 수 있습니다.

히브리 사상의 흐름에서는 하늘로부터 울리는 뇌성, 벽력을 하나님이 발하시는 무서운 소리로 이해를 하였습니다. 그리고 성경에서는 "우레"를 하나님의 현현으로(출 19:16-20)으로 상징적인 표현을 하거나 하나님을 대적하는 자들에 대한 심판을 가르킨다고 하였습니다.

우리는 그 어떤 경우일지라도 하나님의 뜻과 멀어지거나 주의 말씀과 배치가 되는 일이 생기지 않도록 기도하여야 합니다.

어린아이들은 얼굴을 찡그려도 예뻐 보입니다.

지덕미를 갖춘 이들은 말 한마디를 하지 않아도 그분의 말에 수긍이 가고 그분의 모습에 부러워하거나 감동을 먹는 경우가 참으로 많습니다.

기도를 열심히 하고 믿음으로 살려는 분들은 왠지 좋아 보이고 그리고 덕스러움이 넘치고 사랑이 피부에 와 닿는 감을 우리는 느끼게 됩니다. 자주 만나거나 오랜 친구도 아닌데 믿음이 가고 가까이 하고 싶은 마음이 생깁니다.

말씀을 정리를 한다면 하나님은 빈부와 귀천을 주관 하시는 하나님 이 십니다.

1. 가난하게 되는 것과 부하게 되는 것, 낮아지는 것과 높아지는 것이 오직 하나님께서 주장 하신다는 사실을 우리는 확신하는 믿음입니다.

2. 죽는 것과 사는 것, 천국행과 지옥 길도 하나님의 손에 있습니다.

그러므로 그 어떠한 경우라도, 하나님을 대적하지 말고, 그 말씀에 순종하여 섬기며 하나님은 섬김과 순종의 대상이지 대적이나 공격의 대상이 아니라는 것을 명심하면서 한나의 하나님이 나의 하나님으로 섬기고 순종하며 살아가는 은혜가 우리 모든 성도들에게 넘치기를 간절히 축원합니다.

(2011. 8. 14)

내가 너를 쉬게 하리라

출 33:12-16

우리들의 의식 구조 가운데는 노는 것과 쉬는 것이 구분이 제대로 안 되어서 쉬는 것과 노는 것을 혼돈하는 경우가 참으로 많습니다.

쉼이라는 것은 일을 지속적으로 효과적으로 하기 위한, 호흡으로 말하면 숨 고르기를 하는 것이며, 피곤하고 지친 몸이 쉼으로 말미암아 새로운 힘을 내게 하는 것입니다.

그러나 노는 것은 일하지 않고 무위도식하는 것을 말합니다. 서울역에서 노숙자의 시간을 보내는 것이 그것이 노는 것입니다. 그래서 쉼의 문화라는 최초의 출발점은 우리 기독교에서 기원과 근간을 찾을 수 있습니다.

하나님께서 천지만물을 창조하실 때

첫째 날에는 우주와 빛(창 1:1-5),

둘째 날에 하늘(궁창)!;6-8.

셋째 날에는 땅과 바다와 식물(창 1:9-13),

넷째 날 해와 달 별(1:14-19),

다섯째 날 새와 물고기(1:20-23), 낮과 밤,

여섯째 날 짐승과 사람, 일곱째 날 안식하심(창 2:1-3),

하나님께서 천지를 창조하시면서 엿새 동안은 우주 만물을 창조하시고, 일곱째 날은 안식하시면 쉬시는 것을 우리는 볼 수 있습니다.

쉼의 문화의 가장 원초적인 것이라고 우리는 말 할 수 있습니다.

쉼이라는 것은 단순히 일을 하지 않고 노는 것으로나, 하던 일을 멈추고 중단하는 것 정도의 의미가 아니라 회복과 도전과 새로운 출발의 계기가 되는 의미심장한 것이 함께 함축이 되어 있는 것을 뜻하는 것입니다.

학생들은 한 시간 가운데 50분을 공부를 하고 10분을 쉬는 휴식의 시간이 있는가? 하면 엿새를 부지런히 일하고 하루 쉬는 안식일 주일 제도가 있으며, 또한 6년을 근무를 하고 1년을 쉬는 안식년 제도가 우리 기독교에서 출발하였으며, 희년 제도와 회복은 기독교의 흐름의 근간을 이루고 있음을 우리에게는 너무나 자명한 사실입니다.

물론 지금은 여름 휴가철을 거의 보내는 시점에서 이 말씀을 하는 것도 시기가 늦은 감도 없지 않지만 휴가를 보내고 쉬고 온 우리들이 다시 한 번 되 집어 보면서 나의 쉼은 참으로 쉼다웠는가? 아니면 쉼이 되지 못하고 회복이나 새로운 도전의 기회마저 가지지 못하고 쉼에 지쳐 있지 않는지 돌아보아야 합니다.

사람이 하는 일은 사실은 물론 그 사람의 전공과 능력과 재능에 따라서 다양한 양상을 띠고 있지만 일자체가 싫거나 나쁘거나 회피의 대상은 아니지만 그러나 일을 하는 가운데 쉼이 없는 일이란 가장 가혹한 일이며, 사람을 혹사시키는 결과를 가져오게 되는 것입니다.

지금은 그런 일이 없습니다 만은 우리가 어릴 적에는 요즘에 향토

박물관에서나 볼 수 있는 짐을 나르는 것은 소달구지나 아니면 사람이 지고 다니는 지게가 있습니다.

나는 지게를 전문으로 지지는 못했지만 방학 때나 가정실습 때 형님들 따라 지게를 지고 산에 올라가서 나무를 지고 내려오는 경우가 있는데 그 짐을 지고 오다가 쉬는 곳이 있어서 쉬게 되면 지게를 내려놓고 지게 작대기(버팀목)에 고여 놓고 약 한 5분이나 10분 정도를 쉬는 시간을 가지면 그 시간이 꿀맛 같았습니다.

우리들의 인생에 있어서 쉼이라는 것은 참으로 필요한 것입니다.

그렇지 않습니까? 새벽기도를 하시는 분들은 경험하는 것입니다.

잠자리에 들어가서 잠을 설치지 않고 단잠을 자게 되면 새벽에 일어나는 것이 가볍고 개운하지만, 잠이 쉼 중에 가장 큰 비중을 차지하는데 잠을 제대로 자지 못하면 몸이 무거워지고 일어나기가 싫어지는 것을 우리는 경험을 하였을 것입니다.

쉼이라는 것은 쉼, 자체에 의미가 있는 것이 아니라, 쉼을 통하여 회복과 그리고 새로운 도전의 장을 마련하는 계기가 되는 것입니다.

첫째 : 진정한 쉼은 어디에서 오는가?

어떤 이들은 스트레스를 푸는 것으로, 자신이 즐기는 놀이나, 먹고 마시는 것으로. 음악을 듣고 영화를 감상하고, 하지 못한 일을 하면서 자신이 이성을 잃은 정도로 취함으로, 강열한 운동으로, 갖가지의 취미생활로, 이 모든 것이 휴식과 쉼의 일부분이 상당한 비중을 차지함은 부인 할 수 없습니다. 그러나 진정한 쉼이라는 것은 근본적인 쉼은 육체의 쉼은 육체적인 쉼보다는 정신적인 쉼이 더 큰 비중을 차지한다고 볼 수 있습니다.

우리가 아무리 백사를 제쳐 놓고 휴식을 취하여도 근심이나 걱정이나 염려가 있으면 휴식이 그렇게 쉽다워지지 않는 것을 사람마다 경험을 하였을 것입니다.

우리가 쉬는 쉼 가운데 가장 기본적이고 대표적인 쉼은 사실 잠을 자는 것입니다. 근심걱정 우수사리가 있으면 잠을 자지 못하는 것입니다.

잠을 자게 하는 것은 수면제가 아니라 마음의 평안이 올 때 단잠을 잘 수가 있고, 이 단잠의 가치는 그 어떤 피로 회복 제나, 무슨 영양소보다도 비교 할 수 없이 월등한 것이 바로 잠을 자는 것입니다.

그러기에 우리의 아침인사 가운데 안녕히 잘 주무셨습니까?

서양의 좋은 아침도 잠을 제대로 자지 못한 사람에게는 굳 모닝이 못 되는 것입니다. 그래서 가장 가혹한 고문 가운데 한 가지가 잠을 재우지 않는 것인데 인간으로서 가장 잔인한 짓 중의 하나일 것입니다.

그렇다면 마음이 편해야 잠을 잘 수가 있고, 마음에 캥기는 것이 있으면 잠을 이룰 수 없다는 것은 누구나 동감을 하고 있습니다.

우리가 살아가면서 다툼을 하거나, 상대를 공격을 하거나, 감정이 폭발하거나, 신앙인 불순종하거나, 거역을 하고 범죄를 하게 되면 마음의 평안이 오지 않는 후유증이 오는 것이 그것은 곧 불면증이라 할 수 있습니다.

그리스도인들이 마음의 평안을 가져오고 불안이 없고 마음 편할 때가 언제냐? 그것은 내가 하나님의 은총을 입었다고 확신을 하고 감사할 때입니다.

하나님의 진노나 징벌이 아니라, 주의 은총을 입게 될 때, 우리들의 마음 가운데 아 내가 하나님의 사랑을 받고 있다는 증표가 됨으로 놀라운 시너지 효과가 생기게 되는 것입니다.

내가 벌을 받고 있다 라고 생각하면서 믿음의 생활을 하는 사람과 내가 주의 사랑을 은혜를 받고 있다고 생각하면서 믿음 생활을 하는 사람과 삶의 차원이 달라지는 것입니다.

이는 마치 공부하는 학생 가운데 수석을 목표로 하고 공부하는 학생과 낙제를 면하려고 공부하는 학생의 차이라고 할 수 있습니다.

오늘 본문에 모세는 저들(이스라엘 백성)에게 주의 은총을 입은 구체적인 증거를 보여 달라는 것이 오늘 말씀의 요지입니다.

함께 갈 사람을 부쳐주시고 주의 길을 보여주시어서 인도 할 이스라엘 백성을 당신의 백성으로 인정하여 달라는 것입니다.

우리 성도들에게 진정한 쉼과 안식은 하나님의 은총을 덧 입고 하나님이 함께 하시고 당신의 백성으로 인정 받을 때입니다.

성도들에게는 하나님의 은총이 은혜가 떠난 쉼이란 있을 수 없는 것입니다. 하나님의 은혜를 받고 주의 은총이 임하면 마음이 편하고 우리는 안정이 되고, 삶의 여백을 평안으로 채워 주십니다.

이유여하를 막론하고 은혜를 받아야 하고 은총이 임해야 우리는 불안하지 않고 믿음이 흔들리지 않고 실족하거나 시험에 들지 않고 건강한 믿음, 열심 있는 섬김의 삶을 주저 없이 살아 갈 수 있게 될 것입니다.

둘째 : 내가 친히 가리라 너로 쉬게 하리라.

하나님이 친히 오시는 것과 우리가 쉼을 얻게 하는 것은 불가불의 관계를 가지고 있습니다.

지난 주일에 오셔야 할 분이 안 오시어서 얼굴이 보이지 않아서 그날 밤은 잠을 설치는 것, 여러분은 모르시지요? 가끔은 집에서 잠을 이루지 못하고 교회로 오는 경우가 있습니다.

고민이 있을 때입니다. 마음이 불안하고 방법이 없고 기도하지 않으면 견디기 어려울 때가 있습니다.

예배 시간에 늘 오시는 분이, 오셔야 할 분이 안 오시면 그 얼굴이 보이지 않으면 참으로 마음이 편하지 아니하고 불안해지는 경우가 참으로 많습니다.

어린아이가 가장 불안하게 여기는 것은 어머니와 떨어질 때입니다.

가끔은 교회 현관을 지나다 보면 우리 교회 에덴어린이집에서 자기 아가를 이른 아침에 떼놓고 가는 직장에 출근하는 젊은 엄마 아빠가 아가를 떼 놓는 것이 너무 마음이 아파서 눈물을 훔치고 가는 모습도 볼 수가 있고, 어린이 집에 처음 와서 악을 쓰면서 우는 아가들의 모습을 보면 안쓰럽기가 짝이 없습니다.

아가들에게는 엄마가 없는 불안이상은 없을 것입니다.

우리 그리스도인들에게도 하나님과 멀어진 경우가 가장 위험하고 불안하며 하나님이 함께 하시는 것 이상 마음의 평강도 없을 것입니다.

"내가 너를 쉬게 하리라"-와하나호티

"너로 편케 하리라."라고 하였습니다. 하나님이 내게 오시면 주의 은총이 임하면 주의 성령이 내게 오시면 우리는 마음이 참으로 편 할 것이요 그리고 진정한 쉼을 얻게 될 것입니다.

시편 기자는 여호와를 가까이 하는 것이 내게 복이라고 하였습니다. 하나님이 외면하거나 얼굴을 돌리시는 것은 큰 진노의 징조로 볼 수 있는 것입니다.

하나님께서 친히 우리 교회에 오시고 여러분들의 가정에 오시고 나의 직장에 오시고 우리의 사업장으로 왕림을 하신다면 얼마나 축복스러움이겠습니까?

내가 친히 가리라. 누구를 시키거나 대신 보내는 것이 아니라 하나님께서 친히 왕림하시겠다는 말씀인데 이는 우리 인간세계에서 그 예를 찾아보기 드문 말씀입니다. 주님께서 친히 왕림하신다는 것은 큰 은총이고 축복이며 영광입니다.

하나님께서 친히 오시어서 내가 너희를 쉬게 하여 주시리라는 것은 이는 우리로서는 상상할 수 없었던 획기적인 말씀이 아닐 수 없습니다.

우리가 바람직스럽고 행복한 믿음의 생활은 주님이 언제나 찾아오실 수 있는 삶을 살고, 그리고 언제 주께서 오시어도 당황하지 않고, 지레 겁을 먹지 않고, 기쁨으로 맞이할 수 있는 삶이라면 이는 참으로 주의 은혜를 누리고 살아가는 모습일 것입니다.

물론 우리의 믿음도 우리가 하나님을 택한 것이 하나님께서 우리를 먼저 택하여 주심이 주의 말씀이며 주의 사랑입니다.

"너희가 나를 택한 것이 아니요 내가 너희를 택하여 세웠나니…"(요 15:16)

주님께서 당신의 구원의 백성으로 삼으시는 것도 우리들의 자력이나 요청이기 전에 우리 하나님께서 먼저 택하여 주시고 불러 주셨다는 것입니다.

외형적으로나, 인간적으로 보면 우리가 선수를 치고 요구 한 것 같이 보이지만 그 이면에 우리 그리스도인들의 마음을 움직이는 것은 우리 하나님의 성령께서 역사하신다는 것을 잊어서는 아니됩니다.

그리고 열매를 맺게 하고 열매를 있게 하는 것도 주님께서 맺게 하여 주신 것이라는 사실을 우리는 잊지 말아야 할 것입니다.

하나님 여호와 즉 우리 주님의 성령이 내게 임함으로 진정한 쉼을 누릴 수 있는 것입니다.

우리 그리스도인들에게는 우리의 일상생활이나 쉼 가운데 목회자나 교회에게 숨겨야 하고 떳떳하지 못한 모임이나 쉼은 이는 영적으로 대단히 경계할 대상이고 가능하면 피해야 할 것임을 우리는 명심을 하여야 합니다.

그러므로 하나님이 친히 오시는 곳은 하나님이 함께 하시는 일은 죄와 비리와는 거리가 멀고 주의 선한 사역과 생활과 관계가 형성 되는 것을 의미 할 것입니다.

모세는 하나님께 더 강력한 당부를 하는 것을 우리는 본문에서 볼 수 있습니다.

"모세가 여호와께 아뢰되 주께서 친히 가지 아니하시려거든 우리를 이곳에 올려 보내지 마옵소서."(출 33:15)

가나안이 젖과 꿀이 흐르는 복지라 할지라도 하나님이 함께 하지 않으면 차라리 가지 않는 것이 낫겠다는 것이고, 비록 불모지 사막이고, 나무 한그루, 풀 한 포기, 자라지 못한 사막일지라도 하나님이 함께하시는 곳이 낙원이라는 것입니다.

성도는 아무것도 누리는 것이 없고 가지고 있는 것이 일천할지라도 우리 하나님이 나와 함께 하신다는 믿음만을 우리는 신앙의 거부로 살아가는 것을 볼 수 있습니다.

그러기에 내가 하나님 앞에서 은총을 입었다는 믿음이 갈 때는 가진 것이 없고 내 놓을 것이 변변치 못해도, 여유와 돌봄의 너그러움으로 살아 갈 수 있지만, 그러나 주의 은총을 받지 못한 자는 많이 가져도 온갖 것을 누려도 주의 은총을 받지 못한 사람으로 여겨지면 자신의 모습이 초라하기가 그지없습니다.

"나와 주의 백성이 주의 목전에 은총을 입을 줄을 무엇으로 알리이까 주께서 우리와 함께 행하심으로 나와 주의 백성을 천하 만민 중에 구별하심이 아니니이까." (출 33:16)

우리 그리스도인들에게 최대의 은혜는? 최고의 은총은? 무엇이라고 생각이 듭니까?

하나님께서 내게로 친히 오시는 것, 하나님이 나와함께 하시는 것, 주님과 더불어 행하는 것, 이상의 은혜도, 은총도, 축복도, 쉼도, 없다고 생각합니다.

여러분의 가정에, 성도들의 직장에, 성도가 경영하는 기업에, 주님이 친히 오시므로, 주의 은총이 임하고, 이 각박한 세상에서 쉼을 얻는 놀라운 은혜와 축복이 성령의 역사가 오늘 이 자리에서 예배를 드리며 섬기는 그리고 생활현장에 임하시기를 주님의 이름으로 간절히 축복을 하며 기도합니다.

(2011. 8. 21)

교회와 성령

행 1:6-11

　제가 어릴 적에는 그때는 참으로 귀신이 많았던 것 같습니다. 그리고 6,25사변 직후에는 전쟁으로 인하여 정신적으로 건강을 잃은 사람들이 많았고 가난과 굶주림, 전쟁 포화, 폭격가운데 놀라고 기절을 하고 마음으로 안정을 찾지 못하여 정신적으로 건강하지 못하여 비정상적인 사람이 적지 않았고, 또한 몸이 불구가 된 사람이 상당한 수를 차지하였습니다.

　특별히 정신적으로 건강하지 못함 사람, 그런 사람들과 귀신이 들린 사람들의 구분이 거의가 되지 않았습니다.

　어느 마을에서나 동네에서 귀신이 들린 사람이 있으면 그 사람은 어거하거나 다잡기가 어려우면 생전에 교회 한번 와 보지 않는 사람도 교회로 보내야 된다는 인식이 지배적이었습니다.

　우리 한국 초기 교회시대에는 사회 사람들에게 교회에 대한 인식 가운데 두가지는 공감을 가지는 것이 있는데 그 중에 하나는 귀신 들린 사람은 교회로 가면 귀신이 나가고 고침을 받을 수 있다는 분명한 인식과 또 다른 하나는 주 태백이(술에 인이 박혀서 끊지 못하는 사람)는 교회로 보내야 하고 교회가면 술을 끊을 수 있다 확고 부동한 교회이미지가 있으므로 교회는 사회적으로 좋은 의식을 가지게 하였습니다.

그런 의미에서도 사실 고등학교를 다니면서 교회를 나오게 되었는데 집안 모든 분들이 술을 너무 좋아하고 주로 남자 어른들이 장수 하지 못하고 단명을 하고 불행하게 되는 광경을 보면서 교회를 기웃거리게 된 동기 중의 하나가 될 수 있습니다.

그런데 성령의 충만을 성령의 취함으로 보는데 술 취함과 성령의 취함의 근본적으로 다르지만 공통점이 있다고 한다면 그것은 술에 취하게 되면 제 정신이 아니고 기분이 업이 된다고 볼 수 있는데 우리가 성령에 충만하여도 이는 자기의 정신이 아닙니다.

술에 취하면 저 사람이 정상이 아니고 미쳤다고 함과 같이 성령에 충만하여 저 사람이 제 정신이 아니고 교회에 미쳤다고 합니다. 그래서 사도행전에서 성령의 충만 사람을 보고 새 술에 취했다고 하였습니다.

"또 어떤 이들은 조롱하여 이르되 그들이 새 술에 취하였다 하더라."(행 2:13)

우리가 성령의 은혜를 받고, 성령이 충만하면 사람이 달라지고 새로운 사람이 되어지는 것입니다.

교회는 성령이 역사하는 곳이고, 그 성령의 역사는 믿음의 능력이고 이 능력의 역사는 사람을 바꾸어 놓고 세상을 뒤집어 놓는 엄청난 파장을 일으키게 합니다.

여러분, 아셔야 합니다.

우리 교회가, 한국의 기독교가, 성령의 역사가 아니면 오늘의 복음의 꽃을 피울 수가 없고 세계적인 선교 사역을 감당 할 수가 없는 것입니다.

불신자의 입장에서나 성령의 역사를 믿지 못하고 불신하는 사람들일지라도 오늘 우리 기독교의 역사는 성령의 능력이 아니면 설명 할 수가 없고 이해가 되지 않는 것입니다.

그리므로 성령의 역사의 시작은 하나님의 교회가 지상에서 세워지는 것으로 보이지 않는 성령의 역사의 증거가 나타나게 되는 것입니다.

물론 구약 시대도 성령의 역사가 없었던 것은 아니지만 그러나 구체적으로 나타나서 하나님의 신의 능력이 나타나게 되는 것은 하나님의 교회와 더불어서 나타나게 되는 것입니다.

사도행전의 역사는 그 발자취는 곧 성령의 역사이고 그리고 성령님이 이끄시는 발자취라고 할 수 있습니다.

첫째 : 성령의 임재는 언제 임하느냐?

"땅이 혼돈하고 공허하며 흑암이 깊음 위에 있고 하나님의 영은 수면 위에 운행하시느니라."(창 1:2)

"루아흐엘로힘" 제3위의 하나님, 하나님의 신인 성령을 가르킨다.고 하였습니다.

"루아흐" 신(神), 영(靈),으로 표현을 하고 있는데 구약에 378회나 나오고 있으며

"프뉴마" 헬라어로 번역이 되어 사용이 되어졌으며 루아흐는 호흡, 숨, 눈에 보이지 않고 손으로 만질 수도 없는 바람(창 3:8), 공기(욥41:16), 폭풍(시 11:6), 콧김(출 15:8) 등의 뜻을 가지며,

성령은 그 뜻과 부합한 하나님께서 육신(예수 그리스도)으로 오셨다가 예수님께서 십자가에서 죽으시고, 3일 만에 부활하시어 40여 일 동안 증거를 하시다가 하늘로 승천하시고, 그리고 성령를 보내 주신 것이 신약시대의 성령의 역사이며, 그로 말미암아 회개 운동이 일어나고 그렇게 회개한 사람들이 모여서 예배를 드리는 것이 신약교회의 출발이라 할 수 있습니다.

전도와 선교의 시작이라 할 수 있습니다. 그러나 성령이라는 정확한 표현이 열왕기하 2장에 나오는 것을 볼 수 있습니다.

> "…엘리야의 성령이 하시는 역사가 엘리사 위에 머물렀다 하고 가서 그에게로 나아가 땅위에 엎드려 그에게 경배하고."(왕하 2:15)

엘리사는 엘리야에게 구하기를 왕하 2:9 **"…당신의 성령의 하시는 역사가 갑절이나 내게 있게하소서."**라고 구한 다음에 엘리야는 엘리사의 머리 위에 성령이 임하게 하신 것입니다.

당신의 영 "베루하카"을 갑절(두배)을 달라고 하였습니다.

구약에서는 루아흐를 영으로 신으로 번역을 하고 있으며, 이 단어가 헬라어"프뉴마"로 번역이 된 것입니다.

> "오직 성령이 너희에게 임하시면 너희가 권능을 받고 예루살렘과 온 유대와 사마리아와 땅 끝까지 이르러 내 증인이 되리라하시니라."(행 1:8)

성령을 받은 사람에게는 우리들의 눈에 보이지 않는 권능이 나타나

는 것을 볼 수 있습니다.

제가 경험한 것 중에 지금 기억에 나는 것은 고등학교를 다니면서 예수를 믿고 얼마 되지 않을 때, 우리 동네에 이웃 어른이 아파서 무당이 와서 굿을 하는데 나도 그 때 구경을 갔는데 그 때 무당이 창호지로 만든 먼지 털개 같은 것으로 신을 받는다고 하는데 도무지 신이 내리지 않는 것입니다.

그 때 무당이 침을 뱉으면서 하는 말이 여기 모인 사람 가운데 교회에 나가는 사람이 있느냐고 하였습니다.

다른 이들은 그 동네 사니까 우리 동네는 교회가 없으니 교회 갈 사람이 없지만 나는 공부 한다고 나가 있으니 내게 시선이 집중이 되는 것입니다.

제가 나간다고 했더니 빨리 이 자리에서 떠나라고 하여서 쫓겨나오면서 그래도 떡이나 좀 주시지 하는 마음이 있었습니다. 그리고 여러분, 마귀는 겁을 내면 낼수록 그 사람에게 더 달라붙게 되어 있습니다.

유혹은 피해야 하고 마귀는 대적을 하여야 하는 것입니다.

교회의 제반의 일은 성령의 역사로 이루어지고 있으며 성령의 역사는 곧 교회의 역사이며 증거라고 할 수 있습니다.

사도행전의 역사는 전도의 발자취이고 전도는 성령의 역할을 나타내는 중요한 역사적 사료가 될 것입니다.

바람도, 공기도, 폭풍도, 호흡도 우리들의 육안으로 보이지 않습니다. 그러나 보이지 않지만 공기요, 바람이요, 호흡이라도 우리들의 존재와 생명과 건강과 직결이 된다는 것은 아무도 부인할 수 없을 것입니다.

자동차가 아무리 최첨단의 기능과 모든 것이 자동화가 되어 있는 고급차라 할지라도 연료가 없으면 무용지물이 되는 것과 같이 아무리 멋이 있는 교회요 교인일지라도 성령님의 역사가 없으면 아무런 의미도 능력도 없습니다.

교회의 역사는 믿음의 능력은 오직 성령님에 의해서만 가능한 것입니다. 사람이 없는 것도 아니고, 사람이 무력해서가 아니라, 우리를 통한 성령의 역사가 하나님의 신의 역사가 나타나지 않으면 우리는 아무것도 할 수 없는 식물교인, 식물교회가 되어지고 마는 것입니다.

하나님께서 성령의 능력을 어느 교회, 누구에게 임하게 하고 물 붓듯이 부어 주느냐에 따라서 그 결과는 엄청 달라지는 것입니다.

사람을 원망할 것이 아니고, 과정이나, 방법의 문제가 아니라, 성령님이 함께 하는 사람, 성령님이 함께 하는 교회, 성령님이 함께 하는 일이 되어야 하나님의 역사가 일어나게 되어 있는 것입니다.

둘째 : 성령은 누구에게 임하느냐?

모두가 성령의 충만을 받고 성령이 능력의 사람으로 은혜의 사람으로 살아갔으면 좋겠지만 그러나 성령님의 역사는 기도하는 사람에게 임하는 것을 볼 수 있습니다.

"여자들과 예수의 어머니 마리아와 예수의 아우들과 더불어 마음을 같이하여 오로지 기도에 힘쓰니라."(행 1:14)

사도행전의 성령의 역사는 모여서 한 마음으로 기도하는 것 빼고는 특별한 다른 이유를 우리는 찾을 수 없습니다.

기도하지 못한 것이, 기도 안한 것이 잘못이요. 기도를 소홀하게 한 책임이요, 당연한 결과로 보아야 할 것입니다.

우리는 더불어 모이지 않는 공동체와 함께 하지 못한 것이 더불어 기도하지 못한 것을 우리는 그 결과의 책임은 무한한 것 같습니다.

교회는 기도만 하면 안 되던 것도 되고 불가능한 것도 가능하고 어려운 것도 순조롭게 풀려나가는 것을 우리는 볼 수 있습니다.

신앙생활에 기도를 소홀하게 되면 성도의 삶이 소홀해진다는 사실을 알아야 합니다.

요즘 기도생활을 너무 소홀하게 하는 것 같아서 속으로 가슴을 조이고 있습니다. 교역자들도 기도를 소홀하게 하는 것 같아서 마음으로 안타까움이 적지 않습니다. 중직자들 기도하지 못하면 직분의 걸맞은 삶을 살아 갈 수가 없습니다.

장로님, 권사님들, 집사님들 이제 여름은 지나가고 기도의 절기를 우리가 만들어 봅시다. 평소에 기도하시던 분들이 먼 거리로 이사를 가시어서 기도할 사람이 줄어들어서 기도할 사람을 찾고 있습니다.

아브라함이 50명의 의인을 찾듯이 새벽제단의 사람 50명의 기도의 사람을 찾습니다.

이 말씀을 담임목사의 말이 아니라 길신제단에 하나님이 찾으시는 음성을 들으시고 기도의 사람으로 자신이 지원하시기를 바랍니다.

"그들이 내려가서 그들을 위하여 성령 받기를 기도하니."(행 8:15)

성령 받으려면 기도하여야 한다는 것을 성경은 분명히 말씀을 하고 있습니다. 만일에 하나님께 기도하지 않고 받은 영이 있다면 이는 성령보다는 마귀의 영을 받기가 쉽습니다.

우리 성도가 믿는 사람들이 전념하여야 할 것은 오직 두가지 기도하는 것과 전도하는 것입니다.

우리가 알아야 할 것은 기도한 사람과 기도하지 않는 사람과의 외형적으로는 전혀 구분이 어렵지만 그러나 영적으로는 너무나 판이 하다는 것을 알아야 합니다.

기도하지 않으면 하나님의 은혜를 받을 수 없고, 주님의 음성을 듣지 못하며, 기도하지 않으면 하나님의 마음을 읽을 수 없고, 심지어는 자신도 보지 못합니다.

마음을 합하고 열심히 뜨겁게 기도하는 곳마다 하나님의 성령은 임하시는 것입니다.

셋째 : 순종하는 사람에게 성령이 임합니다.

불순종하고 불의한 제물로 제사를 드리는 것보다는 순종하며 따르는 것이 더 귀하다는 것입니다.

믿는 우리들은 사실 성령의 임재를 원하고 있지만 그러나 누구에게나 주의 성령님이 임하는 것은 아니다. 기도하는 사람들에게 성령님이 오시고 그리고 순종하는 사람에게 임한다는 것을 말하고 있습니다.

이 성경의 전반 절이 대단히 중요한 의미를 우리에게 주고 있다는 사실을 놓치지 않아야 합니다.

이때는 예수님이 못박혀 돌아가신 지 얼마 되지 않는 시기였습니다. 예수님이 3일 만에 부활하셨고, 제자들과 함께 음식을 드셨고, 하나님의 말씀을 가르치시다가 40일 뒤에 승천하셨습니다.

당시에 예수님이 살아나셨다. 예수님을 보았다, 그분과 음식도 먹었다는 소문이 파다하므로 로마의 군병들은 예수님과 관계 되는 모든 것을 잡아 드리고 제반의 분위기를 차단하려고 수단과 방법을 가리지 않았습니다.

제자들은 체포령이 내려진 예루살렘에서 간신히 빠져나와 다행히 예루살렘 근교에 있는 감람산에 올라 갔습니다.

이때 예수님은 성도들에게 예루살렘을 떠나지 말라고 하셨습니다.

"사도와 힘께 모이사 그들에게 분부하여 이르시되 예루살렘을 떠나지 말고 내게서
들은 바 아버지께서 약속하신 것을 기다리라."(행 1:4)

예수 믿는 사람을 무조건 잡아 드리고 예수님과 같은 고향 사람들도 잡아 드리는 상황에서 지금 막 빠져나왔는데 예수님이 다시 예루살렘으로 들어가라고 하시는 것입니다.

도저히 순종할 수 없는 명령이었지만, 예수님의 제자들은 주님의 말씀에 순종했습니다.

감람원이라는 산에서 다시 예루살렘으로 돌아왔습니다.

체포를 당하고 생명의 위협을 당하여도 주님의 명령에는 순종하는 제자들 이런 이들에게 하나님의 성령의 역사가 그들에게 임하게 되는 것을 우리는 볼 수 있습니다.

성령의 역사는 예수님께서 승천하신 후에 하나님의 교회를 세우고 전도와 선교를 위하여 임하게 되고, 누구에게 임하느냐? 기도하는 사람 순종하는 사람들에게 임하는데 오늘 여러분들이 성령의 사람이 되시기를 간절히 기원합니다.

(2011. 8. 28)

성령의 은사와 증거

행 2:1-13

   지난 주일에 성령에 대하여 말씀을 드리면서 성령은 하나님의 신인데 하나님의 신(영)은 창1:2에서부터 임하여서 천지만물을 창조를 하셨으며, 엘리야의 받은 성령의 갑절을 달라고 엘리사는 간구를 하였고, 신약시대에 와서는 하나님께서 성육신하여 사람의 몸을 입고 오신 분이 예수님이시며, 그는 또 한 성자 하나님이시며, 그 주님이 십자가에 못박혀 돌아가시고 3일 만에 부활하시어 40일 동안 증거 하시고, 하늘로 승천하시면서 성령님을 보내시어서 사도행전의 역사를 이루었다고 하였습니다.

   그 성령의 역사는 오늘 우리나라의 교회를 바라보면서 생생한 현장을 목격한 것입니다.

   성령의 강권적인 역사가 아니면 오늘의 우리 한국 교회가 이 같은 믿음의 꽃을 피울 수가 없는 것입니다.

   성령의 역사가 시작될 때, 초대교회가 이루어졌고, 우리나라에 성령의 불길이 임하므로 한국 교회는 세워져서 오늘이 이르게 된 것입니다.

그 성령이 역사하는 현장에서는 언제, 어디서나, 동서고금을 막론하고 기도하는 곳에서 성령의 폭발력은 우리들의 상상을 초월하는 것을 우리는 볼 수 있었습니다.

어디서나 예나 지금이나 기도하지 않고 성령의 역사가 나타나는 예는 없었다는 것입니다. 당사자가 기도하지 않았으면 제 3자가 기도하였고, 지금 기도하지 못하였으면 지난날에 누군가가 기도했기에 나타나는 현상이라는 것은 어느 누구도 부인 할 수 없습니다.

만일에 기도하지 않았는데 특별한 역사가 나타났다면 이는 기적이고 요행이지 그 이상도 그 이하도 아닙니다. 그리고 기도가 없는 특별한 역사는 우리가 무조건 반가워 할 것이 아니라, 때로는 조심을 하고 때로는 복이라고 생각한 것이 화가 되어 돌아오는 경우가 있습니다.

이는 요나가 하나님의 명을 어기고 도망하는 길(니느웨로 가지 않고 다시스로 갈 때)에 마침 다시스로 가는 배를 만나게 될 때, 기적 같이 여겨졌지만 이는 결코 뜻을 이루지 못했고, 회개를 하고 자복을 해야 되는 것과 같습니다.

우리 그리스도인들에게 기도는 우리 성도들의 자원이며, 능력이고, 무한한 가능성을 열어주는 것이고, 인간의 모든 것을 뛰어넘은 놀라운 차원 다른 신앙세계의 핵 분열이상입니다. 그리고 성령의 은혜를 받으려면 순종을 해야 한다는 것을 말씀을 드렸습니다.

우리가 하나님의 말씀에 순종은 우리 믿음의 분량입니다.

얼마큼 그리고 언제 어디서 누구에게 무엇 때문에 순종하느냐에 따라서 그 순종의 무게와 비중은 믿음의 경중을 가늠하는 척도가 될 것입니다.

기도하는 것도 쉽지 않지만, 순종하는 것이 그렇게 쉬운 것이 못 되고, 때로는 믿음이 아니면 순종하기가 어려운 경우들이 우리들의 주변에서는 수 없이 많이 있는 것을 볼 수 있습니다.

저는 이 성령 강림의 역사가 우리들의 특별한 경우에만 나타나는 것이 아니라 우리들의 일상의 생활가운데 나타나고 체험을 하고 성도의 일상의 생활로 성령의 은혜로 엮어져 나가는 것이 되었으면 하는 마음이 참으로 간절합니다.

성령의 역사나 이야기는 남의 것이나 타 교단의 것으로 생각하고 우리 자신과는 무관 한 것처럼 생각하기가 쉽습니다.

첫째 : 성령이 임하는 모습을 봅시다.

오늘 본문 가운데 행2:1-4의 말씀은 초대교회시대에 성령님이 임하는 모습을 보여주는 아주 중요한 내용이 여기에 기록되어 있습니다.

2, 3절 **"홀연히 하늘로부터 급하고 강한 바람 같은 소리가 있어 그들이 앉은 온 집에 가득하며 마치 불이 혀처럼 갈라지는 것들이 그들에게 보여 각 사람위에 하나씩 임하여 있더니"**라고 하였습니다.

우리가 이 성경의 말씀을 새겨보면 유념하여야 할 부분이 있습니다. 성령이 이렇게 임하였다는 식의 표현을 쓰지 아니하고 불의 혀와 같이 임했다는 표현을 하는 것을 볼 수 있습니다.

이것은 성령님은 초월적인 신이기 때문에… 하나님의 영이므로 인간의 언어나 글로는 표현할 수도, 단정적으로 말할 수도 없기 때문입니다.

다만 우리가 알고 있는 것에 비추어서 바람 소리 같은 이란 표현을 쓴 것입니다.

본문 2, 3절에서는 성령은 "…급하고 강한 바람 같은 소리가 있어…마치 불의 혀 같이 갈라지는 소리가 있어…" 등으로 표현을 하고 있습니다.

하나는 소리에 대한 표현이고, 다른 하나는 눈에 보이는 것에 대한 표현이라고 할 수 있습니다. 급하고 강한 바람 같은 소리가 우리에게 들리고, 불이 혀 같이 갈라지는 것이 우리 가운데 임한다고 하였습니다.

성령님은 우리들의 귀에는 강한 바람 같은 소리로. 우리의 눈에는 불이 혀 같이 갈라지는 모습으로 보일 수 있음을 뜻하고 있습니다.

물론 성경 전체를 보면 성령님이 이런 모습으로 나타나지 않는 경우도 있습니다. 그러나 초대교회 시대에 임하는 성령의 임재의 역사를 가장 분명하게 표현한 하나님의 말씀이기 때문에 우리는 이대로 믿는 것입니다.

그러나 꼭 바람 소리 같고, 불이 혀 같이 갈라지는 모습으로 만 보인다는 것이 아니라 그와 같이 들릴 수 있고 보일 수 있다는 것입니다.

이렇게 성령님이 임하게 됨으로 임하는 곳에서 성령을 받은 이들에게는 어떤 현상 증거가 나타났습니까?

본문 4절 **"그들이 다 성령의 충만함을 받고 성령이 말하게 하심을 따라 다른 언어들로 말하기를 시작하니라."**라고 하였습니다.

그 곳 마가의 다락방에서 모인 기도하는 이들이 방언으로 기도하였다는 것입니다.

여러 방언으로 기도한다는 것은 알아듣지 못한 말로 기도하는 것이나, 이상한 소리를 내는 것을 의미함이 아니라, 방언으로 기도했다는 것은 성령님이 내 혀를 붙잡으셔서 내 의지와는 상관없이 혀가 돌아가며 기도하는 것을 의미합니다.

우리가 기도하다가 이러한 경험을 한 사람이 대단히 많을 것입니다.

이는 방언 기도뿐만이 아니라 우리가 평소에 기도할 때도 내가 원하던 기도 보다는 동 떨어진 기도를 하게 되는 경우도 있습니다.

성령님이 나를 붙잡으시면 내 의지와는 상관없이 내가 하려는 말이 아니라 이상한 말이 튀어 나오게 되는 것을 봅니다.

때로는 그 말소리가 영어처럼 들리기도 하고, 불어처럼 들리기도 하고, 독일어처럼 들리기도 하고, 중국어처럼 들리기도 하고, 아프리카의 어느 부족어처럼 들리는 때도 있습니다.

내 속에 있는 영이 하나님께 드리는 기도이기에 방언으로 기도하고 있는 사람도 특별한 은사를 가진 사람이 통역해 주기 전에는 자신이 지금 무슨 말을 하고 있는지 모릅니다.

오순절 마가의 다락방에 이런 역사가 있었습니다. 성령이 임재하실 때, 가장 보편적으로 나타나는 은사가 방언의 은사지만, 그렇다고 방언의 은사가 모든 사람들에게 다 나타나는 것도 아니며, 꼭 받아야만 하는 것도 아닙니다. 그러나 받으면 좋은 것입니다.

오순절에 처음으로 성령님임하셨을 때 방언의 은사가 임하는 역사가 있었습니다. 어떤 이들은 그런 건 순복음교회나 하는 것이고, 장로교 교인들은 방언이 필요 없는 것처럼 아니면 신비에 치우친 것으로 속단을 하기도 하나 이는 잘못된 것입니다.

성경에서 말씀을 하고 있었던 것은 어느 누구도 부인하거나 배척할 수 없다는 것을 분명히 해야 합니다.

신약시대에 성령님이 최초로 강림하셨을 때 일어난 한 가지 현상은 방언이었습니다. 오순절 다락방 성령강림 이후로 성령님이 임하실 때, 다른 현상도 나타났지만, 가장 보편적이고 가장 많이 나타나는 것이 방언이었습니다.

그런데 우리가 한 가지 분명히 하여야 할 것은 행 2장에서 말하는 방언은 오늘날 우리가 하는 방언기도와는 다른 점이 있다는 것을 감안해야 합니다.

오늘날의 방언을 표적 방언 혹은 은사 방언이라고 하는데 이것은 이세상 나라 말이 아니라, 하나님 앞에 기도하되 증거만 가지고 있는 영적인 표현 방언입니다. 그러나 행 2장의 방언은 언어 방언입니다. 그러기에 그곳에 모인 사람들은 모두 자기 말로 들을 수 있었습니다.

당시의 오순절 절기에는 각국에 흩어져 있던 유대인들이 예루살렘에 모이는 기회입니다. 그래서 본문 9, 10절에 바대인(아시아), 메대인(아르메니아 동쪽), 엘람인(티크리스 유역 자그로스 산맥 고지대), 메소포타미아(유브라데 티크리스 강 사이), 갑바도기아(카이세리 괴뢰메), 본도, 아시아, 부르기아, 밤빌리아, 애급, 구레네(아프리카), 리비아, 그레데인, 아라비아인(중동), 등 여러 나라에서 모였습니다.

이렇게 여러 나라에서 사람들이 모였는데 그 때 성령님께서 임하셔서 각기 나라 말로 들을 수 있었다는 것입니다.

성령을 받으면 사울(핍박자가)이 바울(전도자가)이 되며, 우리가 상상도 못하는 놀라운 변화가 일어나고 180도로 달라지는 것을 볼 수 있습니다.

둘째 : 성령을 받으면 어떤 사람이 되는가?

성령을 받기 전과 받은 후에는 완전히 다른 사람으로 나타난다는 것을 우리는 알아야 합니다.

1. 성령을 받은 사람은 열방을 품고 나아갑니다.

그렇다면 성령을 받은 사람은 열방을 품고 나아가는 것과 방언과는 어떤 의미를 가지고 있습니까?

즉 성령을 받은 사람은 유일한 현상으로 방언을 하게 되는데 그 나라의 방언을 한다는 것은 각 나라의 말로 기도하는 것을 의미하는데 각 나라와 민족을 품고 기도하는 것이고 나라와 민족을 위한 기도의 가장 첫째가 그들의 영혼을 구원하는 것입니다.

그리고 성령을 받은 사람은 그 나라와 민족을 품고 기도하는 것이 하나님의 성령을 받은 이들에게 명한 명령이라는 사실을 우리는 잊지 말아야 합니다.

그러므로 성령의 은혜를 받은 사람은 자기의 가족이나 자신의 가까운 이들만 위하여 기도하는 것이 아니라, 내가 본적도 없고 만난적도 없는 일면식고 없는 나라와 민족을 위하여 우리를 기도하게 되는 것입니다.

우리가 태국 브리람에 치앙마이 카렌족들에게, 필리핀 바기오에, 케냐의 마사이족들에게 그리고 미얀마의 훌라잉따야 지역 길신교회를 세우는 것도 열방을 품으라는 하나님의 명령에 의한 순종입니다.

우리 교회는 아메리카의 코스타리카 아르젠티나, 아프리카의 남아프리카 에디오피아 케냐 말라이, 태평양의 뉴질랜드, 동남 아시아의 필리핀, 태국, 중국, 미얀마. 베트남, 일본 등 그리고 중앙아시아의 그루지아 몽골 등지로 우리는 세계를 품고 선교를 하고 있는 이유가 주님의 명령이기 때문입니다.

2. 성령을 받은 사람은 미래를 바라봅니다.

행 2:17 "하나님이 말씀하시기를 말세에 내가 내 영을 모든 육체에 부어 주리니 너희 자녀들은 예언 할 것이요 너희의 젊은이들은 환상을 보고 너희 늙은이들은 꿈을 꾸리라."라고 한 요엘서 2:28을 인용한 구절의 의미입니다.

예언을 하고, 환상을 보고, 꿈을 꾸는 것은 다 미래지향적으로 살아가는 비전을 의미합니다.

성령님은 우리의 미래를 이끄시는 분이기 때문에 과거의 영인 귀신과는 구분이 됩니다.

귀신의 영인 악령은 과거에 집착하는 영이므로 과거의 실수와 잘못과 열등감과 죄악 가운데 우리를 머물러 있게 하고, 끊임없이 죄책감을 들게 하고, 자책하게 하고, 넘어지게 합니다.

너는 안 된다고 공격을 하며, 너 같이 못나고 더러운 놈이 무슨 하나님의 일을 하고, 무슨 예배를 드리느냐며 꼬드겨 비아냥을 합니다.

우리를 과거의 허물에 묶어 사탄의 영향력 아래 두려고 합니다.

그러나 하나님의 영, 성령은 그렇지 않습니다.

"네가 하나님 앞에 고백하고 기도하기만 하면 내가 다시는 네 죄를 기억하지 아니하리라 네 죄가 주홍 같이 붉을지라도 양털 같이 눈과 같이 희어지리라 내가 너의 죄를 등 뒤에 던지며 네 잘못을 기억조차 아니 하리라."고 하였습니다.

그리고 너희는 꿈을 꾸어라, 환상을 보리라, 너의 비전을 세우고 전진하라. 그리하면 밝은 미래가 너희 앞에 펼쳐질 것이라고 하십니다.

긍정적이고 밝고 높은 미래를 제시하시고 새 힘을 주십니다.

어제 실패를 하였다고 오늘도 실패한다는 법은 없습니다.

어제까지 괴로워도, 오늘은 즐거울 수 있고, 어제까지 병든 몸이라고 오늘도 병든 몸으로 살아야 한다는 법은 없습니다. 이제까지 병고에 시달리다가도 오늘부터 건강 할 수 있는 것입니다.

이 같은 힘의 원천은 우리 성령님이 내게 임하면 전화위복의 역사가 일어날 것입니다.

3. 성령이 임하시면 공동체가 변합니다.

성령님이 임재하자 공동체 가운데 변화가 일어났는데

1)회개 운동이 일어나고,

2)회개와 기사와 표적이 나타나고,

3)물질적 가치를 초월한 전인적 교제, 유무상통이 이루어진다.

이곳에 주의 성령이 임하면 눈물바다를 이루며 회개와 자복 속죄와 용서가 있고, 세례를 받는 사람이 많아지며, 주님을 따르는 사람들이 생겨나고 기사와 이적이 나타는 것을 목격하게 된다.

이 시대의 우상이 되는 물질적인 가치를 뛰어 넘어 유무상통의 전인적인 교제가 이루어지는 것입니다.

성령이 바람 소리 같이 들리고 불의 혀 같이 보이고, 성령을 받으면 열방을 품고, 성령의 사람은 미래를 바라보고, 성령이 임하면 공동체가 변하여 회개, 기사와 표적, 물질의 가치를 초월한 유무상통의 역사가 일어나는데 이같은 성령이 우리 교회에서 일어나기를 간절히 소원합니다.

(2011. 9. 4)

흔적(痕迹)을 가진 사람

갈 6:11-18

지금부터 10년전 오늘(9. 11 테러)은 미국 뉴욕의 세계무역회관이 민간 여객기 충돌로 2천수 백 명이 단숨에 잿덩이가 되는 무서운 참사가 일어났던 참상의 흔적은 지금도 남아 있고, 그리고 미국인들의 가슴에는 그 공포증에 온 나라가 시달리고 있다는 것을 우리는 방송을 통하여 듣고 있습니다.

사람들에게 흔적이라는 것이 기쁘고 좋은 것보다도 슬프고 아팠던 흔적이 더 많은 것은 누구나 공감을 할 것입니다.

그 흔적이 오래 남는 것은 역사가 되고 그 역사는 그 민족이나 국가의 정신적 흐름이 되는 것을 우리는 볼 수 있다.

요즘 방송에서도 흔적에 대한 뉴스에 청소년들 즉 미성년자들에게 몸에 문신을 새겨 주는 일당이 잡혔다는 소식을 들었고, 문신을 하는 청소년들에게 왜 하느냐고 물으니 강하게 보이고 싶고, 상대방을 제압하기 위하여 한다고 학생들이 답하는 것을 시청을 했습니다.

물론 그 흔적이나 문신은 자가 존재와 과시를 하는 일환으로 동물들, 특별히 맹수들은 자신의 배뇨나 분비물로 하기도 하고, 때로는 숲이나 나무의 껍질을 벗기거나 숲은 꺾어서 자가들의 영역을 표시하는 것을 볼 수 있습니다.

우리 그리스도인들의 흔적은 성경 찬송을 가지고 다니는 것으로, 아니면 십자가 뺏지를 달고 다니는 것으로, 술을 마시는 자리에서 술을 마시지 않는 사람으로, 흡연하는 사람들에게서 금연하는 사람으로, 그리스도인의 외형적인 흔적이라고 할 수 있습니다.

그러나 지금 이 시대는 그러한 외형적이고 일상적인 흔적이 사라지고 있어서 교회 영상문화가 보급이 되면서 아예 성경 찬송을 가지고 다니지 않고, 주초 문제도 점점 교회 안에서도 분명하지 못하고 흐려져 가는 것을 부인할 수 없습니다.

우리들도 세상에서 어떤 직업이나 직장을 가지고 있던지 간에 동일한 직에서 10년 이상을 종사하게 되면 그의 얼굴에 나타나는 것이 정상이라고 합니다. 그리고 그 사람의 나이가 50 이상이 되면 자신의 얼굴에 대한 책임을 져야 한다고 합니다.

우리 예수 믿는 사람들도 믿음생활 10년 이상 하게 되면 우리는 신앙인으로서의 면모가 어느 면으로나 나타나는 것이 정상이라고 합니다.

초대교회시대에 예수 믿는 사람들에게 특별히 붙여진 이름이 있었는데 "그리스도인"이라는 이름이 붙혀진 것입니다.

"만나매 안디옥에 데리고 와서 둘이 교회에 일 년간 모여 있어 큰 무리를 가르쳤고 제자들이 안디옥에서 비로소 그리스도인이라 일컫음을 받게 되었더라."(행 11:26)

바울과 바나바가 두 사람이 일 년간 큰 무리를 가르쳤을 때 비로소 그리스도인이라는 별칭을 받게 되는 것을 볼 수 있습니다.

바울과 바나바는 일 년간 무리를 가르치고 더불어 살 때 모든 이들이 그리스도인으로 이름을 붙일 정도로 영향력이 있었고 각인이 된 것입니다.

우리가 수 십 년 동안 믿음 생활을 하였으면 예수쟁이라는 별명 정도는 받아야 하는데 너무 얌전하게 믿다가보니 우리들의 주변에 그렇게 뚜렷한 영향력을 주지 못하는 력 부족의 사람으로 시인 할 수밖에 없다는 것입니다.

첫째 : 제자의 삶이 그리스도인으로 불리움을 받습니다.

제자-마데테스(헬), 탈미드(히)-생도, 배우는 자, 귀의한 자, 가르침을 받은 자, 제자는 아무나 누구나 되는 것이 아닙니다.

우리는 제자라고 하면 흔히 오늘의 선생님과 학생관계로 인식하기 쉬우나 사실은 촘촘히 생각을 해보면 다른 점이 많습니다.

학생은 교사로부터 지식과 기능을 배우지만 제자는 스승의 인격을 배웁니다. 학생은 다 배우면 졸업을 하지만 제자는 평생 배워야 함으로 졸업이 없습니다. 제자는 스승의 인격, 지식, 사상, 정신, 신앙을 본받고 닮는 것입니다.

그러므로 제자는 스승에게 배우고 따르고 절대 순종하고 절대 신뢰하고 절대 신앙 하는 자세를 가져야 합니다.

예수의 제자가 되는 것은 예수를 본받고 예수를 닮아가는 것을 의미합니다. 예수의 제자 됨의 증거는 예수를 닮은 흔적이 어느 부분에서라도 나타나야 합니다.

　내가 나를 보아도 예수 닮은 흔적이 보이고 남이 나를 보아도 그리스도 닮은 흔적이 있어야 합니다.

　예수의 제자가 되는 방법은

　1)진리 안에 거하는 자.

　"그러므로 예수께서 자기를 믿은 유대인들에게 이르시되 너희가 내말에 거하면 참으로 내 제자가 되고"(요 8:31)

　2)서로 사랑하는 자.

　"너희가 서로 사랑하면 이로써 모든 사람이 너희가 내 제자인 줄 알리라"(요 13:35)

　3)과실을 많이 맺는 자.

　"너희가 열매를 많이 맺으면 내 아버지께서 영광을 받으실 것이요 너희는 내 제자가 되리라."(요 15:8)

　4)자기를 부인하고 자기 십자가를 지는 자.

　"이에 예수께서 제자들에게 이르시되 누구든지 나를 따라오려거든 자기를 부인하고 자기 십자가를 지고 나를 따를 것이니라."(마 16:24)

　제자가 되는 것은 직분이나 경력이나 사람 누구의 임명으로 되는 것이 아니라 첫째는 진리 안에 즉 말씀 안에 거하여야 하고, 둘째는 서로가 사랑하면 주의 제자임을 증거하는 것이고, 셋째는 주 안에서 열매를 많이 맺는 것을 보면 제자인 줄 확인이 되고, 넷째는 자기의 십자가를 지고 주님을 따를 때 주님의 제자가 가는 길입니다.

둘째 : 흔적을 가진 사람

우리가 흔적이라 함은 아픈 흔적, 고통의 흔적, 감정의 골이 깊이 파인 흔적, 일평생 가슴에서 지을 수 없는 한 맺힌 흔적들이 우리 소인들의 살아온 아픔이요 상처로 남아 있어서 가슴에서 머리에서 지워지지 않는 것들도 흔적이긴 합니다. 그러나 사도바울은 본문에서 예수의 흔적을 말하고 있습니다.

"이후로는 누구든지 나를 괴롭게 하지 말라 내가 내 몸에 예수의 흔적을 가지고 있노라."(갈 6:17)

"흔적" 헬라어 스틱마타 인데 이는 주인이 소유물 표시로서 짐승의 몸에다가 쇠도장을 찍은 표시를 말합니다.

전쟁에서 포로로 잡혀온 노예들, 짐승의 귀에나 신체 부위에 소유권을 표시하는 것, 흔적을 스틱마타라고 합니다.

비록 불명예스러운 단어일지라도 그리스도를 위한 것이라면 영광스럽게 여기고 자랑하였습니다.

즉 예수의 포로가 되고, 예수의 노예가 되고, 예수의 종이 되어도 떳떳하고 당당하게 말함입니다.

유대인들에게도 외형적인 흔적은 사실 가지고 있었습니다.

본문 15절 "할례나 무할례가 아무것도 아니로되 오직 새로 지으심을 받는 것만이 중요하니라."라고 하였습니다.(남자들의 포경수술)

물론 이스라엘 백성들은 아브라함때부터 그들의 선민의 흔적, 할례는 겉으로 나타난 흔적이지만 그러나 할례나 무할례가 아무것도 아니라고 마음의 할례, 내적으로 나타나는 흔적을 가졌느냐가 바울이 찾고 있는 흔적입니다. 예수의 흔적을 가졌다는 것은 곧 나는 예수의 종이요, 나는 그의 소유로서 사나 죽으나 주의 것이라는 뜻입니다.

핍박자들은 그의 육체는 쇠사슬에 묶었으나 그의 영혼까지는 묶을 수가 없었습니다. 감옥에 투옥이 되어도, 재판정에 서서도, 쇠사슬로 그 몸을 결박하여도, 그 몸에는 여전히 예수의 흔적을 지닌 사람으로 살아가고 있다는 것입니다.

설교를 하였는데 설교의 흔적이 나타나지 못하고. 설교를 들었는데 설교들은 흔적이 나타나지 않아서 때로는 내 자신을 보고도 아연질색을 하는 경우도 있습니다. 기도를 깊이 하고 자신을 살피고 좀 차분한 마음으로 말도 조리 있게 하고 생각도 여유를 가지고 행동도 품위 있게 하려고 하는데 왜 그것이 그렇게 안 되는지… .

이제는 나이 값도 해야 하고, 직분 자 답게 살아야 하고, 믿음의 경륜에 걸맞게 살아야 하는데 그것이 너무나 어려운 것 같고 그리고 마귀가 집요하게 방해를 하는 같습니다.

그리고 실제적으로 그에게는 많은 육체적 고통과 흔적을 가진 사람입니다.

"… 그들이 돌로 바울을 쳐서 죽은 줄로 알고 시외로 끌어 내치니라."(행 14:19)

바울은 실제적으로 사경에 헤메는 위기를 당한 것도 한 두 번이 아님을 우리는 바울 서신을 통하여 분명히 알 수 있습니다.

"내가 수고를 넘치도록 하고 옥에 갇히기도 더 많이 하고 매도 수없이 맞고 여러 번 죽을 뻔하였으니 유대인들에게 사십에서 하나 감한 매를 다섯 번 맞았으며 세 번 태장으로 맞고 한 번 돌로 맞고 세 번 파선하고 일 주야를 깊은 바다에서 지냈으며 여러 번 여행하면서 강의 위험과 강도의 위험과 동족의 위험과 이방인의 위험과 시내의 위험과 광야의 위험과 바다의 위험과 거짓 형제 중의 위험을 당하고 또 수고하며 애쓰고 여러 번 자지 못하고 주리며 목마르고 여러 번 굶고 춥고 헐벗었노라"(고후 11:23-27)

셋째 : 바울은 믿음의 흔적을 영광으로 생각했다.

오늘 날 우리들의 주변 분들 가운데 순교자의 후손들이 긍지를 가지고 살아가는 경우를 얼마든지 볼 수 있습니다. 또는 국가 유공자들의 후손들이 자랑스럽게 생각하면서 조상의 뜻을 받들어 살아가는 이들의 모습을 바라보면서 부럽게 바라보게 됩니다.

본문 17절 **"이 후로는 누구든지 나를 괴롭게 하지 말라 내가 내 몸에 예수의 흔적을 지니고 있노라."** 라고 하였습니다.

바울의 마음 가운데는 몸이 만신창이 되어도, 죽음의 위기가 수시로 다가와도, 고난과 아픔이 온몸을 괴롭혀도, 예수의 흔적을 가진 것으로, 하나님의 사람으로 긍지와 자존감으로 확신과 감사로 자리 매김이 되는 것입니다. 사도바울은 예수님의 종이 되고, 노예가 되고,

주의 백성으로 살아가는 것이 이는 바로 충성된 고난의 증인으로 살아가는 것이 너무도 명예롭게 생각하며 살았습니다.

> "그러나 내게는 우리 주 예수 그리스도의 십자가 외에는 결코 자랑할 것이 없으니 그리스도로 말미암아 세상이 나를 대하여 십자가에 못 박히고 내가 또한 세상을 대하여 그러하리라."(갈 6:14)

우리들에게 자랑이 있다면 그리스도 십자가의 자랑입니다.

주님이 나를 위하여 십자가를 지셨으므로 우리 또한 세상을 향한 십자가를 져야 할 것을 의미하는 것입니다.

> "내가 그리스도와 함께 십자가에 못 박혔나니 그런즉 이제는 내가 사는 것이 아니요 오직 내 안에 그리스도가 사시는 것이라 이제 내가 육체 가운데 사는 것은 나를 사랑하사 나를 위하여 자기 자신을 버리신 하나님의 아들을 믿는 믿음 안에서 사는 것이라."(갈 2:20)

다시 말씀을 드리면 현재의 환난은 그리스도의 영광스러운 흔적, 장차 나타날 영광의 훈장이 된다는 것입니다.

> "나는 이제 너희를 위하여 받는 괴로움을 기뻐하고 그리스도의 남은 고난을 그의 몸된 교회를 위하여 내 육체에 채우노라."(골 1:24)

바울은 그리스도의 남은 고난을 자신의 몸에 채우는 것으로 충분한데 육체의 할례문제를 가지고 자기를 괴롭게 하지 말라고 한 것입니다.

이제 우리도 저와 여러분들이 그리스도의 제자로 자처한다면 헌신과 봉사의 흔적이 있어야 마땅할 것입니다.

주후(AD)325년 콘스탄틴 대제에 의하여 소집된 세계 제1차 종교 회의인 니케아 회의에 모인 감독의 수는 300여명이었는데 그 회의에 참석한 감독 중에는 한 눈이 뽑힌 사람, 양손이 없는 사람, 다리가 없는 사람 등의 여러 불구자들이 많이 참석하였다는 것입니다.

이들 모두는 주를 위하여 박해 받은 고난의 흔적을 가진 사람들이었습니다. 그러나 이제 우리는 사도들이나 핍박 속에서 믿음을 지킨 분들 같은 그러한 흔적에는 미치지 못할지라도 최소한 무릎을 꿇고 기도한 흔적은 있어야 합니다.

우리들의 얼굴에 회개하고 자복한 눈물의 흔적은 있어야 합니다.

우리 성도들의 삶의 자취마다 믿음이 우선이고, 예수가 먼저가 되고, 말씀이 중심이 되는 생활의 흔적을 남겨야 할 것입니다.

진정한 그리스도인으로 불리움을 받을 수 있는 것은 제자의 삶을 살아가는 것이며, 그 제자가 되는 길은 진리 안에 거하고 서로 사랑하고 주 안에서 많은 열매를 맺고, 자기의 십자가를 지고 주를 따를 때라고 하였습니다.

우리는 예수의 흔적을 가진 사람으로 기도의 흔적, 은혜를 받은 흔적, 섬김과 충성의 흔적, 눈물의 흔적, 헌신과 순종의 흔적을 가진 사람으로서의 무슨 증거나 나타나고 먹든지 마시든지 하나님 영광을 나타내는 아름다운 흔적들이 여러분들의 삶 가운데 엮어져 나오기를 소원합니다. 믿음으로 얻은 아픔이든 상처이든 이는 오직 하나님께 영광이 될 줄로 믿습니다.

제자의 삶은 진정한 그리스도인이 되는 길이며 예수의 흔적 믿음의 흔적을 가진 사람으로 더욱 영광으로 살아가는 아름다운 은혜가 이 자리에 함께 예배를 드리는 모든 분들에게 임하시기를 주님의 이름으로 기원합니다. (2011. 9. 11)

당신의 삶에 우선순위는?

수 8:30-35

사람이 살아가는데 매사를 진행할 때, 완급(緩急)이 있습니다.

모든 일을 자신이 하여야 할 일일지라도 먼저 할 일과 나중 할 일이 있습니다.

다 같은 일을 하여도 나중에 할 일을 먼저 하고, 먼저 할 일을 나중에 하게 되면 일을 그르치게 되고 결과는 전무하거나 아니면 역작용이 일어나기가 쉽습니다.

제가 어릴 적에 우리 집에서는 이웃에서나 외부에서 먹을 것은 어린 순서로부터 위로 주고, 양말이나 의복류가 있으면 위로부터 아래로 주는 것이 되어서 먹는 것은 어린 동생들이 우선순위고 의복류는 형과 언니, 즉 위로부터 우선순위가 되어서 그렇게 하는 것이 마땅한 도리로 알았습니다.

그렇다면 성도가 살아가면서 삶의 가장 중요한 것이 무엇이며, 최우선 순위는 여러분은 무엇이라고 생각하십니까?

이는 환경에 따라 지위에 따라, 시대에 따라 시시각각으로 변하지만 그래도 변하지 않는 최우선순위는 어떤 것일까요?

때로는 중요하지도 않는 것을 가장 소중한 것처럼 여기면서 살아가는 사람이 있고, 소중하고 존귀한 것을 무가치하게 여기면서 살아가는 사람도 적지 않습니다.

우리는 감정에 치우쳐 혈기를 참지 못하여 자신의 인격을 망가뜨리고 상대방에 지을 수 없는 상처를 남기게 하는 경우도 비일비재(非一非再)합니다.

그러나 분명한 사실은 우리가 가장 중요하다고 생각한 것이 얼마가지 않아서 무가치한 것으로 쓸모 없는 것으로 전락한 것이 적지 않습니다.

이 땅에서 살아가는 우리는 물질(돈)을 가장 중요하고 우선한 것으로 생각을 하고, 인간관계도, 인격관계도, 심지어는 교우 관계도 여기에 치중 하다가 보니 인격과 믿음의 사람들 간의 우정들은 현대인들의 이러한 등살 속에 증발하고 맙니다.

권력, 그것은 편리하고 좋은 것이지만 힘이 있을 때 살맛 나지만 그것 오래가지 못합니다.

자녀들을 기르면서 보물처럼 아끼고 보호하며 기르지만 엄마 없으면 부모 없으면 못살 것 같지만 저들의 친구가 생기고 더 나아가 저들끼리 사랑으로 발전하면 부모는 안중에도 없습니다.

장성하여서도 부모의 도움을 받을 때까지는 그런대로 괜찮지만 연로하여 자식들의 도움을 받을 때가 되면 상황이 아주 달라지는 것도 우리는 감안을 해야 합니다. 그리고 건강을 제일로 삼고 살아가는 이들이 대다수의 사람들입니다.

우리는 건강해야 합니다. 또한 건강은 최고의 재산이고 생명이고 행복입니다. 그러나 건강은 영구히 보장이 되는 것이 아니며 영구 할 수도 없는 것입니다.

우리 믿음의 사람들, 예수 믿는 성도들이 살아가면서 가장 중요하게 여기고 우선적인 것이 과연 무엇이어야 합니까?

이 세상 사람들, 믿음이 없는 이들에게는 이미 그 순서가 정해져 있고 그렇게 남들처럼 살아가면서 무엇을 가장 중요하게 어느 것을 내 인생사의 우선순위가 되어야 하는가? 고민을 하면서 기도하는 사람들도 적지 않으리라 믿습니다.

내 제한된 인생, 한정된 삶의 기간을 과연 어떻게 사는 것이 후회 없는 삶이 될 수 있을까요? 우리는 우리들의 삶에 있어서 본질적인 문제는 간과해 버리고 또 가장 중요한 것을 놓쳐 버리고 부수적이고 지엽적인 것에 매달려서 목숨을 거는 경우가 허다히 많습니다.

놀라웁게도 오늘 본문에서는 이스라엘 백성들이 근시안적인 행동은 하지 않습니다. 당시 그들에게는 요단강 도하, 여리고성 점령, 아이성 점령 등의 성공이 계속 되고 있었습니다.

그렇다고 이스라엘 백성들이 전쟁에 승리하고 하나님의 기적을 보았다고 축포를 쏘고 샴페인을 터트리는 전승의 축제에 도취 되지는 않았습니다.

당시의 저들은 직면한 사건에 집착하지 않고 그들이 수행해야 할 가장 중요하고 시급한 일들에 더 큰 비중을 두고 행동하였던 것입니다. 그런 점에서 그들은 전쟁 중임에도 불구하고 하나님께 경건한 예식을 거행한 것입니다.

이제 이스라엘 백성들의 행하는 예식을 통하여 우리에게 무엇이 가장 중요하고 시급한지 그리고 어떤 게 참 가치가 있고 소중한 것을 잃지 않고 바로 살아가는지를 보여주는 중요한 교훈이라고 생각이 됩니다.   성도들의 삶의 가치관의 기준을 어디에 두고 어떤 삶을 살아야하는지를 제시해 주십니다.

첫째 : 하나님께 예배하는 것입니다.

인간의 행실 가운데 하나님과 직접적인 관계를 맺을 수 있는 것은 오직 예배입니다.

"예배"라는 단어가 구약에서는 섬긴다, 엎드린다. 허리를 굽힌다. 등의 의미며 이는 하나님을 섬기는 종교적 표현입니다.

신약에서는 입맞춘다는 뜻인데 즉 하나님에게 존경과 경의, 공손의 마음을 드린다는 개념이고, 다른 하나는 섬긴다는 뜻으로 종교적으로 하나님을 의무적으로 섬기며 받든다는 뜻입니다.

신구약 성경의 말씀의 뜻을 일축하면 사람이 절대자인 하나님에 대하여 존경과 숭배를 표현하는 행위가 예배라는 것입니다. 한글 사전에는 예배는 공경하는 마음으로 경례하고 절함이라고 했습니다.

오늘 본문에서 여호수아를 중심한 이스라엘이 언제 예배를 드렸느냐? 그들은 전쟁의 와중에서 예배를 드렸습니다.

군사를 모집하고, 훈련을 하고, 작전을 세워서 전력을 점검하고 장비를 정비하고, 모든 힘을 모아서 전선에 투입해야하는 그 때 전쟁, 전술과는 전혀 상관이 없는 예배의식, 즉 단을 쌓았습니다.

여러분, 우리는 어떻습니까?

바쁜 일 한가지만 있어도 예배를 미루거나 취소하는 것이 다반사이고 기분이 상하고 분위기가 조금만 나빠도 예배를 취소하기가 일수입니다. 그러나 여호수아 시대에 이스라엘 백성들은 전쟁의 승패가 달렸고 생사의 기로에 놓여도 예배(제단 쌓는 일)드리는 일에 주저하지 않았습니다.

우리는 쉬는 날이라고 안 믿는 손님이 오시는 날이면 예배를 미루거나 취소하기 마련이고 심지어 집에 기르는 애완동물 때문에, 전화벨 소리에도 우리 예배가 쫓겨나야 하는 경우도 있습니다.

오늘 본문에서 "제단을 쌓았다."는 말은 하나님께 경건하게 예배를 드렸다는 것을 의미하며, 31절 **"… 쇠 연장으로 다듬지 않는 새 돌로 만든 제단이라…"**라고 하였는데 이는 예배를 사람의 외모나 인공적인 아름다움에 치우치지 아니하고 오직 신령과 진정으로 예배를 드렸다는 것입니다.

하나님께 드리는 예배가 인위적인 감동에 치우치거나 의식에만 매달리게 된다면 참된 예배가 될 수 없습니다. 다듬지 않는 자연석 제단의 쌓음은 하나님 앞에서 자신(사람)의 어떤 힘도 의지 않는다는 오직 하나님만 의지하는 절대 의뢰의 표현이기도 하다.

이스라엘 민족은 당시에 상황이 급하면 급할수록 오히려 더욱더 열심히 그리고 경건하게 예배를 드렸던 것입니다.

진정 하나님 앞에서 성도가 가장 중요한 것은 예배입니다. 시간이 없고 상황 급하기 때문에 더 기도해야 하고 먼저 예배를 드려야 하는 것이 우리 신앙 선진들이 주시는 교훈입니다.

예배가 멀어지고 이상이 생기면 가정에 직장에 사업에 하나님의 택한 백성들에게는 신호가 옵니다. 내가 하던 주의 일을 슬그머니 놓아버릴 때 하나님께서도 슬그머니 그에게서 축복권을 거두어가는 것을 우리는 볼 수 있고 경험 할 수 있습니다.

하나님의 택한 백성이 다른 점은 바로 이러한 경우에 속히 깨닫고 제 자리를 찾는 것이 가장 현명한 방법이고 회복하는 지름길입니다.

우리는 성경을 읽으면서 설교를 들으면서 우리에게 주어진 분명한 것은 성경에 나오는 인물 가운데 예배를 경건하게 드리고 하나님이 흠향하시는 예배를 드린 사람가운데 복을 받지 못한 사람은 없습니다. 아벨, 아브라함, 야곱, 한나, 사무엘, 엘리야 엘리사 모세 등의 인물들은 예배로 통하여 복을 받은 인물들이라 할 수 있습니다.

그러나 하나님이 흠향치 못하는 예배를 드린 후에는 언제나 재난이 찾아왔습니다. 가인의 제사, 아브람의 쪼개지 않는 제물, 사울의 제사 등은 주님이 응답하지 않으셨습니다.

성도들은 예배가 바로 드려져야 성도의 삶이 윤택해질 수 있는 것입니다.

둘째 : 하나님께 늘 감사하는 생활입니다.

이스라엘 백성들은 다듬지 않는 자연석 제단에 번제물과 화목제물을 드렸다는 것입니다.

번제는 하나님께 향한 전적인 헌신을 의미하는 것이며, 화목제는 하나님과 친교의 의미를 가지고 있으며 화목제는 그 제물을 드린 사람이 그 제물을 먹을 수 있는 것입니다.

특별히 이때에 이스라엘이 바쳤던 이 화목제사는 하나님의 은혜를 감사하는 감사제의 성격이 강합니다.

인간생활에 있어서 감사라는 것은 강요나 요청에 의해서 이루어지는 것이 아닙니다.

감사는 아무나 언제든 어디서나 수시로 하는 것은 아닙니다.

우리에게 입이 있다고 무조건 감사하거나 고마워하는 것이 아니라 상대방에게 존경을 표하는 것입니다.

불평과 감사는 결과처럼 구분이 뚜렷하고 근본적으로 다른 것이 아니라 동일하고 다 같은 사안을 두고도 불평하는 사람과 감사하는 사람이 나온다는 것입니다.

우리가 하나님을 믿는 사람이라고 하여서 불평은 없고 감사만 있는 것은 아닙니다. 한 입에서 불평과 감사, 환영과 반대, 부정적인 시각과 긍정적인 사고가 함께 나타나는 것을 우리는 볼 수 있습니다.

분명한 것은 불평은 언제어디서나 누구나 쉽게 할 수 있지만 감사는 은혜가 있고 긍정적인 시야를 가지고 상대를 존중하고 자신을 낮추는 겸손에서 나오는 것이기 때문에 우리들의 믿음과 무관하지 않다는 것을 우리는 알아야 합니다.

그러기에 감사하는 자세야 말로 삶에 있어서 그 삶의 근원이 어디서부터 왔는지 안다는 의미이며 또한 현존하는 모든 것들을 하나님의 축복으로 여기는 수준 높은 신앙의 표현이 감사입니다.

불평의 소재는 움직이는 곳마다 눈에 보는 것마다 귀에 들리는 것마다 얼마든지 있지만 그러나 감사의 소재는 우리 눈에 쉽게 띄지 않고 가까운 주변에서는 찾기가 어렵습니다.

때로는 감사 할 것은 꽁꽁 숨겨 있거나 한 겹 덮혀 있어서 건성으로 보아서 잘 보이지 않는 특성을 가지고 있다는 것을 우리는 알아야 합니다. 감사는 차분하고 면밀하게 찾지 않으면 감사 할 것이 없어 보이는 같습니다.

그러나 불평이라는 것은 입만 열면, 기분만 조금 상해도 쏟아져 나오는 것이 불평이라는 생리를 우리는 잘 알아야 합니다.

불평을 잘하는 사람이 감사도 잘하는 것이 아니며 또한 감사를 하는 입으로 쉽게 함부로 불평은 하지 않습니다. 불평 불만을 할 수밖에 없는 환경에서 감사조건을 찾아서 할 수 있는 우리들이라면 이는 참으로 신뢰를 하고 존경 할 대상이라고 하여도 무리가 아닐 것입니다.

우리가 성경을 읽으면서 한가지 느끼는 것은 감사와 축복은 무관하지 않다는 것입니다.

감사하는 사람이 불평을 하는 사람보다는 축복을 쉽게 받고 더 많이 받는 것을 우리는 목격 할 수 있습니다. 불평과 불만이 넘치는 토질에서는 축복의 샘이 목마르고 초목이 말라들어가는 현상이 나타나고 있지만 감사와 찬송이 넘치는 토질에서는 은혜의 강물이 넘실거리고 축복의 샘이 메마른 심령을 푸근하고 넉넉함이 넘치게 하는 것입니다.

너희가 예수 믿은 증거를 은혜를 받은 이의 인품을 표현하라고 한다면 그것은 바로 그의 마음에서 그의 입에서 감사를 보면 알 수 있습니다.

여러분, 감사는 우리 인간, 성도의 인격과 믿음의 조화를 이룬 꽃이라고 말하고 싶습니다.

저는 제가 설교를 하다가 보니 제가 설교를 하면서 은혜를 받은 경우는 아주 드뭅니다. 그러나 병원에 심방을 하면서 감사를 퍼가지고 오고 장례식장의 은혜를 담아 올 때가 많고 상담을 하면서 제가 받은 축복을 깨닫게 되는 경우를 참으로 많이 경험을 했습니다.

여러분, 기분이 상하고 은혜를 받지 못한 것 같더라도 먼저 감사하시기를 바랍니다.

감사의 조건이 안 되고 감사의 내용이 부실한데도 불구하고 감사는 이들에게는 감사의 빈 그릇을 하나님이 채워 주실 줄 믿고 감사하시기를 바랍니다.

가난한 선지 생도의 가정에 가장은 먼저 가고 미망인 선지 생도의 미망인과 그 아들이 이웃에 가서 그릇을 빌려온 빈 그릇을 채워주듯이 여러분의 빈 감사도 하시기만 하면 우리 하나님이 채워 주실 줄 믿습니다. 그리고 마지막 주의 말씀을 읽고 들어야 하는 것이 최우선이 되어야 합니다.

성도의 삶에서 최우선 순위는 가장 중요한 것은 첫째는 예배입니다. 예배가 틀어지면 모든 것이 모든 것을 그르칠 수 있는 것입니다.

예배의 성공이 인생의 성공이 되며 성도가 복을 받는 통로가 바로 예배입니다. 그리고 두 번째는 감사하는 삶입니다. 감사는 믿음과 은혜를 소유한 이들의 가장 아름다운 열매입니다. 우리가 하나님 앞에서 빈 감사라도 하면 하나님이 채워 주십니다.

그리고 우리가 말씀을 듣고 읽고 배워서 말씀을 몸으로 담아내는 것을 최우선으로 생각하고, 말씀을 받고 말씀을 전하고 말씀과 더불어 살아가는 것이 일상이 될 때 우리는 차원의 다른 믿음의 세계의 주역이 되어 하나님에게서는 자녀로 이 땅에서 부러움의 대상으로 살아가는 축복이 우리들 모두에게 임하시기를 주님의 이름으로 축원합니다.

(2011. 9. 18)

생각이 당신을 이끌어갑니다

골 3:1-4

사람이 사람답고 동물이 동물일 수 밖에 없는 것은 사람은 생각하는 동물이기에 사람이고 아무리 크고 건장하고 힘이 세도 생각하지 못하기 때문에 동물로 분류가 되는 것입니다.

동일한 환경과 조건과 분위기일지라도 사람이 무엇을 어떻게 생각하느냐에 따라서 너무나 판이하게 달라지고 바꾸어지고 천양지 차이가 나는 것을 우리는 볼 수 있습니다.

우리는 생각을 잘해야 하는데 마음을 잘 먹어야 하는데 마음의 씀씀이를 잘 써야하는데 이 제반의 것은 생각이라는 범주에 있는 것을 뜻합니다.

무슨 생각을 하며 어떤 마음을 먹었느냐? 에 따라서 자신의 인생의 밑그림이 그려져 간다고 하여도 과언이 아닙니다. 사람이 무슨 마음을 먹고 어떤 생각을 하느냐가 우리네의 인생사의 중대한 결과를 가져오게 될 것이라는 사실을 깊이 생각하여야 합니다.

우리 모두는 아름다운 생각, 좋은 마음을 가짐으로 말미암아 우리들의 자신과 더불어 이웃들에게 사랑과 행복을 나누는 소중한 장이 될 것입니다.

생각이라는 것은 영성의 성격으로 형이상학적인 것이므로 사람들에게 육안으로나 육감으로 나타나는 것은 아니지만 그러나 시간이 지나고 세월이 흐르고 나면 생각의 자국들이 역사에 각인이 되어 나타나게 될 것입니다.

어느 동네에 마음이 착하고, 선한 일을 많이 하는 좋은 의사 선생님이 계셨는데 동네 사람들은 그를 존경하고 흠모한 나머지 하나님이 보내신 천사라고 극찬을 했습니다.

그런데 그 동네 이상하게 밤마다 무서운 범죄 사건이 일어나는데 살인, 방화, 절도, 소녀 유괴 등이 일어나고 공포에 떨며 범인이 잡히기를 기다렸습니다. 그런데 그 지역의 칼경이란 유명한 인사가 지팡이에 맞아 살해되었습니다.

그 후 수사결과 그 지팡이는 앤더슨이라는 변호사가 의사인 지킬 박사에게 선물로 준 것임이 밝혀졌습니다. 그래서 수소문 끝에 찾은 지킬 박사의 집을 부수고 들어가 보았더니 지킬 박사의 옷을 입은 체 하이드라는 사람이 죽어 있었습니다.

천사 같은 의사 지킬 박사와 밤마다 흉악한 범죄를 저지른 하이드는 같은 사람이었습니다. 동네 사람들의 존경과 사랑을 한 몸에 받은 의사 지킬 박사는 이상한 약을 먹고 마음도, 얼굴도, 흉악한 하이드로 변해 밤마다 끔찍한 죄를 저지르다가 결국 자살을 하고 말았다는 내용의 소설은 로버트 루이스 스티븐슨이 쓴 "지킬 박사와 하이드"라는 소설의 내용입니다.

이 소설이 명작으로 불리는 이유는 누구나 사람의 마음속에는 두가지 요소 즉 지극히 선한 성품과 지극히 악한 성품이 있고, 또 지극히 선한 생각과 지극히 악한 생각을 품게 된다는 인간의 심리적인 면을 잘 조명하였기 때문입니다.

우리 사람들은 선한 마음 선한 생각을 가지고 사는 이가 있는가 하면 또한 악한 생각과 악한 마음을 가지고 살 수 있기 때문입니다. 인간 생활에 있어서 생각처럼 소중한 것이 없습니다.

헨리 나우웬 박사는 "그 사람의 평상시 생각이 그 사람의 일생을 결정한다."라고 했습니다.

그 사람의 생각이 선하면 선한 사람이 되고, 그 사람의 생각이 악하면 악한 사람이 되는 법입니다. 그러므로 현재 자기의 존재라는 것은 과거로부터 지금까지 무슨 생각을 하며 살아 왔는지를 보여주는 결과물이라 하겠습니다.

삭티 거웨인이 쓴 유명한 책이 바로 "그렇다고 생각하면 진짜 그렇게 된다."라는 책입니다. 잘될 거라고 생각하며 일하는 사람은 일이 잘 되고, 잘못 될 것이라고 생각하며 일하는 사람은 일이 잘 안 된다는 것입니다.

복 받을 생각을 하는 사람은 복을 받게 되고, "내가 무슨 복을 받아"라고 부정적인 자기 비하의 생각을 하는 사람은 저주를 받게 된다는 것입니다.

우리가 아침에 일어나 하루의 일과를 시작하면서 "오늘은 참 좋은 날이 될 거야"라고 생각하면, 바로 앞에서 갑자기 차가 급정거하여 부딪칠 뻔하여도 "역시 좋은 날이야, 사고를 피했어"라고 생각을 하게 된다. 그러나 부정적인 생각을 하게 되면 동일한 경우에도 "요즈음 왜 이렇게 재수가 없는지 몰라, 하마터면 죽을 뻔했잖아, 정말 난 제대로

되는 것이 없다나까” 이렇게 생각하면서 자신의 팔자를 한탄하게 된
다는 것입니다.

같은 일이라도 생각에 따라서 기분 좋은 일이 될 수 있고, 기분 나
쁜 일이 될 수도 있다는 것입니다.

우리들이 하루의 일과를 시작하면서 밝은 마음과 기대감으로 “오늘
은 좋은 날이 될 거야, 예감이 좋아, 모든 일이 형통 할거야, 하나님이
도우실거니까.”라고 긍정적으로 생각하고 살아보면 놀라운 일 멋진
하루가 될 것입니다.

생각은 행동을 낳고, 행동이 반복이 되면 습관이 되고, 습관은 그의
성품이 되고, 그 성품은 그 사람의 결과를 낳는다고 하였습니다.

생각이 이 만큼 중요합니다. 그러기에 생각을 어떻게 하느냐 하는
것이 참으로 중요합니다. 일의 승패의 차이와 사람의 차이는 결국 생
각의 차이라 할 수 있습니다.

하나님의 말씀인 성경에서 생각에 대하여 비중 있게 다루는 것을
볼 수 있습니다.

첫째 : 위의 것을 생각하라.

“위의 것을 생각하고 땅의 것을 생각하지 말라.”(골 3:2)

위의 생각은 하늘의 것이고, 믿음의 것이고, 영적인 것인 반면에 땅
의 것은 이 세상의 것이고, 사람들의 것이고, 불신앙의 것이며, 죄와
유혹의 것을 의미합니다.

착한 생각, 선한 마음은 긍정적인 마음은 위의 것을 생각하는 마음

이고, 부정적이고 악하고 추한 마음과 생각은 땅의 것이요 땅의 생각이요 마음입니다.

위의 것을 생각하고 땅의 것을 생각하지 말라는 의미는 성도는 그 신분에 걸맞게 생각하라는 뜻입니다. 우리의 발은 비록 땅을 밟고 서 있지만 우리의 마음과 생각과 가치관과 궁극적인 소망은 하늘에 있기 때문입니다.

우리는 우리의 생각과 주장대로 사는 사람이 아니라, 매일 매일 실제 생활에서 예수 그리스도로부터 방향 지시를 받고 성령의 인도하심을 따라 살아가야 하는 사람입니다.

그리기에 우리는 비록 죄악된 세상에 몸담고 있지만 마음과 생각은 하늘을 향해 있어야 합니다. 그래야 다른 세상 생각, 악한 생각이 지배하지 못합니다. 그렇지 아니하면 다른 것이 우리의 생각과 마음을 지배하게 됩니다.

여러분, 가룻 유다를 보십시오, 삼년 동안 예수님을 따라다니면서 12제자중의 한 사람으로 측근 중의 측근이며 중요한 재정 업무를 감당한 사람입니다.

"마귀가 벌써 시몬의 아들 가룻유다의 마음에 예수를 팔려는 생각을 넣었더라."(요 13:2)

조금만 방심을 하게 되면 마귀가 우리들의 마음에 나쁜 마음 악한 생각을 넣는다는 사실을 우리는 명심을 하여야 합니다.

우리들의 마음과 생각이 바르고 옳고 믿음의 사고를 가지면 세상의 아무리 변화무상하여도 하등의 흔들림이 없게 되는 것입니다.

거룩한 생각을 하는 사람은 거룩해지며, 복 된 생각을 하는 사람은 복 된 사람이 되며, 선한 생각을 하는 사람은 선한 일을 합니다.

성공 할 것을 생각하는 사람은 성공하고, 승리 할 것을 생각하는 사람은 승리합니다. 행복 하다고 생각하는 사람은 행복하고 불행하다고 생각하는 사람은 불행한 것입니다.

둘째 : 위의 생각은 어떤 생각을 의미합니까?

위의 생각은 성경에서 당부한 생각이고 그 생각은 복된 생각이고 은혜와 믿음의 생각이며 긍정적이고 하나님의 생각에 가까운 것입니다.

1. 먼저 하나님을 찾는 생각입니다.

성도들에게 가장 복된 생각은 먼저 하나님을 찾고 하나님을 의지하고 하나님께 기도해야 되겠다는 생각이 참으로 위의 생각이고 당신을 행복하게 만드는 생각입니다.

우리가 무슨 일을 하든지 어떠한 환경이든지 먼저 하나님을 생각할 수 있다면 그 사람은 참으로 복된 사람입니다. 우리에게 기도 할 마음이 생긴다면 이는 참으로 은혜로운 생활이 지속이 되는 중요한 계기가 될 것입니다.

우리에게 기도할 생각이 복된 생각이요, 사랑 받을 생각입니다. 그리고 성도가 기도할 때 우리는 악한 것에 지배당하지 않게 됩니다.

"나의 반석이시오 나의 구속자이신 여호와여 내 입의 말과 마음의 묵상이 주님 앞에 열납 되기를 원하나이다."(시 19:14)

이 말씀은 일을 할 때나 길을 걸을 때나 차를 탈 때나 항상 생각과 마음이 하나님을 향한 자세가 되어야 함을 교훈하는 말씀입니다.

2. 무엇을 결정 할 때 하나님의 말씀을 생각하는 마음이 위의 것을 생각하는 마음입니다.

우리 하나님의 말씀은 지혜요 능력입니다. 우리의 신앙과 행위에 대하여 정확 무오한 유일한 법칙입니다.

말씀은 성도의 삶의 표준이며 척도입니다. 그러므로 하나님의 말씀을 묵상하고 말씀을 반추하게 될 때 하나님의 음성을 들을 수 있고, 하나님의 계시와 인도를 받을 수 있습니다.

그러므로 오직 복 있는 사람은 다음과 같이 말하였습니다.

"오직 여호와의 율법을 즐거워하여 그의 율법을 주야로 묵상하는도다."(시 1:2)

문제의 해결도 하나님의 말씀에서 찾고, 어떤 결정이라도 하나님의 말씀을 통하여 함으로 후회가 없으시기를 간절히 바랍니다.

3. 긍정적이고 적극적인 생각이 위의 것의 생각입니다.

부정적이고 회의 적인 사고를 가지고 있는 사람은 좋은 믿음의 소유자가 되는 것은 불가능한 것입니다. 사람이 성공하느냐 실패하느냐 하는 것은 그 사람의 생각이 긍정적이냐 부정적이냐에 따라 많이 좌우 됩니다.

긍정적이고 적극적인 생각이 당신의 삶의 성패를 좌우하고 상대방의 마음을 움직이고 감동케하는 놀라운 영향력을 구사하게 될 것입니다.

부정적으로 안 된다고 생각을 하면 되던 것도 안 되지만 그러나 긍정적이고 적극적인 사고로 된다고 생각을 하게 되면 안 되던 것도 되어지는 것을 우리는 체험을 할 수 있습니다.

4. 입장을 바꿔 놓고 생각하는 것이 좋은 생각입니다.

잘못된 사람, 실수한 사람 실패한 패배한 사람을 판단하고, 비난하고 꾸짖고, 욕하고, 핀잔을 주기 전에 "내가 그 사람의 입장이었다면 어떻게 했을까?"하고 입장을 바꿔 놓고 생각하는 것이 좋은 생각이고 위의 생각이고 복된 생각을 가진 자의 태도입니다.

예수님께서는 심지어 십자가 위에서도 자신을 못 박은 무리를 향하여 말씀하셨습니다.

"이에 예수께서 이르시되 아버지 저들을 사하여 주옵소서 자기들의 하는 것을 알 지 못함이니이다…"(눅 23:34)

우리 서로가 상대방의 입장에서 생각하여 보면 문제의 해결은 어렵지 않습니다.

자기의 입장, 자기의 주장, 내 지론만 앞세우면 끊임없이 평행선을 달리며 도무지 해결이 될 수가 없으며, 믿는 이들의 문제가 교회 안에서 해결이 못되어 세상 법정으로 끌려 믿음이 없는 세상 법정에서 최종의 심판을 받게 됨으로 교회의 위상을 짓밟아버리는 일들이 서슴없이 자행이 되고 있는 것은 개탄할 사항이 아닐 수 없습니다.

우리의 생각이 우리의 삶을 이끌어갑니다.

땅의 것 사람의 것, 세상의 것을 접고, 위의 것을 생각하고, 하늘의 것을 생각하면서 우리 삶의 중심을 잡아 나갈 때 하나님의 역사는 일어나게 될 것입니다.

우리의 생각이 나의 생각과 마음 씀씀이가 내 인생을 좌우한다는 사실을 우리는 아무도 부인할 수 없을 것입니다.

우연인 것 같고 요행으로 여기는 경우도 있지만 그러나 사람마다 자신이 가지고 있는 생각이라는 밑그림이 그려진 것을 우리의 삶으로 담아내는 것이 우리의 인생이라는 사실을 시인합니다.

오늘 성경본문은 말씀합니다.

위의 것을 생각하라고 땅의 것에 연연하지 말고 그 생각은 접으라고 말씀을 하셨습니다.

우리는 땅의 것 이 세상의 것, 인간의 것을 생각을 하게 되면 실망스럽고 기대에 어그러지고 짜증이 나고 불안하지만 그러나 비록 우리가 이 땅에서 살지만 위의 것, 하늘의 것, 하나님을 생각하고 살아가면 우리는 삶의 격이 달라지는 것입니다.

우리는 땅의 것때문에 사람의 생각으로, 정욕으로, 아집으로, 이 세상의 것으로 우리들의 인격은 만신창이가 되었다는 것입니다.

우리는 지킬 박사와 하이드의 소설처럼 마음속에 두 가지 요소 지극히 선한 성품과 지극히 악한 성품과 지극히 선한 생각과 지극히 악한 생각을 가지고 있음을 시인하면서 우리 어떡하면 내속에 생각과 마음에서 지극히 선한 위에 분의 생각을 가지고 사느냐가 중요한 관건이며, 그리고 지극히 악한 마음과 생각이 되는 이 땅의 우수사리를 마음에 두지 않고 그 생각을 접느냐가 오늘 우리들의 믿음의 생활에 중대한 과제입니다.

위의 것은 하늘의 것을 생각하고, 세상적이고 인간적인 것, 땅의 생각을 버리고, 주님의 거룩한 마음, 주의 고귀한 생각과 마음으로 하나님을 생각하고, 말씀을 생각하고, 긍정적이고도, 적극적인 사고로 살아가느냐가 오늘 저와 여러분들의 삶에 중대한 분수령이 될 것입니다.

위에 것을 생각하는 것은 하나님의 말씀을, 그리고 긍정적이고 적극적인 생각을, 입장을 바꾸어 놓고 생각을 하여 보는 은혜가 우리 모두에게 있어지기를 바랍니다.

생각은 행동을 낳고 행동이 반복이 되면 습관이 되고 그 습관은 성품이 되고 성품이 그 사람의 결과를 낳는다고 하였습니다.

위에 있는 생각으로 당신은 이끌림을 받기를 간절히 소원합니다.

(2011. 9. 25)

4부

마음을
비운 사람

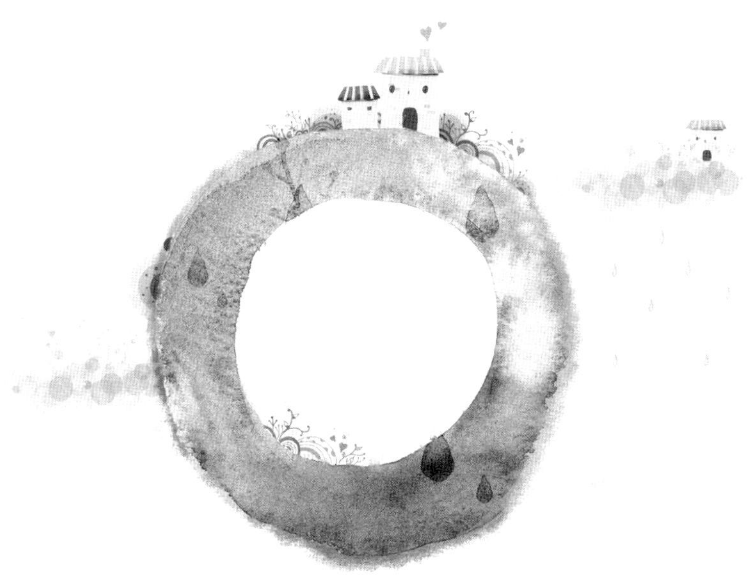

예수 그리스도 터 위에

고전 3:10-17

우리나라는 풍수지리설에 대해 상당한 관심을 가지고 있으며 그래서 지관들의 하는 말을 맹신하는 풍습이 있습니다.

제가 어릴 적에 할아버지의 말씀을 들으면 집터를 잘 잡으면 당대에 발복이지만 묘지터를 잘 잡으면 자자손손을 복을 받는 다고 하신 말씀을 들은 적이 있습니다.

정도전이 한양을 도읍을 정할 때 다 괜찮은데 관악산 적봉이 보여 외침이 있을 것이라는 일화가 있었고, 남산은 여자가 누워 있는 형곡인데 그 중심에 터널을 뚫었으니 서울이 음란한 도시가 되었다는 일화가 있다.

묘를 쓸 때 홍두깨 혈에 쓰면 형제간에 중간이 잘 되고 맏이와 끝쪽에는 잘 안 된다는 설이 있고, 조상의 묘를 장구혈에 쓰면 맏이와 막내는 잘 되는데 중간은 안된다는 말이 있습니다. 가마봉에 묘를 쓰면 딸은 잘 되는데 아들은 안 된다는 말 등등이 많습니다.

그러나 성경에서도 터에 관해 말씀한 것을 우리는 볼 수 있습니다.

반석 위에 세운 집과 모래 위에 세운 집으로 반석 위에 세운 집은 비가 오고, 창수가 나고, 바람이 불어도 반석에 세운 집은 조금도 흔들리지 않지만 그러나 모래 위에 세운 집은 비가 오고 창수가 나고, 바람이 불면 그 무너짐이 심하다고 하였습니다.

하나님의 말씀을 듣고 행하는 사람은 반석위에 집을 지은 지혜로운 사람으로, 하나님의 말씀을 듣고 행하지 않는 사람은 모래 위에 집을 지은 어리석은 사람으로 말씀을 하였습니다.

터라는 말은 기초 또는 바탕을 의미하며 지반공사 등으로 생각을 할 수 있습니다.

"또 내가 네게 이르노니 너는 베드로라 내가 이 반석 위에 내 교회를 세우리니 음부의 권세가 이기지 못하리라."(마 16:18)

예수 그리스도에 대한 바른 고백 그것이 반석이고, 믿음의 교회는 그 반석 위에 건축이 되어야 함을 말씀하고 있는 것입니다.

"사람에게는 버린바 되었으나 하나님께는 택하심을 입은 보배로운 산 돌이신 예수께 나아가"(벧전 2:4)

예수님을 산돌이라고 하였습니다.

"너희도 산돌 같이 신령한 집으로 세워지고 예수 그리스도로 말미암아 하나님이 기쁘시게 받으실 신령한 제사를 드릴 거룩한 제사장이 될지니라."(벧전 2:5)

예수님은 터, 반석, 모퉁이돌, 머릿돌, 산돌 등으로 표현을 하고 있으며 이는 건축의 기초석, 주추돌, 머릿돌, 흔들리지 않는 반석, 신령한 집을 짓는 산돌 등으로 표현을 하고 있습니다.

첫째 : 믿음의 지혜로운 건축자가 되어라.

우리의 믿음을 집이나 교회로 건축물로 표현을 하면서 지혜로운 건축자가 되어야 할 것을 성경은 말씀을 하고 있습니다.

본문 10절 **"내게 주신 하나님의 은혜를 따라 내가 지혜로운 건축자와 같이 터를 닦아 두매 다른 이가 그 위에 세우나 그러나 각각 어떻게 그 위에 세울까 조심할지니라."** 라고 하였습니다.

여러분, 건축에는 집을 짓는 데 그 터와 기초공사가 무엇보다도 중요한 것입니다.

1)위치와 터를 잘 잡아야 합니다.

기초가 잘못된 건축물은 유지할 수가 없는 것입니다.

미국 뉴욕의 맨하탄은 고층 건물이 숲을 이루고 있는데 그 같은 고층 건물이 세워질 수 있는 것은 그 도시의 지면이 튼튼한 반석으로 형성 되었기 때문에 가능하다는 것입니다.

동남아 일대는 도시에 고층 건물을 건축할 수 없는 도시가 있는가 하면 지하철도 엄두를 못 낸다는 것입니다. 왜냐하면 해수면 가까우면서 늪지대로 되어있기 때문에 지하철을 건설할 수가 없다는 것입니다.

서양 건물(집)에는 모퉁이 돌, 동양의 한옥이나 목조건물에는 주춧돌이 중요한 역할을 하게 됩니다. 그래서 주춧돌의 크기에 따라서 그 건물의 규모는 어느 정도 추측 할 수 있다고 합니다.

2) 기초와 골조(기둥) 잘 세워야 합니다.

시골에 가면 수정사라는 절이 있는데 그 절은 신라시대 때에 창건

한 절로 현재에 남아 있는 대웅전의 규모는 그리 크지는 않는데 그 절 건물의 기둥이 3분의 2정도는 부식이 되어서 새로 기둥을 이었는데 그 본래의 기둥이 싸리나무로 되었다고 제가 50년 전에 중학교 다닐 때 소풍을 가서 들은 말이 아직도 기억에 남아 있습니다.

그 말이 사실인지 아닌지 확인해 보지는 못했습니다.

건축물(집)에는 서양 건물은 머릿돌과 골조이고, 동양 건물 한옥에는 주춧돌과 기둥이라고 말할 수 있습니다. 과학에도 기초가 중요하고 운동에도 기초 기본이 참으로 중요합니다.

우리의 믿음의 생활에도 기초가 그 터가 기본이 참으로 중요한 역할을 한다는 것을 여러분들은 잊지 말아야 합니다.

저는 십수년 전에 누가 제게 볼링을 배우라고 하더라구요 그 볼링을 하게 되면 목사는 스트레스도 풀 수 있는 좋은 운동이라고 하면서 강권을 하여서 기초 훈련을 하는데 하기 쉬울 것 같아서 시키는데로 해보았는데 도무지 그런 폼이 나오질 않는 것입니다.

그것 스트레스 풀려고 갔다가 스트레스 받겠더라구요. 그래서 안되는 볼링은 포기하고 자갈길 먼지나는 도로에서 잘타던 자전거나 타는 것이 마음이 편해서 자전거를 타다가 자전거 메니아 되는 것 같습니다. 가을 하늘에 자전거로 한강변 코스모스 길 타보면 정말 좋습니다.

여러분, 성도들의 터(주춧돌)와 골조와 기둥은 예수 그리스도가 말씀입니다.

우리들의 믿음의 생활이 예수 그리스도의 터 위에서 하나하나 이루어 나가야 진정한 하나님의 자녀로서 살아 갈 수 있는 것입니다.

우리 성도들의 언행이 믿음에서 손상됨이 없어야 하고 주님의 말씀에서 벗어나지 않아야 위배 되지 않아야 할 것을 의미하는 것입니다.

그리고 어떻게 세울 것을 조심하라고 하였는데 우리는 조금만 부주의 하면 돌이킬 수 없는 과오를 범하게 되는 시행착오의 명수들이라 할 수 있습니다.

지혜로운 사람은 사후에 후회 할 일을 하지 않는 사람을 가르쳐서 지혜로운 사람이라고 합니다.

지식과 지혜의 근본은 바로 하나님이십니다.

하나님의 뜻대로, 주님의 말씀대로 행하면 지혜로운 자가 되는 것 입니다.

"대저 여호와는 지혜를 주시며 지식과 명철을 그 입에서 내심이며"(잠 2:6)

우리가 지혜롭고 어리석기를 원하지 않습니다. 그러나 진정한 지혜 는 여호와 하나님께서 주신다고 하였습니다. 명철과 지식도 그 입에 서 나온다고 하였습니다.

사람이 머리가 잘 돌아가고 약삭빠르기가 이를데 없지만 정말 어리 석지 않으려면 후회가 없으려면 하나님의 주시는 지혜와 말씀을 들어 야 하는 것입니다.

여호와의 주시는 지혜를 어떻게 하면 우리가 받아 누릴 수가 있을 까요?

"여호와를 경외하는 것이 지혜의 근본이요 거룩하신 자를 아는 것이 명철이니라."
(잠 9:10)

하나님을 경외하는 것 즉 하나님을 잘 믿으면서 섬기는 삶이, 여호 와 하나님을 바로 알면 우리 결코 어리석은 행동이나 미련한 생각은 하지 않게 되는 것입니다.

우리는 예수 그리스도 반석 위에 교회(믿음)를 세우고 말씀의 골격으로 우리들의 믿음을 키워 나가는 것이 우리들의 급선무입니다.

둘째 : 터(예수 그리스도)위에 당신을 세워라

오늘 본문 성경은 예수 그리스도가 닦아둔 터 위에 믿음을 건축하라고 하였습니다. 우리는 기초 터가 제대로 갖추지 못한 가운데 믿음의 공력을 세워도 얼마가지 못하여 무너지게 된다는 것은 너무나 자명한 사실입니다.

> "너희는 너희가 하나님의 성전인 것과 하나님의 성령이 너희 안에 계시는 것을 알지 못하느냐"(고전 3:16)

여러분, 우리가 예수 믿는 성도가 하나님을 섬기는 저와 여러분들이 하나님의 성전인 것을 너희는 미처 몰랐느냐는 사도바울의 고린도 교회에 대한 물음은 오늘 저와 여러분들에게 주시는 하나님의 말씀으로 믿으시기를 바랍니다.

2천여 년 전에 고린도 교회의 상황은 사실 오늘 우리들과는 너무나 거리가 먼 이야기가 아닐 수 없습니다.

이 말씀은 바로 오늘 저와 여러분들에게 하나님께서 주시는 말씀으로 확신을 하면서 은혜가 되시기를 소원합니다.

오늘 우리 그리스도인들은 사람들의 눈에 보이는 성전이고 움직이고 있는 살아 있는 성전입니다.

교회 건물의 위용은 사람들의 놀라게 하지만 그러나 움직이는 성전 여러분 한사 람, 한사람이 하나님의 성전의 거룩성을 나타 낼 때, 사람의 마음을 움직이는 놀라운 역사가 일어나게 될 것입니다.

여러분, 한국 교회 초기 때는 교회의 건물 높은 종탑 새벽 종 소리에 감동이 되어 나오는 이들이 참으로 많았습니다. 그러나 교회의 건물이 필요 없는 것은 아니지만 우리 성전 된 믿는 한 사람 한 사람을 바라보면서 교회를 찾게 된다는 사실을 우리는 알아야 합니다.

여러분, 맛이 있는 음식점은 그 위치가 어디에 있던지 거리와는 상관이 없이 맛만 있으면 전국 어디서도 다 찾아오는 것을 우리는 볼 수 있습니다.

사람이 믿음에 진국 같고 따를 만하면 어떤 불리한 조건도 개이치 않고 우리에게로 향한다는 사실을 우리는 바로 알아야 합니다.

여러분, 우리는 수적으로나 힘으로는 대형 교회를 능가 할 수가 없고 경쟁도 어렵습니다. 그러나 오늘 본문에서 너희 한 사람 한 사람이 하나님의 성전인 것을 우리는 명심을 하고 움직이는 성전으로 살아 있는 성전으로 거룩성을 나타 낼 수만 있다면 이는 그 무엇도 두려워 할 이유가 없습니다.

우리들의 인품에 믿음이 묻어나고 우리들의 행동에 정직성이 보이고 우리들의 마음에 사랑이 담기어 있고 우리들의 삶 가운데 거룩성이 보인다면 이 땅의 그 무엇도 불가능하지 않습니다.

그리고 우리들의 교회 봉사에 섬김과 기쁨이 있으면 결코 그 봉사와 섬김이 싫지만은 않습니다.

저는 언젠가는 기대감을 가지고 하나님 앞에 설 날을 소망합니다.

사람들이 몰라 주고 때로는 오해를 받았을지라도 주님 앞에 보따리를 풀어야 몇가지는 가지고 가야 한다는 마음을 먹고 나니 참으로 마음으로 편하고 보람과 기대감을 가지게 됩니다.

셋째 : 성도 본연의 자세를 회복이 급선무이다.

인간관계에서는 윤리성, 사회적으로는 도덕성, 신앙적으로 도덕성이 살아나야 우리는 그리스도인다운 삶을 구현 할 수가 있게 되는 것입니다. 그러나 사람이 살아가는데 사람과의 관계에서는 윤리성을 사회적으로는 도덕성을 지니게 될 때 구성원으로 조금도 흠이 없습니다.

그러나 신앙인으로서의 거룩성의 소유자는 교회 안에서 믿음과 거룩성으로 그 역할을 다하는 것은 아닙니다. 인간적으로 윤리성 사회적으로 도덕성을 갖추지 못하면 신앙적으로 거룩성에 이르지 못한다는 것입니다.

"누구든지 하나님의 성전을 더럽히면 하나님이 그 사람을 멸하시리라…"(고전 3:17)

하나님의 성전은 오늘 본문에서는 하나님을 믿고 있는 믿음의 사람, 성도 한 사람 한 사람을 의미하는 것이라고 하였습니다.

비록 거룩한 무리라는 이름을 가진 우리들이라도 범죄하고 더러워진 몸과 마음을 회개하지 않으면 깨끗하게 씻지 않으면 버림을 받고 소멸을 당할 수밖에 없다는 것을 의미하는 것입니다.

물론 우리들의 눈에 보이는 하나님의 성전을 더럽히면 그들 스스로도 복을 받지 못하는 것을 볼 수 있습니다.

북한과 남한 휴전선(철책선)사이에 두고 지중학적으로는 거의 동일한 자연 환경과 조건을 가지고 있지만 우리들의 상상을 초월할만큼 판이

한 차이를 보이고 있습니다.

북쪽엔 하나님의 성전이 무너지고 수축되지 못한 곳이며 그쪽은 하나님 대신에 사람이 하나님의 자리에서 섬김을 받고 그리고 우상에 가까운 동상에 전국에 숭배의 대상으로 있는 한 가난에서 벗어나기가 어려울 것입니다.

하나님의 축복의 길을 막아 놓고 무엇을 기대할 수 있겠습니까?

다른 한 면에서 우리 개인적으로 우리들의 믿음의 순결을 지키지 못하고 더럽히면 영적으로 멸망을 받습니다.

육적으로 축복이 떠나는 것을 우리는 볼 수 있습니다.

전쟁에서는 적의 공격을 방어하지 못하거나, 내가 상대를 공격하지 못하면 패배하거나 멸망 당하지만 그리스도인들은 믿음이 아니거나 깨끗하지 못하고 거룩하지 못하면 결국은 소멸을 당하거나 세상 가운데 동화가 되고 마는 것입니다.

그리스도는 없어지게 되고 사라진다는 것을 우리는 부인할 수 없는 현실입니다.

우리는 삶의 자국마다 하나님의 거룩성이 나타나게 될 때 그것이 그리스도인의 표증이요 이 시대를 이끌어 갈 주역으로서의 소임을 제대로 감당하게 될 것입니다.

"…하나님의 성전은 거룩하니 너희도 그러하니라."(고전 3:17 하)

주의 피로 값주고 산 하나님의 교회는 거룩한 것입니다.

친히 그 성전이 되기도 하고 거룩한 성전에서 하나님을 섬기며 믿음으로 사는 여러분들은 거룩한 사람들이고 거룩한 사람들의 모임이기 때문에 예수 믿는 이들을 향하여 성도라고 일컫는 것입니다.

그러기에 이곳에 모여서 예배를 드리는 곳이기에 성전이고 이 성전 안에 있는 도구들이 성구이고 여러분들이 예식이고 성례이고 우리들이 모이는 집회를 성회라고 합니다.

그러기에 성도로서의 자질과 품성을 지니고 좀더 성결하게 살아가는 모습들이 우리의 삶의 자국이 되어야 할 것입니다.

그러므로 사랑하는 성도들이여!

우리는 언행심사 모든 것을 예수 그리스도의 터 위에서는 하나님의 주신 은혜로 지혜로운 건축자와 같이 거룩한 삶을 짓는 은혜가 우리 모두에게 있어지기를 간절히 소원합니다.

(2011. 10. 2)

우리가 서로 사랑하자

요일 4:7-21

세상을 살아가면 살아 갈수록 뼛속 깊이 사무치도록 느끼는 것은 인생은 사람만 밥만 먹고 사는 존재가 아니고 사랑을 먹고 사는 자신이라는 것을 순간순간 느끼게 되는 것입니다.

온갖 것을 소유하고 누려도 사랑을 머금치 않고는 도무지 살아 갈 수 없다는 것을 은연중에 느껴지는 것을 볼 수 있습니다.

저는 상당한 기간을 하나님의 사역을 감당하면서 배고픈 것보다, 가난한 것보다, 못 배운 것 보다, 목표를 이루지 못한 것보다, 사랑을 받지 못한 것이 더 가혹하고 불행한 사람이라고 말할 수 있습니다.

사랑! 수없이 우리들의 입에 오르내리는 것이고 꼭 필요한 것이고 우리들의 삶에 있어서 가장 중요한 것 중의 하나일 것입니다.

사랑은 우리들이 그렇게 원하는 행복의 핵심 요소가 됩니다. 사랑이 결여 되는 행복이라는 것은 꿈도 꿀 수 없는 것이라고 할 수 있습니다.

우리 기독교는 사랑의 종교라고 자타가 다 그렇게 알고 있고 사실 기독교는 사랑입니다.

우리가 믿음의 경전으로 믿고 있는 성경은 크게 두 부분으로 나눌 수 있는데 구약과 신약으로 구약은 오래 된 약속이고, 신약은 새로운 약속을 의미하는 것인데 그 약속은 하나님께서의 사랑의 약속을 의미하는 것이며, 그 신구약을 요약한 것이 십계명이며, 그 십계명에서 하나님의 사랑과 이웃 사랑으로 구분을 할 수 있고 그것을 한마디로 표현을 한다면 사랑입니다.

오늘 본문에서도 하나님은 사랑이라고 말씀을 하고 있습니다.

"사랑하지 아니하는 자는 하나님을 알지 못하나니 이는 하나님은 사랑이심이라."
(요일 4:8)

이 세상에서 사랑을 잃으면 모든 것을 다 잃어버린 것 같으며, 사랑을 받으면 모든 것을 다 가진 것보다도 만족하고 행복하여지는 것입니다.

우리들에게는 사랑을 받을 만한 대상을 주셨고 사랑을 줄만한 상대를 만나게 해주셨습니다. 그 사랑을 주고 받으며 사는 것이 우리의 인생이라고 하여도 어느 누구도 그것은 아니라고 부인 할 수 없을 것입니다.

인생을 산다는 것이 사랑을 이야기하는 것이고 사랑을 받지 못해 사랑을 주지 못해 온갖 부작용이 이 세상을 살아가는 소리라고 할 수 있습니다.

사랑만큼 귀한 것도 없으며, 사랑만큼 필요한 것도 없고, 사랑만큼 놓쳐 버리기 쉬운 것도 없을 것이며, 사랑만큼 나를 행복하게 해주는 것도 없습니다. 그래서 사랑은 인생 질고의 만병통치약이라고 말합니다.

사랑은 이해 이상이며, 사랑은 용서와 화해의 원천이 사랑이며, 사랑은 시기와 질투와 원망을 잠재우는 저력이 사랑에서 나오는 것을 우리는 알아야 합니다.

사랑에 목말라하고 사랑을 구걸하면서 사랑을 주고받으며 누리지 못한 아우성들이 지구촌 곳곳에서 일어나고 있음을 우리는 부인할 수 없습니다. 그래서 내 사랑을 줄 수가 있고 타의 사랑을 받을 수만 있으면 이는 사랑을 누리는 사람으로 그러한 이들을 가르쳐서 사람들이 행복이라고 합니다.

첫째 : 사람은 사랑하는 것이 바로 사는 것입니다.

인생이 사랑하는 것은 사는 것이며 사는 데 사랑이 없으면 도무지 살 수 없습니다.

오늘 본문에서는 하나님은 사랑이시라고 하였습니다.

8절 **"사랑하지 아니하는 자는 하나님을 알지 못하나니 이는 하나님은 사랑이심이라."**라고 하였으며, 16절에도 **"…하나님은 사랑이시라 사랑 안에 거하는 자는 하나님 안에 거하고 하나님도 그의 안에 거하느니라."**라고 하였습니다.

하나님 자체가 사랑이시라는 것입니다. 만일 우리가 사랑을 제쳐 놓고는 하나님에 대하여 논 할 수도 그분 가까이 접근할 수도 없는 것입니다.

사랑하는 마음으로는 하나님 앞으로 다가 설 수가 있지만 만일에 우리들이 미워하는 마음이나 증오하고 원망하는 심정으로 주님에게로 우리는 가까이 할 수가 없는 것을 느낄 수 있습니다.

하나님이 이 땅에 사람의 몸을 입으시고 오심이, 독생자를 보내시어 십자가의 대속의 죽으심의 그 모든 것이 하나님이 사랑이심을 보여주는 가장 중요한 증거가 되는 것입니다.

그 사랑을 주시는 하나님, 그 같은 사랑을 받은 우리들이기 때문에 기독교는 사랑의 종교라는 것을 만천하에 증거가 되고 어느 누구도 부정 할 수 없는 역사입니다.

예수를 믿는 저와 여러분 모두는 주님의 사랑의 수혜자들입니다.

그래서 하나님의 사랑을 입고 하나님을 사랑하며 섬기며 사는 것으로만 아니라 주의 사랑을 입고 주님을 섬기는 증거로 이웃을 내 몸과 같이 사랑함으로 사랑의 반증이 되는 것입니다.

우리가 주님을 섬기고 사랑하는 것은 우리의 눈으로 귀로 육감으로는 다 알 수가 없고 주님의 사랑을 입고 그 받은 사랑의 증거가 사람을 대하는 것 사람 사랑하는 것을 보면 알 수가 있다는 것을 성경은 분명히 말씀을 하고 있습니다.

> "누구든지 하나님을 사랑하노라 하고 그 형제를 미워하면 이는 거짓말 하는 자니 보는 바 그 형제를 사랑하지 아니하는 자는 보지 못하는바 하나님을 사랑 할 수 없느니라."(요일 4:20)

옛말에 집에서 세는 바가지, 들에 가도 샌다는 말이 있습니다.

이웃, 주변, 사랑 사랑하는 것 보면, 하나님 사랑하는 것을 알 수 있다는 것입니다.

우리 서로 이해의 폭을 넓히고, 용서하고, 포용을 하고, 화해를 하면 하나님께서도 내가 너에게 그렇게 하여 주시겠다는 말씀입니다.

마 18:21-35에 비유한 말씀

"어떤 임금이 어떤 종과 결산을 할 때 1만 달란트 빚진 자가 있었는데 갚을 것이 없어서 몸과 아내와 자식들과 모든 소유를 다 갚게 하라 하니 종이 엎드려서 절을 하면서 다 갚겠사오니 참아 달라고 하니 불쌍히 여겨 그 빚을 다 탕감을 받았습니다."

그 탕감을 받은 종은 자기에게 백 데나리온 빚진 동료를 만나 멱살을 잡고 빚을 갚으라고 하니 조그만 기다리면 갚겠노라고 하였는데 감옥에 가두어버렸습니다.

그래서 옆에 있는 종이 주인에게 가서 그 이야기를 하니 1만 달란트를 탕감을 받고 자신은 자기의 동료에게 1백 데나리온 빚을 깊지 않는다고 참아 달라고 하여도 들어 주지 않고 감옥에 가두었던 사건입니다.

1달란트=6000데나리온이고 1데나리온 노동자 하루의 품삯, 1년 품삯은 3백 데나리온. 그렇다면 1만 달란트(6000데나리온)는 노동자 1만명의 20년간의 일한 품삯이 된다. 그런데 자신 동료에게 1백 데나리온이는 노동자 한 사람의 3, 4개월분의 품삯을 갚지 않는다고 감옥에 가둔 사람입니다.

> "내가 너를 불쌍히 여김 같이 너도 네 동료를 불쌍히 여김이 마땅하지 아니하냐 하고 주인이 노하여 그 빚을 다 갚도록 그를 옥졸들에게 넘기니라."(마 18:33~34)

너무나 당연한 말씀이고 마땅히 그렇게 하여야 하는데 사실 그렇지 못한 경우가 참으로 많습니다. 우리는 마음을 가다듬고 정신을 차리고 주님의 말씀에 듣고 읽고 깊이 생각해야 할 것은 35절 **"너희가 각**

각 마음으로부터 형제를 용서하지 아니하면 나의 하늘 아버지께서도 너희에게 이와 같이 하시리라."라고 하였습니다.

"…무엇이든지 너희가 땅에서 매면, 하늘에서도 매일 것이요 무엇이든지 땅에서 풀면 하늘에서도 풀리리라."(마 18:18)을 그대로를 적용하고 있는 구절입니다.

1만명이 20년 동안 일한 품삯(일 만 달란트)을 탕감을 받은 사람이 한 사람이 4개월(일백 데나리온)분의 품삯의 액수를 갚지 않는다고 감옥에 가두는 비정한 사람은 탕감 받았던 것도 취소가 되고 그는 감옥행을 하게 되는 웃지 못 할 사례입니다.

우리는 억만 죄악 가운데 마땅히 멸망을 당할 수밖에 없는 죄인들인데 예수 그리스도의 보혈의 공로로 죄의 사함을 받고 천하 보다 귀한 생명을 받은 우리가 내 이웃에게 우리 서로간에 말로 실수로, 감정으로, 이해관계로, 오해로 빚어진 잘못을 용서하지 못한다면(마 18:35) 주님의 진노는 우리를 향한 말씀이 아닐 수 없습니다.

둘째 : 삶으로 증거가 되는 믿음과 사랑

나는 하나님의 택한 백성이고 나는 하나님의 자녀입니다.

이러한 믿음의 소유자이고 이런 사랑을 할 사람이라고 아무리 외치고 자신을 부각 시켜도 행함이 있는 믿음이 아니면 그 믿음은 죽은 믿음이고, 자신의 몸으로 담아내지 못한 사랑은 그 어떤 경우도 인정해 주지 않는 세상이라는 사실을 우리는 바로 알아야 합니다.

누가 하나님께 속한 사람이고 하나님을 제대로 알고 믿는 사람이냐?

1) 하나님께 속한(택한)자이냐 하나님을 제대로 알고 있느냐는 말로 글로서 맹세로 하는 것이 아니라 그 사람의 삶 가운데 서로가 사랑하는 것을 보면 알 수 있다.

우리들 서로 간에 사랑하면 미워하지 않고 사랑하면 그 사람은 하나님께 속한 사람이고 하나님을 바로 잘 아는 사람이라는 것입니다.

나는 어느 교회 출신이고, 무슨 교회에서 몇 년을 믿었고 직분을 무엇이다 라고 말하지 않아도 이웃을 사랑하는 것을 보면 상대방을 용서하는 것을 보면 그분의 믿음의 깊이와 비중을 어느 정도 가늠 할 수 있다는 것입니다.

2)하나님에 대한 믿음은?

우리들의 믿음은 하나님을 바로 알게 되면 또 한 믿을 수 있는 것입니다. 믿지 못하는 경우는 하나님이 어떤 분인지 나와는 무슨 상관이 있는지 제대로 모르기 때문에 하나님을 믿지 못하는 것입니다.

방랑시인 김삿갓(김립)본명은 김병연(1807-1863)

자는 난고, 본 안동, 이 분이 순조 때 과거에 응시해서 장원급제하였는데 당시 과거의 시제가 論鄭嘉山忠節死嘆金益淳罪通于天

순조 11년에 과거 시험의 제목이 홍경래 난이 일어났을 때 김익순이 선천 부사 재직시 가산에서 일어난 난을 나라를 위하여 죽음으로 막지 못한 김익순에 대하여 논하라는 글이었습니다.

김병연은 뛰어난 글 솜씨로 홍경래 난에 투항한 것에 대한 신랄하게 비판 글을 써서 장원 급제가 되어서 집에 가서 그 모친에게 이야기 하니까 그 분이 너의 조부라는 말을 듣고 조부에게 큰 죄를 지었다고 생각을 하면서 조상을 욕 되게 한 죄인이 하늘도 볼 수 없다면 가정도 등지고 죽장에 삿갓 쓰고 전국을 방랑하면서 풍자의 시를 읊다가 세상을 마친 사람입니다.

선천부사 김익순은 홍경래 난이 평정이 되고 대역죄로 참수를 당하고 집안은 풍비박산이 되었습니다. 김삿갓도 김익순이 자기의 할아버지인줄을 알았더라면 그런 글을 쓰지 않았을 것입니다.

우리도 하나님이 누구신가를 바로 알기만 하면 믿음도 사랑도 온전히 실천 할 수 있을 것입니다.

우리는 하나님의 사랑이 얼마나 귀한 것인지, 죄가 얼마나 무서운 건인지, 하나님의 은혜가 얼마나 큰 것인지, 바로 제대로 알기만 하면 우리는 믿음에 주저할 이유가 없을 것입니다.

셋째 : 사랑은 주님께 받은 새 계명입니다.

"우리가 이 계명은 주께 받았나니 하나님을 사랑하는 자는 또 한 그 형제를 사랑 할지니라."(요일 4:21)

율법의 궁극적인 목적도 사랑이고 10계명을 한 마디로 표현을 해도 사랑입니다. 사람은 사람의 사랑을 받으며, 주면서 살아야 하고 사랑은 우리 인간의 생명이고 삶이고 우리 모두가 누려야 할 보배입니다.

하나님의 사랑을 깨닫고 하나님의 사랑을 받으면서 하나님의 은혜에 감사하면서 살아가는 것이 성도의 삶입니다.

오늘날 우리들의 주변에서 마음을 놓지 못하여 불안하고 두렵고 마음을 놓고 자녀들 학교 보내기가 선거 공약이 되는 세상이라는 것은 참으로 마음을 슬프게 합니다.

저는 초등학교는 4킬로 십리를 걸어 다녔습니다.

학교가 늦을 때는 책보를 메고 마라톤을 했고, 하교 때는 냇가에서 솔밭에서 놀며 장난을 치다가 날이 어두우면 집으로 가도 걱정하는 일이 없었습니다.

만일에 우리가 사랑하지 못한다면 모든 계명을 범한 결과를 가져오는 것이 됩니다. 사랑은 어떤 군대보다도 그 어떤 경호보다도 어떤 경계나 보호보다도 월등하게 뛰어난 것은 사랑이라는 사실을 우리는 잊어서 아니 됩니다.

"사랑 안에 두려움이 없고 온전한 사랑이 두려움을 내쫓나니 두려움에는 형벌이 있음이라 두려워하는 자는 사랑 안에서 온전히 이루지 못하느니라."(요일 4:18)

오늘 우리에게는 어떡하면 주님의 사랑 안에 거할 수가 있겠으면 우리 서로 간에는 사랑하면 살아갈 수가 있을까요 이보다 더 포근하고 안락한 세상은 없을 것입니다.

사람과 사람 사이에 사랑하는 것이 우리가 사는 것입니다.

서로 사랑하지 못하고 사는 것은 사실 살아도 사는 것이 아닙니다.

그리고 사랑과 믿음은 말이나 글로서 바로 표현이 되는 것도 아니고 믿음도 사랑도 설명 되지 못합니다.

믿음은 행함으로 살아 있는 믿음이 증거가 되고 사랑은 몸으로 담아냄으로 참 사랑을 확인 할 수가 있는 것입니다. 위로 하나님을 사랑하고 아래 우리의 이웃을 사랑함으로 두려움 없이 살아가는 가장 든

든한 보장입니다.

　우리가 서로 사랑합시다. 하나님께 속한 사람으로 하나님을 알고 제대로 믿는 사람은 이웃들에게 몸으로 사랑을 담아냅니다.

(2011. 10. 9)

청산하지 못하는 우상

출 32:30-35

신앙인들에게는 우상이라는 것은 너무나 생소한 것이고, 우상을 배격하고, 우상을 멀리하고 믿음으로 살면서 각자의 신을 믿는 이들을 가르쳐서 종교인 또는 신앙인으로 그렇게 인식을 하고 있습니다.

우리 기독교의 계명 가운데 가장 먼저 멀리하고 배격하여야 할 것은 우상 숭배에서 벗어나야 할 것을 십계명 가운데 4계명이나 되지만 그러나 기독교 저변에서 우상이 완전히 사라진 경우는 성경의 역사 가운데 찾아보기가 어렵습니다.

한국 교회 선교 초기에는 우상 숭배가 많아서 집에서 벽에 못을 하나를 쳐도 함부로 치지 못하고 일(日)과 시(時)를 잡아서 박는가 하면 이사를 하여도 우리가 편리하고 서로 간에 합리적인 조율로 정하는 것이 아니라 손 없는 날, 부정을 타지 않는 날을 정하여 한다는 그러한 말을 쉽게 들을 수 있었습니다.

그 시대는 우상에 쌓여 살았다고 하여도 과장되지 않을 정도로 습관화가 되었으면 음력설 되면 토정비결(토정 이지함의 저)은 태세, 월건,

일진을 숫자적으로 맞추어 그해의 신수 그해의 신수를 보는 것은 하나의 풍습으로 통하고 있을 정도였습니다.

그래서 무슨 방향으로 가는 것은 삼가 하고, 무슨 생이나 어떤 류의 사람을 만나지 말아야 한다고 긴장감과 묘한 감정을 가지게 하는 경우도 많았습니다.

저는 돼지 띠, 정해(丁亥) 생인데 우리 어머니가 제 점을 보았는데 하늘이 무너져도 겁을 내지 않고, 아주 여러 사람들 앞에서 강의하는 사람이 된다고 점괘가 나왔다고 하면서 다른 이들이 못가는 중학교를 보내게 되는 동기 중의 하나가 되었던 것입니다.

그런데 나중에는 집안 모르게 신학교에 입학한 것이 탄로가 나서 제가 집안에서 견뎌 날 수가 없어서 요즘 말로는 가출이지만 그 때는 쫓겨난 것입니다.

이는 안 믿는 세계에서 있었던 일부의 이야기지만 사실 우리 믿음의 사람들 신앙인들에게는 우상과는 상관이 없는 자유로운 이들이냐에 대해서는 그렇게 쉽게 대답하기가 어려울 것 같습니다.

물론 오늘 본문은 이스라엘 백성이 출애급하여 모세를 지도자로 세워서 가나안으로 향하면서 시내산 가까이 와서 진을 치고 머물때 하나님께서 증거판 둘을 주님이 쓰신 것을 받으려 올라가서 40여일이라는 기간이 흐르게 되었던 것입니다.

당시의 백성들이 모세가 시내산에 올라가서 내려옴이 더딤을 보고 아론에게 말하기를

"백성이 모세가 산에서 내려옴이 더딤을 보고 모여 백성이 아론에게 이르러 말하되 일어나라 우리를 위하여 우리를 인도 할 신을 만들라 이 모세 곧 우리를 애급에서 인도하여 낸 사람은 어찌 되었는지 알지 못함이니라."(출 32:1)

그럴 때 아론은 백성들에게 너희가 가진 금고리를 가져오라고 하여서 아론은 그 금고리를 받아서 녹여 부어서 조각칼로 송아지 형상을 만든 것이 바로 금송아지 우상이 된 것입니다.

그런데 여기에 유념을 하여야 할 것은 애급 땅에서 인도하여 낸 너희의 신이라고 하면서 그러면서 내일은 여호와의 절일이라 하면서 그 금송아지에게 절하는 것은 하나님의 절기를 지키는 일환으로 보는 것입니다.

즉 우상에도 하나님의 이름을 빙자하여 우상을 섬기게 되는 것을 볼 수 있습니다. 구약의 범죄 사건 가운데 이 보다 더 큰 범죄는 찾아볼 수 없을 정도로 벗어난 심각한 범죄로 기록될 수 있을 것입니다.

그렇다면 이 같은 범죄가 저질러지게 되는 가장 큰 원인은 무엇인지 아세요?

"내게 이르시되 일어나 여기서 속히 내려가라 네가 애급에서 인도하여 낸 네 백성이 스스로 부패하여 내가 그들에게 명령한 도를 속히 떠나 자기를 위하여 우상을 부어 만들었느니라."(신 9:12)

1. 사람은 스스로 타락하게 하면 우상 숭배를 한다는 것입니다.(하나님을 경외하지 않으면)

2. 주의 명한 명령을 시행하지 않고 불순종하면 주의 말씀에 떠나면,

3. 하나님을 위하지 않고 자기만 위하고 지나친 이기주의는 우상의 유혹을 받기가 쉽습니다.

오늘날 믿음으로 사는 우리 성도들의 우상적인 폐습이 있다면 과연 어떤 것이며 구약 시대는 금송아지나 이방의 여신들 잡다한 우상 의 대상들이 우상이라고 말 할 수 있지만 신약 시대를 거쳐서 오늘의 우

리들에게는 무엇이 하나님의 자리를 차지하는 것이 우상의 대상이라고 하여도 이는 틀리지 않을 것입니다.

첫째 : 현대인의 우상은 무엇일까요?

"…자기를 위하여 우상을 부어 만들었느니라."(신 9:12)

우상 만든 동기가 자기를 위하여 나를 위하여 우리를 위하여 자신을 위하여 만드는 것이 된다는 것입니다.

"내가 본즉 너희가 너희 하나님 여호와께 범죄하여 자기를 위하여 송아지를 부어 만들어서 여호와께서 명령하신 도를 빨리 떠났기로"(신 9:16)

우상 숭배의 죄는 불신앙의 죄이기 때문에 하나님께서 사해 주실 수 없는 성령 훼방 죄에 해당이 된다고 보아야 할 것입니다.

이 세상에서 가장 심각한 문제는 자신과의 직관이 되는 문제가 가장 큰 난제이고 심각한 것이며 타협도 중재도 난감한 것이라 할 수 있습니다.

남의 문제나 삼자의 문제는 어느 정도의 서로간의 융통성을 발휘하여서 어느 정도 해결의 접점이 나올 수가 있는데 자기의 자신과 문제는 쉽게 해결 할 수 있는 것이 못 되기 때문입니다.

신 9:12, 16절을 우상은 자기를 위하여 만든다고 성경은 거듭 밝히고 있습니다.

우리는 우상이라고 하면 남의 이야기처럼 들리고 자신과는 상관이 없는 어떤 특정인들에게만 해당이 되는 것으로 간주하면서 무관심한 경우가 참으로 많습니다. 그러나 우상이 이 땅에서 발생하는 것도 나 때문에 자신 때문에 나타나는 것이지만 우리는 우리 자신이 내가 우상이라고 생각을 하지 못하는 경우가 많다는 것입니다.

이것을 다른 의미로 말하면 되돌려서 생각을 하여보면 우상이 무엇입니까? 하나님의 자리에 하나님이 아닌 다른 것이 그 자리를 차지하게 되면 그것이 바로 우상이라는 것을 생각해보면 어느 정도 감이 오리라 생각이 됩니다.

우리는 하나님을 섬긴다고 하면서 하나님을 믿노라고 하면서 하나님의 말씀대로 사는 것이 우리들의 갈 길이라고 확신을 하면서 하나님의 자리에 실제적으로 내가 버티고 있어서 하나님을 하나님답게 모시지 못하는 그러한 우를 범하고 있지는 않는지 우리는 옷깃을 여미고 자신을 살펴보아야 할 것입니다.

내 주장과 나의 고집이 하나님의 말씀에 순복하지 못하고 깨어지지 않으면 이는 자신의 주장과 아집을 내려놓지 못한 자기 우상주의에 깊이 빠진 사람이라고 성경은 오늘 우리에게 말씀하시는 것입니다.

내 말이 하나님의 말씀이 되어 있고 내 주장이 하나님의 뜻으로 그 자리를 차지하고, 있다면 이는 심각한 자기 독선과 우상의 자리에 머물러 있는 사람으로 간주되는 것입니다.

사람은 실수도 할 수가 있고, 오해나 착각을 하기도 하고, 이기주의나 완벽주의에 빠지기가 일수입니다. 그러기 때문에 자기의 자신을 두고 함부로 "절대"라는 단어를 남발해서 안 되는 것입니다.

자기를 지나치게 강조하거나 부상을 시키다가보면 자신도 모르는 사이에 교만하게 되어지는 경우가 수없이 많습니다.

신앙인의 가장 무서운 죄가 우상 숭배라면 다음으로 무서운 죄를 꼽으라면 교만의 죄라고 말씀을 드릴 수 있습니다.

"여호와께서 또 내게 말씀하여 이르시되 내가 이 백성을 보았노라 이는 목이 곧은
백성이라."(신 9:13)

이는 교만한 이스라엘 백성이라는 말로 표현을 하고 있습니다.

우리들의 앞 시대의 인간에게 가장 가혹한 병은 문둥병이고, 우리 시대의 가장 무서운 병은 암이라는 병입니다.

그런데 이 두 병은 증상 가운데 비슷한 증상이 있다면 고통을 느끼지 못한다는 것이며 스스로가 고통을 느낄 때는 그 병으로 인하여 부작용이 일어났거나 예방이나 치료가 불가능 할 때라는 것입니다.

교만은 교만증세가 있는 본인은 전혀 느끼지 못하고 자신은 겸손한 사람으로 간주를 하면서 상대방을 무시하는 경우가 허다하다는 것입니다.

혹여 여러분들이 보시기에 여러분의 담임 목사 교만하다 싶거든 공개적으로 보다는 조용히 오셔서 차분히 말씀해 주시면 고치도록 노력을 해보겠습니다.

그래도 고치지 않으면 하나님께서 처리하실 것입니다.

이는 여기에 있는 너와 나 할 것 없이 우리 모두들에게 해당이 되는 말씀입니다.

성인도 자기 그름을 모른다는 우리 말 속담도 있습니다.

"나"라는 우상이 요지부동이고, 우리라는 이기주의는 불법도 정당화 하는 세상에서, 큰 것이 최고이고, 많은 것이 힘이고, 다수가 이기는 이 땅에서는 사람이 우상이 되기가 나무나 쉽다는 것을 우리가 명심을 하여야 합니다.

둘째 : 돈이 우상이 되는 세상이다.

우리가 쓰는 말 가운데 가장 흔하게 듣는 말 가운데 무전유죄(無錢有罪) 유전무죄(有錢無罪)라는 말입니다.

가난한 사람은 빵 한 조각 훔쳐 먹은 것 때문에 감옥에 가지만 수백 수천억을 부정하거나 횡령을 하여도 보석으로 풀려나는 것을 볼 수 있습니다.

오늘 본문에도 출애급 한 이스라엘 백성들이 모세가 시내산에 올라가 내려오지 않는 동안 저들이 우상을 만든 재료가 바로 금 고리들입니다.

금으로 부어서 조각칼로 새겨 만든 송아지가 그 금송아지를 가지고 애급 땅에서 인도한 낸 신이라고 하면서 여호와의 절일을 맞이하여 번제와 화목제를 그 앞에서 드리며 먹고 마시며 뛰어 놀았다고 하였습니다.

금이 우상이 되는 것은 이미 모세 시대부터 시작이 된 것을 우리는 볼 수 있습니다.

구약 시대는 금으로 돈으로 우상을 만들어서 섬기는 우상이 되었지만 우리가 사는 지금의 세대는 금으로 돈으로 우상을 만들지 않고도 돈 자체가 우상이 되어서 살아가는 황금만능 시대를 우리는 접하고 있습니다.

다시 말씀을 드리면 돈이 하나님의 자리를 차지하고 있다는 것입니다. 하나님이 제일로 섬김을 받아야 하는데 돈이 섬김을 받고 있으며 현대인들은 황금 우상, 돈이라는 우상에 최면의 걸린 상태에 살고 있다고 하여도 과언이 아닙니다.

　심지어는 생명도 돈으로 갚으려 하고 효도도 사랑도 돈이 있어야 된다고 주장을 하는 세상에 살고 있으며 심지어는 부부간에도 이 돈 때문에 연을 끊기도 하고 맺기도 하는 세상이 우리가 사는 세상입니다.

　이 말씀은 때로는 그 사람이 소유한 재물이 육신의 생명을 보전, 도움이 될 수 있지만 그러나 돈을 가지고 있으면 협박을 받을 수 있지만 돈이 있지 않으면 협박을 받는 일은 없을 것이라는 뜻입니다.

　이 땅에서 가진 재물로 친구를 사귀고 베풀며 흩어 구제하면 살 때 그리하면 베품을 받은 그들이 너희를 영접하는 날이 오게 될 것이라는 말씀입니다.

　우리는 돈 때문에, 물질 때문에, 재물로 인해, 때로는 고민을 하고 갈등을 할 때가 얼마나 많은지 모릅니다.

　이권이나 이해관계 때문에 믿음의 인격이 무너지고 신실한 믿음이 여지없이 허물어지는 경우가 적지 않게 많다는 것을 우리는 솔직히 시인을 하여야 할 것입니다.

돈 자체가 죄에 오염이 되었거나 죄는 아닙니다.

그러나 그 돈을 사랑함이 일만 악의 뿌리(근원)가 되고 그 돈을 하나님보다 더 중하게 여길 때 돈은 우상이 되는 것입니다. 그래서 돈을 사랑하게 되면 결국은 탐욕이나 탐심이 자기를 찌르는 무서운 결과를 초래 한다는 것이 바울 사도의 주장입니다.

탐욕과 탐심이 생기거나 욕심을 부리게 되면 그것이 시험과 올무가 되고 파멸과 멸망에 빠지게 된다는 것입니다.(딤전 6:9)

그렇다면 어느 정도가 그리스도인들의 기준이 될 수 있습니까?

"우리가 먹을 것과 입을 것이 있은즉 족한 줄로 알 것이니라."(딤전 6:8)

황금이 좋은 것이고 값진 것이지만 하나님이상이 되지 않게 살아갈수 있게 하여 달라고 기도하여야 합니다.

재물이 재물 되게 하시고 결코 우상이 되지 않도록 하자는 우리들의 다짐이 필요하고 특별히 황금은 나의 삶의 조력자가 되고 지참물이 되고, 편의 대상이 되어야지 내가 황금에 매여서 살아가야 하는 그러한 처지가 되지 않도록 기도해야 합니다.

신앙인이 다른 신을 섬기거나 타 종교에 현혹이 되는 경우도 드물지만 그러나 이 시대의 사람들은 하나님의 자리에 내가, 자기가, 자신이 그 자리를 차지하여 자기의 주장을 하나님의 뜻처럼, 자기의 말은 하나님의 말씀인양 착각을 하며. 자존심을 계명처럼 여기면서 사는 이들이 있습니다.

그래서 사람이 즉 자신이, 자식이, 가족이 우상이 되어 사는 경우가 적지 않습니다.

황금, 재물이 우상이 되어 믿음의 경륜도, 경건의 삶도, 영성 있는 메시지도, 돈과 재물 앞에서 힘을 발휘하지 못하는 것이 바로 우상입니다.

사람(나, 자녀, 가족)이 황금과 물질이 하나님의 자리를 차지하지 못하도록 하고 우리는 하나님을 섬기는 사람으로 주의 말씀에 순종하며, 물질이 물질 되게 하고, 황금 앞에서 믿음의 정절을 지키는 우리 모두가 되시기를 간절히 소원합니다.

(2011. 10. 23)

복되고 거룩한 날

창 2:1-3

사람이 살아가면서 어떠한 날을 잊지 아니하고 기념을 하거나, 그 날을 그리워하고 상기하는 것은 우리들의 살아가는 삶의 의미가 부여 되기 때문이라고 말할 수 있습니다.

우리들은 대체적으로 개인적으로 그냥 넘길 수 없는 날이 꼽는다고 하면 태어난 생일날이나, 또는 결혼 기념일일이나, 아니면 연인들 간 에 몇 날이나 몇 주년을 맞이하거나, 국가적으로 3,1절이나 광복절, 등의 국경일 등을 우리는 쉽게 생각할 수 있습니다.

우리의 인생이라는 날을 기다리며 살아가고, 날을 먹으면서 성장하 고 늙어 가고, 날을 헤아리면서 과거를 회상을 하면서 미래를 열어가 는 것이라고 할 수 있습니다.

하루 하루 지나는 날을 우리 통 털어서 세월이라는 말로 표현을 하 면서 세월의 풍파에 시달리면서 자신의 삶을 담아내어 가는데 거기서 좀 보람되고 열매를 거두게 될 때, 그를 성공한 사람으로 세월의 풍파 가운데 주름과 노쇠만 남고 거둘 것이 없으면 별 볼 일이 없는 인생으로 자리매김하게 되는 것입니다. 그래서 사람은 하루하루를 지나가는 시간을 붙잡고 어떻게 자신의 인생을 세월의 담벼락에 그려 가는 것이 우리네 인생이라고 말해도 부인하지 못할 것입니다.

우리는 어차피 시간, 세월의 소용돌이 속에서 벗어 날 수 없는 저와 여러분들입니다. 그렇다면 주어진 하루하루를 보내고 난 다음에도 후회가 없는 아니면 덜 후회하는 삶을 살아 갈 수는 없을까? 하는 것이 우리 모두가 가지고 있는 고민이라고 할 수 있습니다.

그런데 시간을 철학적으로, 아니면 인생학적으로도 논할 수도 있고, 어느 소설가의 표현처럼 낮은 흰쥐로, 밤은 검은 쥐, 운명적으로 파먹어 들어가는 것처럼 우리 인생은 영원을 누릴 수 없음은 너무나 자명한 사실이지만 그런데도 우리의 의욕과 욕정은 끝을 모르고 타오르고 있다는 것입니다.

그럼에도 불구하고 우리 성도들에게는 오늘 본문의 말씀처럼 복되고 거룩하게 하는 날이 있다고 분명히 말씀을 하고 있습니다.

엿새 동안의 복은 다음과 같이 말씀하셨습니다.

"하나님이 그들에게 복을 주시며 하나님이 그들에게 이르시되 생육하고 번성하여 땅에 충만하라, 땅을 정복하라 바다와 물고기와 하늘의 새와 땅에 움직이는 모든 생물을 다스리라 하시니라."(창 1:28)

생육, 번성, 충만, 정복, 다스리는 것이 엿새간에서 주시는 복으로 이는 세상의 복이 누구나 함께 공유할 수 있는 복들을 의미하고 있습니다.

그러나 엿새를 지난 일곱째 날의 복은 차원이 다르고 영과 육의 복을 함께 누리는 복으로 우리는 볼 수 있습니다.

하나님께서 엿새 동안 천지만물 그리고 우리 인간까지 창조를 마치시고, 엿새를 지난 일곱째 날을 복되게 하시고, 거룩하게 하셨다는 것입니다.

이 엄청난 소식, 복되게 하시고 거룩하게 하신 것은 우리들의 인생에서 최대의 축복이 더할 나위없는 우리들 모두의 바람일 것입니다.

그런데 이 빅뉴스를 우리의 경전인 성경에 담아서 우리 모두 믿는 이들에게 주셨다는 것은 이는 놀라운 일이고 믿음의 복이라고 할 수 있습니다.

그러므로 오늘 이 말씀을 놓치지 않고 기여히 그 어떤 희생과 대가를 지불하고라도 이 날을 놓치지 않고 붙잡을 수만 있다면 여러분들의 인생사의 상상도 못할 놀라운 일들을 하나님께서 이루어 내실 것입니다.

우리들에게 날을 빼앗긴다는 것은 시간을 놓쳐 버린 것과 다름이 없기 때문에 후회만 있을 뿐, 회복이나 새로운 도전의 기회가 없는 것입니다.

물론 엿새 후에 일곱째 날을 복을 주시어 거룩하게 하는 날은 구약 시대에는 그 날이 안식일이었고 신약 시대 이후에는 예수님의 부활의 날을 상기하는 오늘의 주일에 해당하는 날로 우리는 믿고 있습니다.

첫째 : 복에는 두가지의 복이 있습니다.

복에 대한 것은 누구나 관심이 있고 그 복을 받는 대열에서 벗어나지 않으려는 마음을 가지고 있습니다.

옛날 우리 조상들도 복을 받는 여덟 가지가 있었습니다.

1)길가에 샘을 파는 일

2)물가에 다리를 놓는 일

3)험한 길을 닦는 일

4)부모에게 효도하는 일

5)중에게 공양하는 일

6)병든 사람을 간호 하는 일

7)가난한 사람에게 밥을 주는 일

8)회의를 할 때 막힘이 없이 협력하는 일

그리고 우리가 일반적으로 오복에 대하여서는 거의 상식적으로 다 알고 있는 것들입니다.

수(壽), 부(富), 강녕(康寧, 평안), 유호덕(攸好德), 고종명(考終命) 이것이 오복이며 또 한 기준이이나 내용도 여기에 거의 준하고 있습니다. 그리고 우리 예수님께서도 마 5:3-13에서 나오는 여덟 가지의 복을 말씀을 하십니다.

1)심령이 가난한 자의 복(천국),

2)애통하는 자의 복(위로),

3)온유한 자의 복(땅을 기업으로 받음),

4)의에 주리고 목마른 자 (배부를 것임)

5)긍휼히 여기는 자의 복(긍휼이 여김을 받음),

6)마음이 청결한자의 복(하나님을 봄)

7)화평케 하는 자의 복(하나님의 자녀),

8)의를 위해 박해 받는 자의 복(천국 소유)

9)주님을 핍박과 박해를 받을 복(하늘의 상급을 받을 것임)

좀더 넓게 생각을 하면 여러분 우리가 진리의 말씀으로 믿고 있는 성경은 믿음으로 복을 받게 하는 책으로 생각을 해도 지나치지 않을 것입니다.

그러나 크게 두 가지로 나누어서 생각하여 볼 수가 있습니다.

시기적으로 하나님께서 창조하신 6일간의 복을 받는 것과 그 엿새를 다 보내고 일곱째 날에 받을 복이 있다고 말씀을 할 수 있습니다.

창 1:28에서의 축복을 말할 수 있는데

첫째는 생육하고 번성하라는 것,

둘째는 땅에 충만하고 땅을 정복하는 것,

셋째는 모든 것을 다스리되 바다의 물고기(어류), 공중의 새(조류), 지상의 동물들 다스리는 복을 받는 것을 의미하는 것입니다.

먼저는 육신적인 것이고 인간적인 것으로서 이는 물질적인 것이며 세상적인 문화적인 복을 의미하는 것입니다.

그렇습니다. 하나님을 알지 못하고 믿지 않는 사람들도 생육하고 번성하며 땅에 충만하고 땅을 정복하는 것을 출세와 성공으로 보며 그 목표를 위하여 사는 것만은 틀림이 없습니다.

세상적이요 문화적인 복이라 할 수 있으며 이 문화적인 복이 성도들에게는 화가 되는 것은 결코 아니며 우리 역시 축복의 한 부분으로 누구나 원하는 것 중의 하나일 것입니다. 그러나 이 문화적인 복은 엿새간의 복이요, 육신적인 것이며, 일시적인 복으로 보아야 할 것입니다.

다른 하나의 복은 엿새 후의 일곱째 날의 복이며 이는 시간적으로 영원하며. 공간적으로 충만한 복이라 할 수 있습니다.

이 복은 안식의 복이요, 구별 된 복이요 하나님이 우리 안에 거하시는 거룩한 복입니다.

이 복은 노력이나 산물로 얻어지는 복이 아니라 믿음의 채널로 값없이 은혜로 주어지는 하늘의 복이며 특수한 복입니다.

이 세상에 있는 6일 동안의 얻어지는 복과는 반드시 구별 된 복이며 이 세상의 복이 아닙니다. 우리는 복과 행복은 구별 할 줄 알아야 합니다.

우리는 6일 동안의 복으로 부요 할 수는 있으나 그러나 그것으로 행복할 수는 없습니다.

하나님께서 인간과 함께 누릴 수 있는 엿새 후의 즉 제7일의 복은 하나님의 복과 인간의 복이 일치하는 복입니다.

오늘날 많은 사람들이 엿새(육신)의 복만을 찾다가 속아 살게 됩니다. 엿새간의 복으로, 이 세상의 복, 인간적인 복으로, 우리는 행복 할 수가 없기 때문입니다.

가난한 사람이 많은 물질의 복의 복을 받으면 만사형통 할 것으로 생각하지만 그러나 그 물질 때문에 죄를 짓고 타락을 하고 가정아 파괴가 되고 가족이 흩어지는 불행을 자초하기가 일수입니다.

어떤 이들은 명예나 권세를 거머쥐는 복은 받았지만 받지 않을 때보다 더 불행해지는 경우도 있습니다. 그러므로 복 주시어 거룩하게 되는 날을 우리는 놓치지 말아야 합니다.

둘째 : 복을 받아 거룩하게 되는 비결

분명히 오늘 본문 3절에 복을 받아 거룩하게 되는 날을 말씀해 주셨습니다.

일곱째 날을 쉬셨으며 복되게 하시고, 거룩하게 하셨다는 것입니다. 이 일곱째 날은 주의 날이며 우리가 일하고 마음대로 사용하는 날이 아니라는 것을 우리는 먼저 알아야합니다.

만일에 일곱째 날을 확보 하지 못하고 세상에 바쁜 스케줄 가운데 빼앗기고 나면 우리는 쉼도 잃어버리고, 복도 받을 기회를 놓치고, 거룩한 삶도 물 건너 간 것입니다.

우리는 안식일을 거룩하게 하는 날을 의미하며 이날을 범하고 나면 우리는 경건하게 살거나 구별 되게 살아 갈 수가 없는 것입니다.

하나님을 경배하는 날, 하나님을 섬기는 날, 내 자신을 주님께 드리는 날, 은혜를 받는 날, 이날을 지키지 못하고 놓치게 되면 우리들의 믿음은 증발 할 것입니다.

우리가 주님의 날을 놓치는 것은 모든 것을 잃어버리는 것이요, 주의 날을 지키지 못하는 것을 하나님고의 관계가 단절한 상태를 의미하는 것입니다.

우리가 주의 날에 이 주일에 이 자리 이 시간에 예배를 드리며 은혜를 받는 것은 하나님의 거룩한 백성이 되는 가장 기본적인 것입니다.

이 안식일은 오늘의 우리의 주일인데 이날이 우리가 복을 받는 날이고 거룩하게 되는 날이라고 성경은 말씀을 하십니다.

주의 날이 복을 받고 거룩하게 되는 날이 훼손 되지 않도록, 우리는 이날을 지키고 이날에 주시는 복을 누려야 하고 거룩성을 소유하여야 합니다.

거룩하게 되는 것은 이 세상의 인기나 자랑이나 명예에 연연하는 것이 아니라 떠나는 것입니다.

눅 9:31 **"영광중에 나타나서 예수께서 예루살렘에서 별세 하실 것을 말 할 새"**라고 하였는데 이는 죽음을 다른 하나는 세상적 가치나 기준을 초월해서(세상 출애급) 믿음의 궤도에 진입하는 것을 뜻하는 것입니다.

별세는 세상을 떠나는 것을 말합니다.

옛 우리 조상들이 속세를 등지고 가정을 떠나 산으로 절로 들어가 승려가 되는 것을 출가라고 하였습니다.

가정을 버리고 중이 되는 것이 출가이고, 세상을 떠나 믿음으로 사는 것이 바로 별세라고 하는데 이는 기독교 용어로 굳이 표현을 한다면 출애급입니다.

다시 말씀을 드리면 바르게 살고 깨끗하게 사는 정도(도덕성)를 지나서 성스럽게 보일 정도가 되었을 때 우리는 성도의 본분을 제대로 감당 할 수가 있을 것입니다.

누가 뭐래도 주일 성수가 우리 믿음의 관건입니다.

우리 교회가 주일 날 낮 예배 후에 드리는 예배, 오후 예배가 아닌 저녁 예배를 드리는 것이 때로는 멀리서 오시는 분들에게는 좀 송구스럽기는 하지만 아직도 저녁 예배, 밤 예배를 고수하고 있는 것은 우리 당회가 고루하거나, 융통성이 없어서가 아니고 어떡하면 세파에 휩쓸리지 않고 주일을 잘 성수하느냐에 대한 고민 가운데 그래도 주일 밤 예배를 드림으로 주의 날을 지키는데 좀더 도움이 된다는 중심에서 지금껏 지켜 오고 있는 것입니다.

그리고 밤 예배 시간을 오후 예배시간으로 바꾼 목사님들의 말씀이 오후 예배로 전환하였을 때 처음에는 좀 더 모이는 것 같더니 한참 지나고 나니 역시 전과 같더라는 것입니다.

듣기 좋으라는 말씀인지 모르지만 밤 예배 그대로 드리는 것이 좋다는 말씀이었습니다.

우리를 복을 받게 하는 날로, 그리고 거룩하게 되는 삶은 하나님께서 천지만물을 엿새 동안 창조를 하시면서 6일 지난 하루 일곱째 되는 날을 복되고 거룩한 날로 성별하여 주시고, 구약시대는 안식일로, 신약시대에서부터 우리들에게는 주일로 날을 정하여 주신 것입니다.

우리는 하나님의 복을 받아서 이 땅에서 거룩한 백성으로 살아야 할 사람들입니다.

그런데 복에는 크게 두가지의 복이 있는데 엿새 동안 천지 만물을 창조하시고 주시는 복인데 그 복은 창 1:28에 기술한 이 땅에서 존재를 전제로 한 생육하고 번성하는 것과 그리고 충만하여 땅을 정복하는 능력의 복과 바다의 어류와 공중에서의 조류와 땅 위의 동물을 다스리는 복을 주셨는데 이는 육신적이고 인간적인 문화적인 복으로 누구에게나 주어지고 누릴 수 있는 복이지만 그러나 이 복을 오래 가지 못하는 복인 반면에 엿새를 지나고 일곱째 날을 복되게 하시고 거룩하게 하시는 동시에 온전한 안식을 주시는 복으로 이는 믿음의 복이요 영적인 복이요 하나님이 주시는 영원한 복으로 온전한 복임을 성경을 말씀을 하고 있습니다.

이 복을 받는 비결은 주일 성수하여 지켜서 우리들의 삶이 정결하고 성스러우며, 오직 주님을 바라보며 살아가는 믿음의 성도가 될 때 하나님의 약속한 복을 받아 누리는 은혜가 충만하시기를 주님의 이름으로 간절히 축원합니다.

(2011. 10. 23)

마음을 비운 사람

욥 1:20-22

지난 토요일에 20킬로 쌀을 사온 것을 부어 달라고 하여 제가 쌀부대 위 모서리 부분을 짜르고 쌀을 넣는 항아리에 부었는데 다 부어 갈 때 조금 부주의 했더니 그만 쌀이 조금 흘러 버려서 부어주면서 미안하게 여겨졌습니다.

쌀 한 포대도 제대로 비우지 못하는 사람이 마음을 비우자는 설교를 하기에는 격에 맞지 않지만 그래도 마음은 비워야 하겠기에 이 말씀을 들으시는 분들은 비워 낼 수 있다는 믿음의 용기로 말씀을 드립니다.

우리가 살아오면서 경험하는 것은 채우는 것이 힘들지만 그러나 채우는 것보다 비우는 것이 더 어렵다는 것을 살아 갈수록 실감이 나는 것입니다.

마음을 비운다는 것은 소유를 포기하는 것이고 욕심을 버린다는 의미도 되는 그것이 마음을 먹는다고 작심을 한다고 이성적으로 판단을 한다고 자연스럽게 실천이 되는 것이 아니기 때문입니다.

현대인들은 내가 무엇을 위하여 살 것인가? 하는 생각보다는 무엇을 얼마나 소유할 것인가에 더 관심을 기우리고 있다고 합니다.

심리학자 에릭 프롬은 "현대인들은 언제나 존재를 추구하는 것보다 소유를 추구하는 인간상으로 바뀌어 간다"고 했습니다. 그래서 끝없이 인간은 물질문명 속에서 생산하고 창조해 가지만 인간은 불행하고 공허한 갈등 속에 있다는 것입니다.

성경에서는 인간은 성공을 끝없이 추구해 왔습니다. 그리고 인간은 축복을 받으려고 노력했습니다.

우리의 인간적인 모든 성공은 끝없는 투쟁과 인간적인 노력으로 어느 정도 가능했습니다. 그리고 사람이 받는 축복도 우리의 노력으로 쌓아 놓은 하나님의 은총이었습니다. 그러나 분명한 것은 인간의 행복은 결코 성공과 비례하는 것은 아니었습니다.

행복은 누구에게 어떤 이들의 소유가 되느냐? 그것은 마음을 비운 사람에게 주어지는 하나님의 은총이었습니다.

우리가 신앙생활을 지속적으로 하면서 끝없이 추구해야 할 것은 믿음으로 다저진 인격적인 삶에 대한 추구입니다. 그것은 욕심이나 혈기의 근원을 차단하는 마음 비움에서 시작이 되는 것입니다.

우리가 마음을 비우면 행복하게 됩니다. 마음을 비우면 인격이 성숙하고 마음이 자유롭고 평화스러우며 행복합니다.

마음을 비운다는 말은 사실 욕심을 버린다는 뜻과 가깝습니다. 많은 것을 소유하고 있으면서도 불행한 사람들은 그 마음을 비우지 않았기 때문입니다.

20킬로 쌀 한 포대도 제대로 비우지 못하고 겉으로 흘린 사람이 성도들에게 마음 비움의 설교를 한다는 것이 격에 맞지 않지만 교인들에게 책망조나 명령조로 하지 말고 너 자신에게 하면 성도들은 너를 보고 은혜를 받을 것이라는 주님의 메시지로 받아드렸습니다.

우리가 설교를 하면서 들으면서 마음을 비운다는 것은 얼마나 큰 행복이며 얼마나 큰 자유이며 얼마나 큰 인격 성숙인가를 잘 알고 있습니다. 그러나 마음 비움은 저절로 되는 것이 아니라 끝없는 노력으로 자기와의 싸움입니다.

연단을 받고 마음을 비운 사람이 있습니다. 또 말씀을 듣고 마음을 비운 사람도 있습니다. 사람에게 있어서 최대의 배움은 자신의 마음을 비우는 것이며 이는 배움과 인격의 정점이라 할 수 있습니다.

이 배움은 우리가 살아 있는 동안 일생동안 우리에게 주어진 과제이기도 합니다.

이것은 기독교에서는 성화라는 과정인데 이 성화(聖化)는 계속해서 예수 그리스도의 형상을 닮고 신령해지는 것이며 하늘의 창조의 형상을 바뀌어가는 것인데 먼저는 내 마음이 비워진 만큼 그리스도가 채워지고, 그 다음은 내 마음을 비운 만큼 주의 뜻이 이루어지게 됩니다.

그러므로 내 마음을 어느 정도 비울 것이며 내 마음을 어떻게 비우고 주의 은혜로 채울 것이냐? 이것은 우리 일생의 과제인 것입니다.

예수님의 생각으로 내 생각을 채우고, 비워진 내 마음에 예수님의 마음으로 채워 가도록 내 마음은 비우고 주의 마음으로 바꾸는 노력을 끝없이 되풀이하여야 할 것입니다.

성경의 인물 가운데 마음을 비운 사람을 열거한다면 아브라함을 생각할 수 있습니다. 그는 조카 롯과 물질적인 관계에서 마음을 비웠습니다.

본토 친척 아비와 관계에서도 마음을 비우고 하나님의 명령에 순종

했습니다. 모세는 권력과 영광과 안일의 자리에서 마음을 비우고 고난에 참여한 사람입니다.

오늘 본문의 주인공 욥은 고난 가운데 마음을 비운 사람입니다.

마음을 비우는 것도 어떤 사람은 안일과 영광 가운데 마음을 비운 사람이 있고 어떤 이는 부요한 가운데 마음을 비운 사람이 있고, 어떤 이들은 극한 고난 가운데 마음을 비우고 하나님의 은혜를 받은 사람도 있습니다.

그러나 욥의 환경은 오늘 우리들의 모습 속에서 찾아 볼 수 있는 근접한 모델일 수 있습니다.

첫째 : 욥은 실패와 역경과 절망 속에서 마음을 비운 사람입니다.

욥은 인간이 이 세상에서 당하는 모든 고난을 대표하고 있는 사람이라고 생각 할 수 있습니다.

욥처럼 애매하게 고통을 당하는 사람은 성경에서도 없지만 이 세상에서도 찾아보기 어렵고 굳이 표현을 한다면 억울한 고난을 당 한 것이 아닌가 생각해 볼 수 있습니다.

"우스 땅에 욥이라 불리는 사람이 있었는데 그 사람은 온전하고 정직하여 하나님을 경외하며 악에서 떠난 자더라."(욥 1:1)

사실 우리가 당하는 모든 고난은 우리의 죄값이요 허물 때문에 오는 것이었습니다. 그러나 욥은 우리와 달랐고 그에게는 도덕적으로 허물이 없었습니다.

그는 하나님을 섬기는 사람으로 우상을 섬기거나 죄를 짓거나 악을 행하지 않았습니다. 심지어는 자녀들까지 그릇 행할까봐 번제를 드리는 아버지였습니다.

그의 고난은 의인이 받고 있는 고난이라 할 수 있습니다.

그는 7남 3녀, 양 7000마리, 낙타 3000마리, 소 500겨리, 암나귀 500마리, 종이 다수. 재벌이라 할 수 있는데 이가 하루 아침에 거지가 된 것입니다. 그 많은 재산은 약탈을 당하고 10남매의 자식을 일시에 잃은 비극은 표현하기가 어렵습니다.

사람이 이 같은 충격을 받으면 사실 거의 실신을 하거나 아니면 사경에 헤매거나 살지 못하고 죽습니다. 그런데 욥은 고통스럽긴 했지만 그래도 그 위기를 극복하는 것입니다.

왜 어떻게 그럴 수 있습니까? 그는 마음을 비웠기 때문입니다.

마음이 물질로 차 있는 사람은 물질이 빼앗기면 그 물질 때문에 죽습니다. 권력으로 마음이 차 있는 사람은 권력을 상실하면 그의 인간성을 상실하게 됩니다. 그러나 사람이 마음을 비우면 인간세상에서의 충격은 비운 마음속에 흡수가 되어버리는 것입니다.

둘째 : 욥은 일어납니다.

욥은 기절하지 않고, 낙담하지 않고, 포기하지 않고 일어납니다.

기막힌 슬픈 소식을 듣고도 그 자리에서 오뚜기처럼 일어났습니다.

우리는 어떠한 절망 속에서라도 일어나야 할 저와 여러분들입니다.

우리는 지난날에 이보다도 미미한 충격에도 낙담하거나 포기하거나 의욕을 상실한 경험이 있을 것입니다. 그런데 욥은 왜, 어떻게, 그 엄청난 충격을 딛고 일어났는지 아십니까?

그것은 바로 미음을 비운자의 모습이라고 말씀을 드리겠습니다.

그는 겉옷을 찢었습니다. 그리고 머리를 밀었습니다. 자기 죄에 대한 회개를 하였습니다. 하나님 앞에서 겸손한 자세를 취했습니다.

그리고 엎드려 경배하면서 본문 21절 **"이르되 내가 모태에서 알몸으로 나왔사온즉 또한 알몸으로 그리로 돌아가올지라도 주신 이도 여호와 시요 거두시는 이도 여호와시오니 여호와의 이름이 찬송을 받으실지니이다 하고."**라고 하였습니다.

이러한 신앙으로 살아온 욥은 어떠한 환경과 역경가운데도 결코 하나님 앞에서 범죄 하지 않았습니다.

욥은 마음을 비운 사람이라 가져서도 범죄 하지 않았고 빼앗겨도 범죄 하지 않았습니다. 그러나 우리 보통사람 같으면 가지면 타락하고 방탕하고 함부로 죄를 짓습니다.

빼앗기면 원망하고 미워하고 시기하고 앙심을 품어 죄를 짓습니다.

그런데 욥은 양면에서도 전혀 죄를 짓지 않았습니다. 그는 가졌어도 겸손함은 가져도 내 것이 아니라는 마음으로 겸손했습니다. 빼앗겨도 하나님이 가져간 것으로 믿었기 때문에 남을 원망하거나 불평하거나 탄식하지 않았습니다.

오늘날 많은 사람들은 주면 죄짓고, 빼앗겨도 죄짓습니다.

가지면 가진 것 때문에 얼마나 많은 죄를 짓습니까? 빼앗기면 빼앗긴 대로 얼마나 많은 악을 행하고 살아왔습니까?

마음을 비운 욥은 그렇지 않았습니다.

솔로몬은 고백을 합니다.

"그가 모태에서 벌거벗고 나왔은즉 그가 나온 대로 돌아가고 수고하여 얻은 것을 아무도 자기 손에 가지고 가지 못하리니."(전 5:15)

셋째 : 우리가 마음을 비우면

1. 사탄의 시험을 이기게 됩니다.

하나님께서 내 종 욥은 온전하고 정직하며 하나님을 경외하고 악에서 떠난 사람이라고 하니까 사탄이 욥이 까닭없이 그렇지 않다는 것이며 그의 소유물을 치면 틀림 없이 주를 욕할 것이라고 함입니다.

그러나 하나님께서는 그의 목숨에는 손대지 말고 그를 쳐보라고 제한적으로 허용을 하셨습니다.

욥의 가정을 쳤는데 재산을 쳤습니다, 자녀를 쳤습니다. 건강을 쳤습니다. 그런데도 욥은 변함이 없었습니다.

욥은 부와 행복, 가난과 불행에 있어서 모든 것이 다 하나님의 은혜인 것을 바로 알았습니다. 그러나 우리는 형통하면 그 때문에 타락하고 곤고하면 그 때문에 낙심하는 것이 우리들의 대부분의 모습입니다. 모든 시험을 당하는 것은 시험에 패배하는 것은 못 비운 마음 때문이라는 것입니다.

2. 마음을 비운 사람은 자족하게 됩니다.

욥은 하나님을 믿고 섬기는 일에 사심이 없었습니다. 까닭 없이 하나님을 섬겼기 때문입니다.

주신 자도 여호와시오 취하신 자도 여호와이심을 믿었습니다. 마음을 비운 욥, 그는 어떤 환경에서든지 자족하는 삶을 살게 됩니다.

모든 것이 하나님께로부터 와서 하나님께로 간다는 사실을 믿고 욥은 자족했습니다.

우리가 이 땅에 살면서 최대의 부요는 자족하는데 있습니다. 불평하거나 원망하거나 탄식하는 것은 마음을 비우지 못한 증거입니다.

욥은 스바 사람을 원망하지 않았고, 갈대아 사람을 탓하지 않았습니다. 종들에게 책임을 묻지 않았고 자기를 저주하거나 도망한 아내를 미워하지 않았습니다. 그는 하나님이 주셨고, 하나님이 도로 가지고 가셨다고 고백했습니다.

"다만 하나님 나는 할 말이 없습니다."라고 하였습니다.

우리는 세상 사람처럼 사는 것이 아닙니다.

사는 목적이 다르고, 가는 코스가 다르고, 종착역이 다르기 때문입니다. 그러므로 나의 나 된 것은 하나님의 은혜요 현재의 있는 환경과 조건을 다 하나님의 은혜로 받아들이게 될 때 우리는 그 속에서 자족하게 됩니다.

3. 마음을 비운 사람은 범사에 하나님의 섭리를 배웁니다.

믿음의 사람은 살아가면서 하나님을 배우고 그 뜻을 깨닫게 되며 고난 아픔 가운데서 주의 섭리를 배우게 됩니다.

"수고하고 무거운 짐 진 자들아 다 내게로 오라 내가 너희를 쉬게 하리라 나는 마

음이 온유하고 겸손하니 나의 멍에를 메고 내게 배우라…"(마 11:28-29)

예수의 고난이 무엇입니까? 십자가입니다. 십자가가 무엇입니까? 그것은 자기를 비우는 삶입니다.

죽는 것은 최후의 마침이 되지만 마음을 비우는 것은 비록 살았으나 나와 자기는 죽어진 삶을 의미합니다.

"그러나 내가 가는 길은 그가 아시나니 그가 나를 단련한 후에는 내가 순금 같이 되어 나오리라."(욥 23:10)

철저하게 마음을 비운 사람은 고통을 통해서 정금 같이 나오지만 그러나 마음을 비우지 못한 사람은 고난 가운데서 죽어나오게 된다는 것입니다.

마음을 비운 사람은 어떤 고난 가운데에서라도 일어나고 마음을 비우면 시험을 이기고 자족하며 하나님의 뜻과 섭리를 깨닫게 되는 것입니다. 마음을 비우고 은혜를 받는 길신교회 성도들이 될 수 있기를 주님의 이름으로 축원합니다.

(2011. 10. 30)

네 믿음대로 될지어다

마 8:5-13

　일 년간 가운데 11개월을 다 보내고 오늘은 2011년도 마지막 달인 12월 첫 주일을 맞이하면서 우리가 지나간 11개월을 돌아보면 감회가 새롭고, 세월이 참으로 빠르고, 나와는 아무런 상관없이 가는 세월을 머물게 할 수도 없으며, 다가오는 현실을 우리는 거역할 수가 없음을 너무나 잘 알고 있습니다.

　그래서 한해를 지나온 자취를 더듬어 보면 아무것도 남는 것도 없이 소득도 변화도 그 어떤 결과도 찾기가 어려운 같이 보여집니다.

　그러나 돌이켜 보면 여느 해에 못지않게 많은 것을 얻었고, 받은 것 같이 여겨지고 때로는 아무것도 이렇다 할 그 무엇도 내 놓을 것이 없어 보이기도 합니다.

　이 같은 것에 대한 우리들의 생각과 판단은 결국은 우리의 믿음과 결코 무관하지 않는 것 같습니다.

　아마 이 같은 결론이나 결과에 대하여서는 각자의 주관과 자의적인 판단에 따라 어떤 조건이나 환경에 의한 것 보다는 그 사람의 생각과 판단의 기준에 따라서 동일한 조건 가운데 매우 다양한 목소리가 나오고 결과를 도출하여 낼 것 같습니다.

만일에 경제적인 문제는 경제를 통계하는 지수에 따라서 정확한 수치를 제시 할 수가 있지만, 우리들의 믿음에 관여한 것은 그 기준이나 가치관이 각양의 주관적인 판단에 따라서 많은 변수를 안고 있는 것입니다.

그러나 성경에서 우리는 때로는 속이는 자 같이 보이나 사실은 참되고, 무명한 자 같이 보이나 유명한 자요, 때로는 죽은 자 같이 보이나 보라 우리가 살고, 징계를 받는 자 같으나 죽임을 당하지 않고, 근심하는 자 같으나 항상 기뻐하고, 가난한 자 같으나 많은 사람을 부요하게 하고, 아무것도 없는 자 같으나 모든 것을 가진 자라고 바울은 독백을 하였습니다.

그러기에 우리 그리스도인들은 때로는 영욕(영광과 욕됨)을 함께 먹고 받았으며, 비난과 칭송을 한 몸에 받은 사람이었습니다.

믿는 사람들이 우리 그리스도인들이 그의 믿음대로 된다는 것은 너무나 평범하고 일반적인 진리임을 우리는 너무나 잘 알고 있는 것입니다. 여기에, 우리 가운데, 성도들은 믿음대로 그에게 그대로 된다는 것을 모르는 사람은 거의가 없을 것입니다.

그러기에 우리들 한 사람, 한 사람의 믿음의 분량에 따라서 천차 만별의 양상이 나오는 것을 너무나 당연한 것입니다. 그러나 그 결과에 대하여 동감을 하지 못하고 때로는 허탈해 하고 마음으로 서운한 마음을 지우지 못하는 경우도 있음을 우리는 숨길 수 없습니다.

왜냐하면 그 믿음의 분량, 즉 믿음의 내용이 우리들의 육안으로 식별할 수 있는 것이 못 되기 때문에 겉으로 보이는 믿음으로, 사람을 판단을 하고 결과를 측정하기 때문입니다.

그리고 그 믿음의 내용이라는 것은 사실 내부에 어느 밀실에 철저하게 잠기어 있는 것은 아닌데 우리는 그 믿음을 제대로 볼 수 있는 시야가 없기 때문이라고 말씀을 드리면 여러분들은 제가 말씀드린 이 말의 의미를 이해가 되는지 모르겠습니다.

분명한 것은 영적이고 심적인 것은 우리들의 육안으로 볼 때는 철저히 봉쇄가 되고, 가리워 있어서 전혀 볼 수가 없지만 그러나 그 영적이고 심적인 것들이 우리들의 인격 속에 담기어 있고, 생활 속에서 열매를 거두고 있다는 사실을 우리는 부인 할 수 없습니다.

다시 말씀을 드리면 우리가 기도와 말씀으로 다져진 것이 우리들의 생활 현장에서 그 사람의 행동과 마음의 씀씀이와 삶 가운데 그대로 나타나고 있다는 것입니다.

본문에서는 이 같은 사실을 확인하신 주님께서 백부장의 믿음을 극구 칭찬을 하는 것을 우리는 볼 수 있습니다.

본문의 요지는 예수님께서 가버나움에 가셨을 때 군인 장교 백부장 한 사람이 나와서 내 하인이 중풍병으로 쓰러져 사경을 헤매고 있사오니 그 종을 고쳐 달라는 간구하는 청원이었습니다.

그 백부장은 민족을 사랑하고 회당을 지은 아주 헌신적인 사람이므로 당시의 장로들도 그분의 간청을 들어 주는 것이 합당하다고 하였습니다.

이 말씀을 들은 예수님께서 내가 고쳐 주겠다고 하시며 그 집으로 가시려 하니 백부장께서 하는 말이,

"백부장이 대답하여 이르되 주여 내 집에 들어오심을 나는 감당하지 못하겠사오니

다만 말씀으로 만 하옵소사 그러면 내 하인이 났겠사옵나이다." (마 8:8)

유명세를 타시는 분을 만나는 것, 인사하는 것, 악수 하는 것 , 사진을 함께 찍는 것이 자랑이고 자신을 과시하는 것으로 나타나는 것을 볼 수 있습니다.

종로구 홍지문 쪽에 가면 구 하림각이라는 이름 있는 식당이 있는데 그 식당 한 켠에 기념관이 있는데 그 식당 사장님께서 역대 대통령부터 시작하여 유명인사들과 사진을 찍어서 전시하여 놓은 것을 볼 수 있었습니다.

그런데 본문의 주인공 백부장은 예수님께서 당신의 댁으로 오시는 것을 너무 황송해서 감당하지 못하겠다는 겸손이며, 그리고 말씀만 하면 자신도 남의 수하에 있지만 자신의 아래도 군사가 있으므로 그들에게 명하면 무엇이든지 할 수 있으니 오시지 않아도 된다는 것입니다.

첫째 : 백부장은 행동하는 믿음의 모델

저는 오늘의 이 본문을 보면서 마음으로 깊은 감동을 주고 도전을 받는 것은 그의 마음으로 생활 현장에서 적용하는 믿음을 우리는 우러러 보지 않을 수 없습니다.

자기의 수하에 있는 종, 하인의 아픔을 지나치지 아니하고 자신의 몸처럼 돌보는 모습을 우리가 볼 수 있고 그리고 그를 위하여

"예수께서 가버나움에 들어가시니 한 백부장이 나아와 간구하여 이르되 주여 내 하인이 중풍병으로 집에 누워 몹시 괴로워하나이다."(마 8:1~2)

내 하인이 내 종이 몹시 괴로워하는 것을 그냥 두고 볼 수 없어서 백부장 자신이 나와서 이렇게 간구하는 것이 그렇게 쉬운 일이 아닌 줄 압니다.

우리는 내 몸이 아파도 병원을 찾고 약국을 찾고 온갖 인간적인 방법을 다 찾다가 안 되면 그때서야 주님을 찾는 경우가 적지 않습니다.

우리에게는 자녀를 위하여 부모를 위하여 그 외의 타인을 위하여 간구하기는 쉽지만 종을 위하여 하인을 위하여 자신이 직접 간구하는 것 그렇게 흔하지 못합니다.

여기에 백부장은 자기의 하인을 위하여 간구함이 이웃을 내 몸처럼 사랑하는 사람이라고 말씀을 드릴 수 있을 것 같습니다.

아파트 벽 하나 사이에 두고도 모르쇠로 일관하는 세상인데 종의 아픔을 내 아픔처럼, 생각하는 백부장, 이웃의 사람들을 내 몸처럼 아끼는 사람, 이 삶이 이런 모습이 얼마나 소중한 믿음의 결실인지 모릅니다. 백부장의 행동하는 믿음에서 몇 가지를 꼽을 수가 있습니다.

1. 인간의 수단과 방법으로 하지 않고 주님께 간구하는 믿음입니다.

성도의 유일한 무형의 자산은 바로 믿음의 방법을 인간의 방법 이상으로 활용하는 믿음의 사람들의 전유물이라 할 수 있습니다. 목회자에게도 유일한 무기를 꼽으라면 그것은 바로 사역의 현장 그대로의 모습을 허심탄회하게 주님께 아뢰는 것이라고 하여도 과언이 아닙니다.

그는 무엇보다도 주님의 능력으로 자신의 종이 사경을 헤매는 지경에 있어도 간구하면 주님께서 고쳐 주실 것을 확신하는 믿음의 소유자라는데 우리는 의심하지 않습니다.

사람이나 의술에 의지하기 보다는 오직 주님께 간구하는 모습은 믿음으로 그를 살릴 수 있다는 확신에서 할 수 있는 결단입니다.

우리들에게 좋지 못한 습성이 있다면 인간의 수단과 방법을 다 쓰고 난 다음에 그래도 안 되면 그 때서야 하나님의 방법을 적용하려고 기도하기를 시작하는 경우가 많습니다.

가장 가깝고 손쉬운 기도를 그 어려운 과정을 거친 다음에야 그 필요성을 느끼는 어리석음이 우리들의 의식 가운데는 부인 할 수 없는 것입니다.

2. 백부장은 자기의 하인 종을 위하여 기도하는 모습을 우리는 보아야 합니다.

우리들의 믿음의 정서중에는 자신의 직관이 되는 기도도 다른 이들에게는 부탁을 하고, 기도의 도움을 요청하면서도 오히려 자신은 기도하지 못하는 경우, 기도 안 하는 경우가 비일비재하다는 것입니다.

기도는 누구의 기도보다는 자신의 기도가 가장 중요하다는 것을 우리는 잊어서는 아니됩니다.

기도가 살면 우리의 믿음이 활성화가 되고 믿음의 활성화가 되면 삶이 변화가 일어나게 되는 것입니다.

우리들의 안고 있는 고민은 기도 할 때 기도하지 못하고 기도로 해결을 하여야 할 것을 인간적인 방법으로 해결하려는 성급함이 때로는 적지 않은 후유증을 앓고 있음이 사실입니다.

3. 겸손한 품성이 좋은 믿음의 소유자가 되게 합니다.

교만은 믿음의 적이지만 그러나 좋은 믿음은 겸손의 기반에서 나옵니다. 교만은 하나님의 필요성을 느끼지 못하게 하지만 그러나 겸손은 은혜와 성령의 도우심의 필요성을 가지게 합니다.

백부장은 주님께서 자신의 집에 찾아오심도 감당하지 못하는 반면에 자신을 찾아 뵈옵는 것도 황송하오니 주님께서 말씀만 하여도 낫겠다는 것입니다.

어느 치과에서는 당회장 목사님이 자기의 병원 들린 기념으로 화분에 리본을 달아서 표현하는 경우도 보았는데 여기 백부장은 자신의 오심을 감당치 못함은 물론 자신이 직접 찾아 뵙는 것도 미안하게 여기는 겸손의 모습을 우리는 볼 수 있습니다.

이 같은 백부장의 믿음이 예수님 시대에만 있고 지금은 이 같은 경우는 찾아 볼 수 없을까 우리는 주변을 살피면서 이 시대의 백부장은 누구가 될 것인가를 살펴보시기를 바랍니다.

둘째 : 백부장의 믿음대로 되었습니다.

본문 13절 **"예수께서 백부장에게 이르시되 가라 네 믿음대로 될지어다 하니 그 즉시 하인이 나으니라."** 라고 하였습니다.

백부장은 주님이 현장에 오시지 않아도 말씀만하시면 병든 환자가 어디에 있든지 위급한 상황에 사경에 헤맬지라도 주님께서 고칠 수 있다고 생각하는 믿음대로 된 것입니다.

신앙인을 그 믿음대로 된다는 사실을 우리는 부인할 수 없습니다.

우리 한 사람 한 사람이 어떤 믿음으로 사느냐에 따라서 그 사람의 역사는 하나님의 능력이 판이하게 다를 수 있습니다.

저는 우리 교회에서도 믿음대로 된다는 사실을 확인할 수가 있었고 여러분들이 그 믿음대로 되는 주인공이라는 사실을 말씀을 드리고 싶습니다.

지난해 후반기부터 금년까지 특별한 기도한 제목들이 있었는데 그 기도를 금요 심야 기도 때 주로 그 기도의 제목으로 많이 하였고 거기에 주로 응답을 받았고 특별 신년 0시 축복 예배 때 기도의 제목으로 서원한 기도가 이루어져서 꿈만 같이 여겨졌던 것이 현실로 확인이 되는 순간 감격이 무량하였습니다.

그 기도는 태의 선물을 달라는 기도였습니다.

"보라 자식들은 여호와의 기업이요 태의 열매는 그의 상급이로다."(시 127:3)

조성은, 유유정, 권성혜, 유성희, 최민희, 박지희, 김나정, 이분들은 제가 다 결혼 주례를 한 사람들입니다.

그래서 제가 본 교회 담임목사로서의 책임 있는 기도가 필요하지만 주례자로서의 무슨 부족함이 있는 것 같아서 제가 정신을 바짝 차리고 기도하였고 이떤 분은 결혼을 수년이 지나서 임신한 분도 있고, 몇 번이고 유산의 경험을 가지고 대단히 두려워하는데 하나님께서 생명을 허락하여 주셨습니다.

우리가 심야기도 할 때, 한사람 한 사람 이름을 불러 가면서 기도하였는데 하나님께서 우리 기도를 들으시고 다 응답하시어 여호와의 기업인 태의 열매는 상급으로 받았습니다. 기도한대로 됩니다.

하나님께서 한번 허락하시면 어떤 경우에서라도 그 일을 이루어 주시는 분이 주님이시라는 사실을 제가 분명히 말씀을 드리겠습니다.

우리 교회 이성근 전도사님은 총각으로 부임하여서 신학교를 졸업을 하고 우리 교회 박지희 청년과 결혼(2010. 3. 20)을 하여 제가 알기에는 두 번의 유산을 하였고 세 번째도 유산기가 있어서 병원에 가서 수술을 하였는데 그 이후에도 임신기미가 보여서 종합 병원 산부인과 가서 검진한 결과 배속에 아기가 자라고 있다는 것입니다. 그런데 11월 21일에 득남(이희성 3.6kg)을 하였습니다.

하나님이 주실려고 하니까 수술을 하고 애기집을 긁어 내어도 주실 생명을 하나님이 주심을 여러분 믿으시기를 바랍니다.

이런 기적이 또 어디 있겠습니까? 계획도 없는데 셋째를 주시고 심지어는 넷째, 다섯째까지 주시는 역사가 있었습니다.

애기 갖기 어렵거든 우리 교회 와서 영시 축복 기도를 받고 심야 기도회를 참석하면 애기집을 긁어 내어도 생명을 주시고 셋째, 넷째, 다섯째 덤으로 막 주신다고 소문 한번 내도 과장이 아닌 사실이지 않습니까?

비록 이것뿐만이 아닙니다.

우리 그리스도인들은 그의 믿음대로 된다는 사실을 명심하시기를 바랍니다.

여러분들의 가정에서도 교회에서도 직장에서도 사업장에서도 우리 각자의 믿는 것 만큼 그대로 자신들의 인생을 엮어 나간다는 사실을 명심하시고 백부장의 믿음과 같이 매사를 믿음으로 내가 기도하고 겸손한 마음으로 말씀을 믿는대로 이루어지기를 주님의 이름으로 간절히 축복하며 기도하겠습니다.

(2011. 12. 4)

주의 일에 더욱 힘쓰는 자

고전 15:55-58

2010년도 작년 6월 11일 밤 9시 KBS 우리나라 공영 방송 스포츠 뉴스를 보다가 저는 깜짝 놀라는 빅뉴스를 듣게 되었는데 그 내용이 무엇이냐 하면 월드컵 축구 대회가 남아프리카 공화국이였는데 장소는 포트 엘리자베스경기장에서 하는데 "그리스도 입성"이라는 우리나라 한국 방송국 아나운서의 말에 저는 너무나 황홀했습니다.

그리스도 입성이라면 예수님이 재림을 하였다는 뉴스인데 이것이상의 더 반가운 뉴스가 있을 수 없었습니다.

뉴스 앵커의 말의 내용은 우리나라와 한판 승부를 벌려야 하는 지금 국가 부도위기에 있는 그리스의 축구팀이 남아공에 도착하였다는 말인데 제 귀에는 예수님 재림(그리스도 입성)이라는 소리로 들리는 것입니다.

우리가 무엇에 집중을 하거나 몰입을 하게 되면 내가 그 환경에 빠져 들어가는 경우를 우리는 경험을 할 수가 있습니다. 그러므로 사람은 무엇에 힘을 쓰느냐? 마음으로 원하느냐에 따라서 그 사람의 미래가 거의 거의 비슷하게 되어 지는 것을 우리는 볼 수 있습니다.

나이 80이 지난 할머니가 골목길을 지나가는데 “같이 가 처녀, 같이 가 처녀,”그래서 주변을 살펴보니 다른 사람은 없고 “같이 가 처녀, 같이 가 처녀” 그래서 니야가(손수레)에 어물 장사가 “칼치가 천원” 하는 소리가 귀가 약간 먼 할머니에게는 “같이 가 처녀”로 들렸던 것입니다.

사람은 생각하는 것, 그가 마음을 먹은 것들이 그대로 우리들의 삶의 현장에 그대로 반영이 되는 경우가 참으로 많습니다.

믿음의 생활을 하시면서 어느 부분에 무엇에 많은 마음이 가고 관심을 기울리고 있습니까? 어쩌면 그것이 그대로 우리들의 생활 가운데 반영이 되고 삶의 영향을 미치게 되는 것을 볼 수 있습니다.

“그리스의 입성”이 “그리스도 재림”으로 들리고, “칼치가 천원”이 “같이 가 처녀”로 들리듯이 우리는 포커스를 어디에 맞추느냐에 따라서 삶의 질이 우리의 지향하는 방향이 다양하게 나타 날 수가 있을 것입니다.

사람을 보는 것도, 교회를 보는 시야도, 세상을 보는 눈도, 정치를 보는 것도, 어떤 마음에서 보느냐에 따라서 그 반응은 예측하기가 어려울 정도의 갖가지의 반응을 우리는 볼 수 있습니다.

오늘 본문에서는 사도바울은 부활 장에 대하여 결론을 쓰면서 사망에 대하여 호령을 하고 그리스도를 통하여 승리하게 된 것을 감사하고 성도들을 향하여 주의 일에 더욱 힘쓰는 자가 되라고 권면하고 있습니다.

우리들의 익숙한 것이 신앙생활이지만 때로는 쉬운 것 같고 그렇게 긴장하지 않고 수월하게 할 것 같지만 믿음 생활은 힘쓰지 아니하면 은혜로운 믿음의 생활을 유지가 어렵습니다.

세상 생활은 흘러가는 대로하면 되지만 믿음의 생활은 나를 추스르고 채찍질을 하지 않으면 결코 좋은 신앙생활은 할 수가 없기 때문입니다.

선행은 힘써야 가능하지만 범죄는 가만히 떠밀려 가도 동참을 하게 되는 것입니다. 그래서 성경에서는 우리 믿음의 생활은 운동장에서 경주하는 선수로 비유를 하고 완전무장한 전쟁을 하는 병사로 비유를 하고 있음을 우리는 볼 수 있습니다.

우리가 믿음의 생활에 힘을 쓰는 것은 우리 가운데 그것을 반대하거나 잘못 된 것이라고 생각하는 이는 아마 없을 것입니다.

첫째 : 말씀을 이루어 나가는 데 힘써야 할 것입니다.

말씀이 육신이 되어 오신 분이 우리 구주 예수 그리스도라고 요한복음에서 분명히 밝히고 있습니다.

"말씀이 육신이 되어 우리 가운데 거하시매 우리가 그의 영광을 보리니 아버지의 독생자의 영광이요 은혜와 진리가 충만하더라."(요 1:14)

그분은 우리 가운데 거하시고 하나님의 독생자요 그 영광이며 은혜와 진리가 충만하다고 하였습니다.

우리가 어떻게 하면 주님의 말씀을 이루며 우리가 주님을 닮아가며 주의 뜻대로 사느냐 하는 것이 오늘 우리의 삶의 지표가 되는 것입니다.

오늘 우리들의 마음과 삶에 믿음의 은혜가 있어서 충만하여 지면 주님의 모습이 우리 가운데 나타나고 믿음과 은혜가 고갈이 되면 악한 자의 모습으로 보여 질 수 있습니다.

출애급의 지도자 모세가 시내산에서 받은 여호와의 언약서를 가져다가 백성에게 다 읽어 드릴 때, 그 때 모든 백성들이 여호와의 모든 말씀을 우리가 다 이행하겠다고 고백을 하는 것입니다.

말씀을 선포할 때 듣는 자들은 그 명령을 실천하는 일 외에는 이유가 없었고 변명이 있을 수 없었던 것입니다.

귀가 없는 사람은 없으므로 누구든지 하나님이 말씀을 하시면 들어야 하며, 듣는 것은 소리만을 감지하는 것이 아니라 들은 말씀을 실천하라는 의미가 이미 거기에 담겨져 있는 것을 뜻합니다.

우리가 이 땅에서의 삶의 기준은 기록된 말씀 밖으로 넘어가는 일이 없도록 하여야 한다는 것입니다. 우리가 말씀에서 벗어나게 되면 서로 간에 대적을 하게 되고, 교만한 마음을 가지게 되는 것을 의미하는 것입니다.

실패와 헛수고 좌절과 허탈한 가운데 일지라도 성공을 하고 뜻을 이룰 수 있는 방법은 말씀대로 행동을 하고 실천을 할 때입니다.

"시몬이 대답하여 이르되 선생님 우리들이 밤이 새도록 수고 하였으되 잡은 것이 없지마는 말씀에 의지하여 내가 그물을 내리리이다."(눅 5:5)

우리가 이 땅에서 수고가 헛되고 소득이 없고, 결과가 전무 할지라도 실패를 하고, 낙심할 수밖에 없는 난감한 상황일지라도 말씀에 의지하여 주의 분부대로 실천을 하되 내가 그 일을 진행할 때 하나님께서 놀라운 결과를 주시는 것을 볼 수 있습니다.

그물이 찢어질 정도로, 두 배에 나누어 실어야 할 정도로 엄청난 고기를 실패한 그 현장에서 어획고를 올리게 한 기적은 말씀에 의지한 그물을 내릴 때였습니다.

실패한 곳일지라도, 밤새도록 노력한 것이 무위가 되는 철저히 실패한 그 현장에서 자신의 경험이나 기술에 의지하지 않고 오직 주의 말씀에 의지하여 다시 그물을 바다에 던졌을 때 기적의 역사가 일어나게 된 것입니다.

믿음의 생활에는 인간의 경험이나 지식이나 재능이 믿음의 능력을 사용할 수 없게 하는 무서운 해악을 끼칠 수 있다는 것을 기억하시기 바랍니다.

둘째 : 기도하는 일에 힘써야 합니다.

그리스도인들의 가장 큰 위대한 무기는 바로 기도이며, 가장 큰 힘의 공급원은 기도입니다. 기도의 통로가 열리면 만사가 형통하지만 기도의 채널이 끊기면 만사가 불통입니다.

기도하지 않는 신자는 신자가 아니며 기도하는 죄인은 죄인이 아니라고 합니다. 기도는 영적 영양을 공급하는 하나님과의 채널이 맞추어진 유일한 통로입니다.

기도가 생명이고 기도가 축복이고 기도가 은혜이고 기도가 능력이며, 기도가 사랑이고 기도가 절제이고 기도가 생활화가 될 때 우리는 믿음의 경지에 이르게 됩니다.

> "기도를 계속하고 기도에 감사함으로 깨어 있으라."(골 4:2)

계속되는 기도는 기도실이나 예배당 안에서의 기도만을 의미하는 것은 아니라고 생각이 되고 우리의 삶이 바로 기도가 되어야 하고 기도하는 마음으로 살아야 할 것을 의미하는 것입니다.

1. 기도 할 때 하나님이 기뻐하십니다.

> "악인의 제사는 여호와께서 미워하셔도 정직한 자의 기도는 그가 기뻐하시느니라."(잠 15:8)

우리가 기도하면 하나님께서 기뻐하시고 내 자신은 더욱 밝아지고 즐거워지는 것입니다. 그리스도인의 삶의 중심은 하나님께 영광이요 주님을 기쁘시게 하는 것입니다.

우리가 하나님을 기쁘시게 하려면 기도생활에 더욱 힘써야 합니다. 기도에 쏟아야 할 에너지를 그냥 두면 세상적으로 발산하여 역풍을 맞게 됩니다.

2. 주님께서는 기도하는 자리에서 우리를 만나고자 합니다.

만일에 우리가 주님을 만날 수 있는 자리가 있다면, 우리가 주의 음성을 들으려면, 기도하는 그 곳이 될 것입니다.

> "나를 사랑하는 자들이 나의 사랑을 입으며, 나를 간절히 찾는 자가 나를 만날 것이니라."(잠 8:17)

주님을 사랑하고 찾고 구하면 그 자리에서 주께서 그 사람을 만나 주십니다.

> "구하라 그리하면 너희에게 주실 것이요 찾으라 그리하면 찾아 낼 것이요 문을 두드리라 그리하면 너희에게 열릴 것이니라."(마 7:7)

주님께서는 이 세상에서 우리로 하여금 영혼의 지각으로 주님을 만나는 생활을 할 수 있도록 기도하게 하여 주신 줄 믿고, 기도의 자리가 자주 있어야 할 것입니다.

주님을 만나고 싶으면 우리는 기도하면 됩니다. 기도의 자리는 주님이 반드시 찾아 주십니다.

3. 시험에 들지 않고 승리하기 위하여 기도해야 합니다.

우리에게 엄습하는 시험들이 우리의 힘으로 너끈히 막아 낼 수 있다면 그것은 사실 시험의 대상도 아닐 것입니다.

> "시험에 들지 않게 깨어 있어 기도하라 마음에는 원이로되 육신이 약하도다 하시고."(마 26:41)

마귀는 기도하지 않는 자를 찾아서 넘어뜨립니다.

시험에 넘어지게 되면 범죄하게 되고, 범죄하면 주님을 근심케 하며 결국은 하나님의 심판의 진노를 받아야 하기 때문입니다.

마귀는 기도 많이 하는 성도를 무서워하고 가까이 하지 못합니다.

기도에 힘을 쓰는 성도는 자신에게 닥쳐오는 시험도 가볍게 이기는 것을 우리는 볼 수 있습니다.

4. 돕는 은혜를 얻기 위하여 기도에 힘써야 합니다.

우리가 이 땅에서 살아가는 동안에는 사람의 도움도 필요하지만 하나님의 도움이 있어야 살아 갈 수 있습니다.

> "그러므로 우리는 긍휼하심을 받고 때를 따라 돕는 은혜를 얻기 위하여 은혜의 보좌 앞에 담대히 나갈 것이니라."(히 4:16)

셋째 : 하나가 되기를 힘써야 합니다.

> "평안의 매는 줄로 성령이 하나 되게 하신 것을 힘써 지키라."(엡 4:3)

우리가 하나가 되는 것은 주님의 소원입니다.

> "아버지여, 아버지께서 내 안에, 내가 아버지 안에 있는 것 같이 그들도 다 하나가 되어 우리 안에 있게 하사 세상으로 아버지께서 나를 보내신 것을 믿게 하옵소서 내게 주신 영광을 내가 그들에게 주었사오니 이는 우리가 하나가 된 것 같이 그들도 하나가 되게 하려 함이니이다"(요 17:21~22)

아버지와 아들이 하나가 된 것 같이 우리들처럼, 저들도 하나가 되어 사는 것이 주님이 원하시는 뜻입니다.

개성이 다르고, 지식 정도도, 취미도, 경험도, 신앙의 연조도, 모두 각각 차이가 있지만 그러나 우리가 주님 안에서 하나가 얼마든지 될 수 있습니다.

사람들이 모여서 하나님을 경외하는 것이 교회이고 그리고 주님을 머리로 한 지체들이 모여서 상호조화를 이루며 공동체를 이루어 나가는 것이 교회 구성원들입니다.

고전 12:26 **"만일 한 지체가 고통을 받으면 모든 지체가 함께 고통을 받고 한 지체가 영광을 얻으면 모든 지체가 함께 즐거워하느니라."**라고 하였습니다.

"보라 형제가 연합하여 동거함이 어찌 그리 아름다운고"(시 133:1)

연합이 되어 하나가 되는 것이 우리 주님이 우리를 향하신 바람이요, 뜻이며, 가장 아름다운 모습이 될 것입니다.

"한 사람이면 패하겠거니와 두 사람이면 맞설 수 있나니 세 겹줄은 쉽게 끊어지지 아니하느니라."(전 4:12)

열대 지방의 작은 개미 군단이 잠자는 사자를 잡는 일이 종종 있다고 합니다. 사람이 벌집을 잘못 건드리면 벌에 쏘여 사람이 죽는 경우도 있습니다.

비추어지는 햇빛도 한곳으로 초점을 맞추게 되면 불이 붙습니다.

오늘의 메시지를 요약하면

첫째는 성도는 말씀을 이루는데 힘써야 합니다. 믿음은 말씀을 이루는 삶인데 주의 말씀대로 주의 자녀가 되고 실패를 좌절하고 헛수고를 하여도 말씀에 의지하여 그물을 내릴 때 놀라운 기적이 일어났습니다.

둘째는 기도하는데 힘써야 합니다. 기도는 하나님과의 유일한 통로입니다. 성도가 기도할 때 하나님이 기뻐하시고, 기도할 때 주님을 만나게 되고, 기도할 때 시험에서 승리를 하고, 기도할 때 하나님께서 도와주십니다.

셋째는 우리는 하나가 되기를 힘써야 합니다. 주가 내 안에 내가 주 안에서 하나가 되는 것입니다.

성령께서 하나가 되게 하셨으며 우리는 예수님을 머리로 한 각 지체가 되어서 하나의 공동체를 이루어 하나님께 영광을 돌리는 은혜가 오늘 이 자리에 계시는 우리 모두들에게 임하시기를 주님의 이름으로 축복을 합니다.

(2011. 12. 11)

이삭을 결박하라

창 22:1-18

사람에게는 무엇보다도 최우선의 것은 자신의 존재에 대한 문제이고 이 땅에서 생존을 전제로 하고 그 다음의 급선무는 얼마나 자유를 누리고 사람답게 사느냐 일 것입니다.

이 세상을 살아가는 사람 치고 자신이 결박을 당하거나 남을 결박하는 것을 좋아하는 사람은 아무도 없을 것입니다.

우리 모두는 자유롭고 싶습니다.

저 하늘 높이를 비행하고 싶고 저 바다 물속 깊이를 헤짚고 다니고 싶습니다. 그리고 이 땅에 사는 날 동안에 어느 누구의 간섭이나 눈치를 보지 않고 마음껏 자유롭게 살으려는 것이 오늘 우리들의 간절한 바람이며, 목표이기도 합니다.

그러기에 자기 양심의 가책을 받지 않으려고 자신과의 악전고투를 하고 있으며, 타인의 간섭을 받지 않으려고 바르게 살려고 부단한 노력을 하고 있습니다.

성경 말씀 그대로 진리가 우리를 자유케 합니다.

비행을 저지르거나, 혐의가 있게 되면 정말 부끄러움을 당할 수 밖에 없는 지경에 까지 이르게 됩니다.

남의 집안도 주인의 허락이 없으면 함부로 누구든 들어가지 못하는 것이 상식인데 임기 중에는 면책 특권을 가진 현직 국회의원사무실에 검찰이 압수 수색을 하고 심지어 국회의장 사무실까지 수색을 당하게 되는 것을 보면서 정당하지 못하고 혐의가 있게 되면 그 어떤 경우에서라도 자유롭지 못합니다.

우리는 자기 자신을 자유롭게 하려고 양심에 가책된 일을 피하고 타인의 비난을 받지 않으려고 바른 길로 가는 것입니다.

자유는 참으로 좋은 것입니다. 그러나 그 자유가 의무와 책임이 없는 자유는 있을 수 없습니다.

이 같이 자유가 좋은 자유, 그렇게 소유하고 싶어 하던 자유를 사양하고 때로는 사서 고생하는 것 같고, 공연한 짓을 하는 것 같은 감을 받으면서 자신의 삶을 자제하고, 철저하게 굴복하게 하며, 심지어는 철부지한 아들까지 결박하는 아버지가 있다는 것을 여러분은 아실 것입니다.

이들은 자유가 싫거나 결박과 규제가 좋아서 그런 것은 아닙니다.

주의 말씀에 하나님의 명령에 순종하려고 결박을 선택한 것입니다.

우리는 평소에 운동하는 것이 귀찮고 힘들지만 그러나 계속하는 것은 자신의 건강의 유지를 위하여 하는 것입니다.

입에 땅기고 먹고 싶지만 알맞게 먹고 참는 사람이 비만을 방지 할 수가 있는 것입니다.

이 세상의 모든 이들이 자기 자신의 욕심과 이기적인 것을 얼만큼 자제하느냐에 따라서 그 사람의 품위와 인격을 가늠할 수 있는 것입니다.

남의 욕심이나 이기는 잘 보이지만 자기 자신의 이기와 욕심은 자신의 이기는 당연하게 여겨지고 자기의 욕심은 욕심으로 여겨지지 않습니다.

오늘 본문은 자기의 자신은 철저하게 규제를 하고 아들을 결박한 조상을 둔 이스라엘에 대한 이야기입니다.

이들은 어느 자식하나 병들지 않고, 어느 자식 하나 못난 것 없이, 어느 자녀 하나 무식한 자식없이 모두가 정신력이 투철하여 사막 위에 풀어 놓아도 그 사막을 옥토를 만들고(키부츠), 바다 가운데 던져 놓아도 그 바다를 헤쳐 나오고, 메마른 광야에 던져 놓아도 줄기차게 살아나는 위대한 승리자의 후손을 둔 이스라엘 사람들, 오늘 우리는 저들을 우러러 보면서 그들의 피 속에 흐르고 있는 아브라함의 위대한 신앙정신을 보게 되는 것입니다.

한강의 기적을 이룬 우리 한국이 이스라엘의 대적이 될 수 있다고 말을 하면서 많은 후발 도상국들이 한국의 발전을 그대로 재현 보려는 시도들이 많습니다.

그러나 1987년에 일본의 한 학자가 "한국의 비극"라는 책을 썼습니다. 책 제목이나 그 내용이 그렇게 지지할만한 것은 아니지만 그래도 어느 한 부분은 수용을 하여야 맞다는 생각이 듭니다.

즉 "한국인의 기적은 결코 길게 가지 못한다."는 지론이었습니다.

그 이유로는 두가지로 설명을 했습니다.

"한강의 기적은 잠시다."

그 첫째 이유는 한국 사람은 양반기질을 가지고 있어서 상놈들만 일하는 것으로 생각하기 때문에 돈을 벌면 일을 안 한다는 것입니다. 왜냐하면 일하는 것을 천하게 생각하기 때문입니다.

둘째는 돈 벌면 일 안 합니다. 왜냐하면 돈 때문에 일하기 때문에 돈 벌면 일 안 합니다. 물론 책의 제목은 기분 나쁘지만 우리는 이 두 가지를 부인 할 수 없습니다.

일하는 것을 천하게 여기고 돈 때문에 일하기 때문입니다.그렇다면 우리는 우리의 후손들에게 물려줄 유산은 과연 무엇입니까?

오직 그것은 하나의 정신력 즉 우리들의 믿음입니다.

우리 민족, 우리의 자녀들, 후손들의 심령 속에 역사하는 저 아브라함의 후예들의 신앙이 심어져야 이 민족이 소망이 있습니다.

세계 역사상 신앙을 최고의 유산으로 삼고 그것 때문에 살고 그것으로 족하게 사는 유일한 민족이 바로 이스라엘 민족입니다.

사실 돌아보면 유대인들은 자신들의 믿음 때문에 고난도 시련도 많이 겪었습니다. 그러나 조상들로부터 전수 받은 신앙 때문에 저들은 영광스럽게 살아가고 있습니다.

믿음의 조상 아브라함의 후손으로서 아브라함의 하나님, 이삭의 하나님, 야곱의 하나님이 우리 하나님이라고 고백하는 그들의 신앙고백은 참으로 우리에게 훌륭한 교훈을 줍니다.

아브라함이 어떻게 그토록 위대한 조상이 되었으며, 그렇게 위대한 유산을 물려주었으며, 왜 그 토록도 자손들을 축복하는 조상이 되었습니까?

그는 많이 배운 사람도 아니고, 그렇게 잘난 사람도 못 됩니다. 그는 똑똑한 사람도 아니고, 권세 있는 사람도 아니었습니다.

성경이 말하는 그대로 보통 사람이었습니다. 그러나 그에게는 한 가지가 있었습니다. 하나님을 온전히 믿는 신앙 하나가 그 자손들에게 그 토록 큰 유산이요, 축복이요, 영광이었습니다.

아브라함이 갈대아 우르에 기거 할 때 하나님께서 **"네 본토 아비 집을 떠나 내가 네게 지시할 땅으로 가라."**하십니다.

하늘의 음성을 믿고 그는 갈 바를 알지 못하지만 정처 없이 자기 아내 사라를 데리고 나갑니다. 가나안 땅으로 갔으나 가나안이 아직은 축복받은 땅이 아니었기에 거기서 흉년이 듭니다.

그 곳에서 근근히 살면서 믿음을 지켰는데 어느 날 그에게 하나님의 음성이 들립니다. 백세에 낳은 아들이삭을 데리고 모리아 산으로 가서 번제로 드리라는 명령이었습니다.

아브라함은 지체 없이 이른 아침에 두 종과 더불어 출발을 합니다.

삼일 길을 가서 나귀와 하인은 산 아래 두고, 번제 할 나무는 이삭에게 지우고 산에 오릅니다. 이삭이 묻습니다. 불과 나무는 있는데 번제 할 어린 양은 어디에 있습니까?

양은 하나님이 준비하시리라고 하였습니다. 아들 이삭을 꽁꽁 묶어 번제 할 나무더미에 올려놓고, 칼을 들어 목을 베려할 때에 아브라함아! 아브라함아 부르시는 하나님의 음성이 네가 하나님을 진정으로 경외 하는 줄 내가 이제야 알았노라고 하였습니다.

그리고 눈을 들어 본즉 숲속에 뿔 달린 양이 숲풀에 걸린 양을 잡아서 하나님께 번제를 올렸다는 것이 본문의 내용입니다.

제사를 드린 후에 하늘에서 음성이 들려옵니다.

"내가 네게 큰 복을 주고 네 씨가 크게 번성하여 하늘의 별과 같고 바다가의 모래 이삭에게 들려준 하늘의 음성은 "네가 바로 번제할 양" 이라는 것입니다. 내가 제물이 되어야 하고, 우리가 되어야 하고, 자녀가 제물이 되는 것입니다.

오늘 우리는 이 귀중한 우리 아들을 모리아 산으로 데려가서 결박하는 것입니다. 다시 말하면 우리 자녀들을 신앙으로 묶어서 하나님께 귀한 제물로 드릴 때만이 그 후손이 축복의 자녀가 된다는 것입니다.

우리의 자녀들을 무엇으로 묶습니까? 공부로 묶을 것이 아니라 신앙으로 묶어야 합니다. 그 결박은 모리아입니다.

대하 3:1에 모리아산은 성전을 건축한 곳입니다.

그러므로 우리의 자녀들을 성전에서 믿음으로 결박이 되어야합니다. 이스라엘 민족을 성민의 공동체를 만들기 위하여서는 3가지의 요소가 필요합니다.

첫째 율법(성경)이요, 둘째는 안식일(주일, 시간)이요, 셋째는 제사(예배)가 이 세 가지가 유대인을 묶는 끈이었습니다.

우리의 자녀들도 말씀인 성경에 매이고, 주일에 매이고, 예배에 결박 되어야 한다는 것입니다. 권력에 결박이 되고, 뇌물에 결박이 되고, 부정에 결박이 되고, 타락과 방종에 빠지게 되면 구제 불능의 사람으로 전락하고 마는 것입니다.

첫째 : 하나님의 말씀에 결박 되어야 합니다.

아브라함이 이삭을 결박한 것은 장작더미에 끈으로 결박한 것이 아니라 하나님의 말씀에 주님의 명령에 결박이 되어서 번제단에 올려진 것입니다.

아비 아브라함이 하나님의 말씀에 결박을 당하였고 아들 이삭도 아버지의 모습을 보고 결박을 당하여 번제물이 되기까지 순종하는 것입니다.

이스라엘 민족들이 자녀들에게 행한 쉐마의 교육을 보면, 하나님 말씀을 가르치고 가족 모두가 말씀에 매여 살았기 때문에 세계가 주목하는 민족이 된 것입니다.

"이스라엘아 들으라 우리 하나님 여호와는 오직 유일한 여호와시니 너는 마음을 다하고 힘을 다하여 네 하나님 여호와를 사랑하라."(신 6:4-5)

"모든 성경은 하나님의 감동으로 된 것으로 교훈과 책망과 바르게 함과 의에 교육하기에 유익하니 이는 하나님의 사람으로 온전하게 하며 모든 선한 일을 행 할 능력을 갖추게 하려 함이라."(딤후 3:16-17)

둘째 : 주일(시간)에 결박 시켜야 합니다.

시간을 어떻게 보내느냐? 주일을 어떻게 사용 하느냐에 따라서 그 인생의 장래가 좌우된다는 것을 우리는 명심하여야 합니다.

주일은 주의 날로 알아 혼탁하고 어지러운 세상에서 구별하여 하나님을 영화롭게 하는 데 사용하는 사람과 주일을 공휴일로 자기의 날로 알아서 자신을 위하여 사용하는 사람과는 인생의 삶의 차원이 다릅니다.

주일이 주님께 결박이 되고, 주님의 뜻대로 쓰임을 받는 사람이 되어야 하는데, 그렇지 못하고 주일이 풀리면 그 인생이 풀리고 타락과 방종으로 흘러갈 위험성이 너무나 많은 것입니다.

유대인들에게 이런 말이 있다고 합니다.

"우리 자손들에게 부지런히 안식일을 지키도록 가르쳤더니 하나님께서 우리를 지켜 주셨다."라고 한 말이 있습니다.

히브리어로 "토라(율법), 호라(부모), 모라(선생) 라는 단어가 있는데 세 단어는 "야라(가르치다, 교훈하다)"라는 어원에서 온 것인데 "부모는 선생이 되어 율법을 가르쳐야 합니다.

부모는 낳는 것으로 책임을 다한 것이 아니고, 낳으면 길러야 하고, 기르면 자식을 가르쳐야 하고 우리 그리스도인들은 신앙을 전수시켜야 합니다.

셋째 : 신앙으로 결박이 되어야 합니다.

사람이 믿음으로 결박이 되지 않으면 예수를 믿고 직분을 받은 사람이라도 수단과 방법을 가리지 않고 자기의 주장이나 뜻을 펴는데 일관되게 합니다.

우리 신앙에 결박에는 하나님께서 지금 보고 계시고,

함께 하시고, 있음을 굳게 믿고,

일 거수, 일 투족, 우리들의 모든 언행 심사를 주님 앞에서 우리 주님이 불 꽃 같은 눈으로 보시고, 전지전능 하신 하나님이 아시고, 무소부재하신 하나님이 들으심 앞에서 우리가 살고 있음을 우리는 믿어야 합니다.

믿음으로 결박이 되고 믿음 때문에 제약을 받는 사람은 하나님께서 더 놀라운 평화로운 자유를 주시고 영적인 자유로움을 주시어서 영육이 자유 함을 누리게 되는 것입니다.

사람은 이 땅에서 매여서 살기가 마련입니다.

결혼을 하지 않고 미혼자들의 마음이나 독신을 주장하는 이들은 결혼을 하면 매이고 쫓기고 시달려서 자유가 없다는 생각을 은연중에다 가지고 있습니다.

저도 총각 목회도 해보고 청년들과 어울리면서 결혼을 하면 인기가 떨어지고 줏가가 떨어진다고 생각을 했는데 지나고 보니 결혼을 하고 나니 사역의 제 페이스를 찾을 수 있다는 것을 분명히 말씀을 드릴 수 있습니다. 그러나 어딘가에 매여서 산다는 것은 어느 누구도 부인할 수 없습니다.

기왕에 결박된 삶이라면 주님의 말씀에 매이고, 시간적으로는 주일에 매이고, 그리고 믿음에 매여 산다면 거기에 마음의 자유를 만끽을 하고 영적으로 기쁨을 누리며 믿음의 생활에 보람을 느끼면서 살아가는 놀라운 은혜를 담아내게 될 것입니다.

돈이나 권력이나 세속적 쾌락에 매이지 말고 거룩한 주의 말씀에 포로가 되고, 주일에 철저히 결박을 당하는 삶이 되고, 무엇보다도 믿음에 매여서 하나님 중심으로 살아간다면 우리 하나님께서 우리들의 결박 된 삶 가운데 은혜를 주시고 보람을 느끼게 하면 삶의 존엄한 가치를 깨닫게 하시어서 우리 주님의 약속하신 축복의 사람으로 일생을 살아가는 길신교회 교우 여러분들이 되실 수 있기를 주님의 이름으로 축원합니다.

(2011. 12. 18)